Dem Leben begegnen

Das Buch

»Unsere Probleme werden nicht dadurch gelöst, dass wir sie zu lösen *versuchen«*, erklärt Krishnamurti in einer seiner letzten Reden vor seinem Tod im Jahr 1986. »Doch wenn wir sie nur beobachten«, so fährt er fort, »mit einem Geist, der unbeschwert von Gedanken an Lösung oder Flucht ist, dann werden die Probleme verschwinden.« In dem zwanghaften Streben nach einer Lösung wird jedes Problem nur noch komplizierter. Doch wenn wir aufhören, uns abzumühen, und unsere verbohrte Selbstbezogenheit aufgeben, stirbt das Leid, und die Liebe wird geboren.

Dem Leben begegnen zeigt, dass wir von unseren Problemen frei werden können, wenn wir alles, was wir wissen und zu sein vorgeben, loslassen und meditieren – was nichts anderes bedeutet, als all unsere Verletzungen und Ängste, unsere Einsamkeit, Verzweiflung und Schmerzen unverzüglich fallen zu lassen. »Das ist die Grundlage, das ist der erste Schritt«, so Krishnamurti, »und der erste Schritt ist auch der letzte.«

Eine der wesentlichsten Fragen, mit der diese erstmals in deutscher Sprache erschienene Textsammlung den Leser konfrontiert, lautet: Hast Du den Mut, diesen entscheidenden Schritt zu tun? Denn nur durch eine radikale Wandlung des Einzelnen kann die Gesellschaft verändert und der Weltfrieden möglich werden.

Der Autor

Jiddu Krishnamurti, 1895 als Sohn brahmanischer Eltern in Indien geboren, war ein weltbekannter Autor und Redner, dessen Wirken auch nach seinem Tod in zahlreichen Büchern und Anhängern fortlebt. Krishnamurti starb 1986 in Kalifornien.

In unserem Hause sind von Jiddu Krishnamurti bereits erschienen:

Aus dem Schatten in den Frieden
Das Licht in dir
Der unhörbare Ton
Einbruch in die Freiheit
Jenseits der Gewalt

Jiddu Krishnamurti

Dem Leben begegnen

Aus dem Amerikanischen von Christine Bendner

Econ Taschenbuch Verlag

Diese Ausgabe entstand durch die Vermittlung von
Jürgen P. Lipp und Jürgen Mellmann.

Econ Taschenbuch Verlag 2000
Der Econ Taschenbuch Verlag ist ein Unternehmen der
Econ Ullstein List Verlag GmbH & Co. KG, München
Deutsche Erstausgabe

Titel der amerikanischen Originalausgabe: Meeting Life
(Arkana, Penguin Group, London)
Übersetzung: Christine Bendner
Redaktion: Sabine Nachtwey
Durchgesehen von: Dr. Anne-Ruth Frank-Strauss,
Krishnamurti Foundation Trust
Umschlagkonzept: HildenDesign, München – Stefan Hilden
Umschlaggestaltung: HildenDesign, München – Stefanos Dalakiouridis
Titelabbildung: HildenDesign, München
Gesetzt aus der Souvenir, Linotype
Satz: Josefine Urban – KompetenzCenter, Düsseldorf
Druck und Bindearbeiten: Ebner Ulm
Printed in Germany
ISBN 3-612-18024-X

Inhaltsverzeichnis

Teil II
Fragen und Antworten

Teil III
Vorträge

Vorwort

Der Inhalt dieses Buches wurde den Bulletins der Krishnamurti Foundation entnommen. Die meisten Beiträge wurden erstmals im Bulletin des Krishnamurti Foundation Trust in England veröffentlicht, einige wenige erschienen ursprünglich in indischen und amerikanischen Bulletins und wurden später im englischen Bulletin nachgedruckt. Die hier angegebenen Bulletin-Nummern beziehen sich auf die englischen Ausgaben.

Das Buch wurde in drei Abschnitte unterteilt:
Teil I beinhaltet sechzehn von Krishnamurti diktierte kurze Essays. Da fast alle undatiert sind, wurden sie in der Reihenfolge abgedruckt, in der sie in den Bulletins erschienen.
Außerdem enthält dieser Teil des Buches drei längere, von Krishnamurti geschriebene und datierte Artikel.
Teil II enthält Krishnamurtis Antworten auf Fragen, die ihm nach seinen Diskursen und im Rahmen kleiner Gesprächsrunden gestellt wurden. Da diese Beiträge, bis auf zwei, alle datiert sind, erscheinen sie in chronologischer Reihenfolge, ungeachtet der Daten der Bulletins, in denen sie veröffentlicht wurden.
Teil III enthält Reden, die Krishnamurti in der Schweiz, in Indien, in England und Kalifornien hielt. Da sie datiert sind, wurden sie ebenfalls in chronologischer Reihenfolge abgedruckt.

Teil I

Kurze Betrachtungen

Der See

Der See war sehr tief und zu beiden Seiten von steilen Klippen gesäumt. Man konnte das andere Ufer sehen, es war bewaldet, und an den Bäumen konnte man die frischen grünen Frühlingstriebe erkennen. Jene Seite des Ufers war steiler und dichter mit Büschen und Bäumen bestanden. An diesem Morgen war das Wasser ganz still und schimmerte bläulich-grün. Es ist ein wunderschöner See. Es gab Schwäne, Enten, und ab und zu fuhr ein Ausflugsschiff vorüber.

Am Ufer stehend, in einem gut gepflegten Park, war man dem Wasser sehr nah. Es war kein bisschen verschmutzt, und sein Wesen und seine Schönheit schienen auf den Betrachter überzugehen. Man konnte es riechen – die weiche, wohlriechende Luft, den grünen Rasen –, und man fühlte sich eins damit, mit diesem langsamen Strömen des Wassers, mit seinen Spiegelungen und seiner tiefen Stille.

Es war seltsam, dass man plötzlich eine so tiefe Zuneigung empfand – nicht für irgendetwas oder irgendjemanden im Besonderen, sondern für die Fülle dessen, was man vielleicht Liebe nennen könnte. Das Einzige, worauf es ankommt, ist, in die Tiefe dieser Empfindung vorzudringen, aber nicht mit dem dummen kleinen Verstand, dessen Gedanken sich endlos im Kreise drehen, sondern ganz still. Stille ist das einzige Mittel oder Instrument, mit dem man in Räume vordringen kann, die dem vollgestopften Verstand verschlossen bleiben.

Wir wissen nicht, was Liebe ist. Wir kennen ihre äußeren Anzeichen: die Lust, den Schmerz, die Angst, die Anspannung und so weiter. Und wir versuchen, diese Symptome zu kurieren, aber dabei tappen wir nur im Dunkeln. Wir bringen unsere Tage und Nächte damit zu, und bald macht der Tod all dem ein Ende.

Als man dort am Ufer des Sees stand und die Schönheit des Wassers betrachtete, rückten alle menschlichen Probleme, Institutionen und Beziehungsmuster, die die menschliche Gesellschaft ausmachen, an ihren richtigen Platz – wenn man still in dieses Etwas eintauchen konnte, das wir Liebe nennen.

Wir haben viel darüber gesprochen. Jeder junge Mann sagt, dass er eine Frau liebt, der Priester seinen Gott, die Mutter ihre Kinder, und der Politiker spielt natürlich mit diesem Wort. Wir haben dieses Wort wirklich missbraucht und verdorben und mit bedeutungslosen Inhalten befrachtet – den Inhalten unseres eigenen kleinen, beschränkten Egos. Und innerhalb dieses engen, begrenzten Rahmens versuchen wir das andere zu finden, doch Tag für Tag kehren wir voller Schmerz zu unserer Verwirrung und unserem Elend zurück.

Aber dieses andere war da, hier beim Wasser, überall, im grünen Blatt und in der Ente, die versuchte, ein großes Stück Brot herunterzuschlucken, und in der gehbehinderten Frau, die langsam vorbeihumpelte. Es war weder eine romantische Identifikation noch eine schlaue verbale Rationalisierung. Aber es war da, genauso real wie dieses Auto oder jenes Schiff. Diese Liebe ist die einzige Lösung für all unsere Probleme. Nein, keine Lösung, denn wenn sie da ist, gibt es keine Probleme. Wir haben alle möglichen Probleme, und wir versuchen, sie ohne diese Liebe zu lösen. Deshalb vermehren sie sich und werden immer größer. Es gibt keine Methode, sich dieser Liebe zu nähern oder sie festzuhalten, aber manchmal, wenn du am Straßenrand oder an einem See stehen bleibst, eine Blume oder einen Baum betrachtest oder dem Bauern beim Pflügen zuschaust, und wenn du dann still bist, nicht träumst, nicht Tagträumen oder Sorgen nachhängst, sondern still in ihre Intensität eintauchst, wird sie sich dir vielleicht offenbaren.

Wenn sie zu dir kommt, versuche nicht, sie festzuhalten, bewahre sie nicht als Erfahrung in deinem Innern auf. Wenn sie dich einmal berührt hat, wirst du nie mehr derselbe sein. Lass sie in dir wirken und nicht deine Gier, deine Wut oder deine selbstgerechte Entrüstung über gesellschaftliche Zustände. Die Liebe ist wild und ungezähmt, und ihre Schönheit ist kein bisschen gesellschaftsfähig.

Aber eigentlich wollen wir sie gar nicht, denn wir ahnen, dass sie zu gefährlich sein könnte. Wir sind domestizierte Tiere, drehen unsere Runden in einem Zwinger, den wir für uns selbst errichtet haben – mit unserem Zank und Hader, unseren unmöglichen politischen Führern, unseren Gurus, die sich unsere Eitelkeit und ihre eigene entweder mit großer Raffinesse oder ganz unverblümt zunutze machen. In diesem Käfig können Anarchie oder Ordnung herrschen, die irgendwann wiederum dem Chaos Platz macht. Das geht seit vielen Jahrhunderten so – Strukturen brechen zusammen, wir fallen zurück, verändern die Muster der gesellschaftlichen Strukturen, und vielleicht hat hier und dort die Armut ein Ende. Aber wenn man all diese Dinge als das Wesentliche betrachtet und in den Vordergrund stellt, verpasst man das andere. Bleibe manchmal mit dir allein, dann kann es dich, wenn du Glück hast, berühren – durch ein fallendes Blatt oder jenen einsamen Baum auf einem weiten Feld.

Aus: Bulletin Nr. 1, 1968

Die Vergangenheit täglich sterben lassen

Der Tod ist nur für diejenigen, die etwas besitzen, und die, die einen Ruheplatz haben. Das Leben ist ständig in Bewegung und wandelt unablässig unsere Beziehungen und Bindungen. Die Verleugnung dieser Bewegung ist der Tod. Suche dir keinen Schlupfwinkel – weder außen noch innen. Du kannst ein Zimmer, ein Haus oder eine Familie haben, aber lass sie nicht zu deinem Versteck werden, benutze sie nicht, um vor dir selbst zu fliehen.

Der sichere Hafen, den dein Verstand sich durch die Kultivierung von Tugenden, durch Glaubenssysteme, gedankliche Tricks oder Aktivitäten geschaffen hat, bringt dir unweigerlich den Tod. Du kannst dem Tod nicht entrinnen, wenn du dieser Welt angehörst, dieser Gesellschaft, die dich hervorgebracht hat. Der Mann, der im Nachbarhaus starb – oder tausend Kilometer entfernt –, der bist du. Er hat sich seit vielen Jahren sorgfältig auf das Sterben vorbereitet, wie du. Wie du nannte er das Leben einen Kampf, ein Elend oder einen guten Witz. Aber der Tod ist immer da, beobachtet, wartet. Doch derjenige, der jeden Tag stirbt, hat den Tod hinter sich gelassen.

Sterben heißt lieben. Die Schönheit der Liebe liegt nicht in vergangenen Erinnerungen oder in Phantasien über die Zukunft. Liebe kennt weder Vergangenheit noch Zukunft, denn alles, was Vergangenheit und Zukunft hat, ist Erinnerung, und Erinnerung ist nicht Liebe. Die Liebe mit ihrer Leidenschaft existiert jenseits der Gesellschaft, die du verkörperst. Stirb, und sie ist da.

Meditation ist eine Bewegung, die ins Unbekannte führt und aus dem Unbekannten kommt. Du bist nicht da, nur die Bewegung. Du bist zu klein oder zu groß für diese Bewegung. Sie hat nichts vor oder hinter sich. Es ist jene Energie, die von Gedanken und Materie nicht berührt werden kann. Das Denken ist eine Verzerrung, denn es ist das Produkt der Vergangenheit; es ist in jahrhundertealte Muster der Mühsal verstrickt, und deshalb ist es verworren, unklar. Du kannst machen, was du willst, aber du kannst das Unbekannte nicht erfassen. Meditation heißt, das Bekannte in sich sterben zu lassen. Schau und lausche aus der Stille heraus. Stille ist nicht das Ende von Lärm; das unaufhörliche Geplapper des Verstandes endet nicht in der Stille. Sie ist kein Produkt, kein Resultat deines Verlangens und wird auch nicht durch den Willen erzeugt. Das gesamte Bewusstsein ist eine ruhelose, lärmende Bewegung innerhalb der Grenzen, die es selbst gezogen hat. Innerhalb dieser Grenzen ist die Stille nur das momentane Ende des Geplappers – es ist Stille, die von der Zeit berührt wird. Zeit ist Gedächtnis, und für das Gedächtnis ist Stille kurz oder lang, es kann sie messen. Gib ihr Raum und Kontinuität, und sie wird zu einem weiteren Spielzeug. Aber das ist nicht Stille. Alles, was der denkende Verstand hervorbringen kann, existiert innerhalb des Bereiches des Lärms, und das Denken kann sich unter keinen Umständen selbst zum Stillstand bringen. Es kann sich ein Bild von der Stille machen und dieses Bild verehren, wie es das mit so vielen anderen selbst erschaffenen Bildern tut, aber sein Konzept der Stille ist tatsächlich ihre Negation, seine Symbole verleugnen die Realität. Das Denken selbst muss zum Stillstand kommen, damit Stille herrschen kann. Stille existiert immer im Jetzt, das Denken dagegen nicht. Das Denken, das immer alt ist, kann unmöglich in diese Stille, die immer neu ist, eintauchen. Das Neue wird zum Alten, wenn es vom Denken berührt wird. Schau und sprich aus diesem Raum der Stille heraus. Das ist wahre Demut. Die Eitlen sind immer eitel, auch wenn sie sich den Mantel der Demut umhängen, der sie hart und spröde macht. Aber wenn es aus diesem Raum der Stille kommt, hat das Wort »Liebe« eine völlig andere Bedeutung. Diese Stille ist nicht dort draußen, sondern da, wo der Lärm des Beobachters nicht ist.

Nur die Unschuld kann leidenschaftlich sein. Die Unschuldigen kennen keine Sorgen und kein Leid, obwohl sie viele, viele Erfahrungen gemacht haben. Aber nicht die Erfahrungen korrumpieren den Geist, sondern das, was sie zurücklassen, die Reste, die Narben, die Erinnerungen. Diese sammeln sich an, häufen sich, eine auf die andere, und dann beginnt das Leiden. Dieses Leiden ist Zeit. Wo Zeit ist, ist keine Unschuld. Leidenschaft wird nicht aus Kummer und Elend geboren. Leid ist Erfahrung, die Erfahrung des täglichen Lebens, dieses Lebens voller Qualen und flüchtiger Vergnügungen, Ängste und Sicherheiten. Man kann den Erfahrungen nicht entkommen, aber sie müssen im Humus des Geistes keine Wurzeln schlagen. Denn diese Wurzeln sind die Ursache aller Probleme, Konflikte und unaufhörlichen Kämpfe. Der einzige Ausweg besteht darin, die Vergangenheit täglich in sich sterben zu lassen. Nur ein klarer Geist kann leidenschaftlich sein. Und ohne Leidenschaft kannst du den Lufthauch zwischen den Blättern oder das Sonnenlicht auf dem Wasser nicht wahrnehmen. Ohne Leidenschaft gibt es keine Liebe. Das Sehen ist das Tun. Und die Zeitspanne zwischen Sehen und Tun ist Energieverschwendung. Liebe kann nur da sein, wenn das Denken zum Stillstand kommt. Diese Stille kann der denkende Verstand aber in keiner Weise produzieren. Er kann nur Vorstellungen, Bilder und Ideen erzeugen, aber mit dieser Stille kann das Denken niemals in Berührung kommen. Die Gedanken sind immer alt, aber die Liebe ist es nicht.

Der physische Organismus besitzt seine eigene Intelligenz, die aber durch viele dem Genuss oder dem Vergnügen dienende Gewohnheiten abgestumpft wird. Diese Gewohnheiten zerstören die Empfindsamkeit des Organismus, und dieser Mangel an Empfindsamkeit lässt auch den Geist abstumpfen. Ein solcher Geist kann innerhalb eines engen, begrenzten Rahmens wach und intelligent und doch völlig unempfindsam sein. Die Tiefe eines solchen Geistes ist messbar, er ist in Vorstellungen und Illusionen verstrickt. Er glänzt durch seine Oberflächlichkeit. Meditation erfordert einen leichten, durchlässigen, intelligenten Organismus. Die Wechselbeziehung zwischen dem meditativen Geist und seinem Organismus besteht in einer ständigen Anpassung der Empfindsamkeit, denn Meditation setzt Freiheit voraus. Freiheit hat ihre eigene Disziplin, und nur in der Freiheit kann Aufmerksamkeit da sein. Sich der Unaufmerksamkeit bewusst zu sein bedeutet, aufmerksam zu sein. Absolute Aufmerksamkeit ist Liebe. Nur sie allein kann sehen, und das Sehen ist das Tun.

Verlangen und Lust enden im Leiden, und die Liebe kennt kein Leid. Was Leid kennt, ist Denken, und das Denken gibt der Lust Kontinuität. Der denkende Verstand nährt die Lust, er stärkt sie. Er ist unaufhörlich auf der Suche nach Genuss und Vergnügen und lädt so den Schmerz ein. Die einzige Tugend, die der denkende Verstand kennt und kultiviert, ist das Ergebnis von Vergnügen oder Genuss, Bemühung und Erfolgsstreben. Güte kann nicht im Humus des Denkens aufblühen, sondern nur in der Freiheit von Leid. Das Ende des Leids ist Liebe.

Aus: Bulletin Nr. 4, 1969

Der Garten

Es war ein sehr großer, mehrere Morgen umfassender Garten, direkt vor den Toren der sich immer weiter ausbreitenden Stadt. Es gab dort riesige Bäume und viel Schatten – Tamarinden, Mangos, Palmen und blühende Bäume. Überall war man von Farben umgeben, und auch ein Teich mit Seerosen war da. Hier und da sah man frisch gepflanzte Setzlinge, die zu mächtigen Bäumen heranwachsen würden. Der Garten war mit Stacheldraht eingezäunt, der an manchen Stellen zerbrochen war, und manchmal musste man eine Kuh oder ein paar Ziegen, die sich hierher verirrten, hinausscheuchen. Das Haus war groß, nicht übermäßig komfortabel, und vom Zimmer aus blickte man auf eine Rasenfläche, die zweimal am Tag gewässert werden musste, weil die Sonne zu stark für das zarte Gras war. Im Garten hielten sich immer viele Vögel auf – Papageien, Minahs, Meisen, Krähen und ein großer, gefleckter Vogel mit einem langen Schwanz, der immer kam, um an den Beeren zu picken, und ein leuchtendgelber Vogel, der sich wie ein Blitz zwischen den Blättern hin und her bewegte.

Es war sehr still in diesem Garten, aber jeden Morgen gegen halb fünf hörte man vom anderen Flussufer Gesang, plärrende Radios und ab und zu Bruchstücke von Sanskrit-Rezitationen, denn es war ein Monat der religiösen Feste. Die Sanskrit-Gesänge hörten sich sehr schön an, aber der Rest der Musik war ziemlich nervtötend. An einem Nachmittag lief im nahe gelegenen Armenviertel eine Schallplatte mit Filmmusik in voller Lautstärke. Das ging ununterbrochen bis zum Abend weiter und erreichte gegen neun Uhr seinen Höhepunkt.

Eine politische Versammlung wurde in grellem Neonlicht abgehalten, und ein politischer Redner machte den Leuten Hoffnung. Offensichtlich versprach er ihnen das Blaue vom Himmel. Er war genauso wankelmütig wie sein Publikum, das aus einer Laune heraus wählen würde. Es war wirklich eine unterhaltsame Veranstaltung, die mehrere Stunden lang dauerte.

Am frühen Morgen setzte die religiöse Musik wieder ein; man konnte das Kreuz des Südens über den Palmen sehen: Und über dem Land war Stille.

Der Politiker versuchte, seine Partei durch seine Person an die Macht zu bringen. Der Wunsch zu dominieren, andere zu beherrschen und zu unterjochen, scheint etwas ganz Normales für den Menschen zu sein. Man sieht das beim kleinen Kind wie beim so genannten erwachsenen Menschen – mit allen subtilen Facetten, mit der ganzen Grausamkeit und Hässlichkeit. Die Diktatoren, die Priester und der Familienvorstand, sei es nun ein Mann oder eine Frau, scheinen diesen Gehorsam einzufordern. Sie nehmen die Autorität in Anspruch, die sie entweder an sich gerissen haben oder die ihnen durch die Tradition verliehen wurde, oder die sie einfach deshalb haben, weil sie zufälligerweise älter sind. Dieses Muster wiederholt sich überall.

Zu besitzen oder sich besitzen zu lassen bedeutet, sich dieser Machtstruktur unterzuordnen. Dieser Wunsch nach Macht, nach Status und Prestige wird schon in den Kindern geweckt, weil sie dazu ermuntert werden, sich zu vergleichen und mit anderen zu messen. Daraus entstehen die Konflikte, der ständige Kampf, das Streben, etwas zu erreichen, erfolgreich zu sein, Erwartungen zu erfüllen. Und der Mann, dem so viel Respekt entgegengebracht wird, zeigt keinerlei Respekt für andere. Der Geschäftsführer in seinem großen Auto wird respektiert, und er selbst zollt wiederum nur demjenigen Respekt, der ein noch größeres Auto, ein noch größeres Haus, ein noch höheres Einkommen hat.

Das Gleiche gilt für die religiöse Struktur der Priesterschaft und sogar für die Hierarchie der Götter. Manchmal versuchen die Menschen, diese Strukturen durch Revolutionen aufzubrechen, aber bald wiederholt sich das gleiche Muster mit den Diktatoren an der Spitze. Bei dieser Lebensform wird das Zurschaustellen von Demut zu einer hässlichen Sache. Gehorsam ist Gewalt, und Demut hat nichts mit Gewalt zu tun. Warum sollte ein menschliches Wesen diese Angst haben, warum respektvoll oder respektlos sein? Der Mensch fürchtet das Leben mit all seinen Unsicherheiten und hat Angst vor den Göttern, die er selbst erschaffen hat. Es ist die Angst, die Aggressionen und den Wunsch nach Macht hervorbringt. Der Intellekt ist sich dieser Angst bewusst, aber er tut nichts dagegen, sondern errichtet stattdessen gesellschaftliche und religiöse Strukturen – mit ihren vielen Fluchtmöglichkeiten –, die diese Angst nähren und aufrechterhalten. Angst kann nicht durch Denken, nicht durch den Verstand überwunden werden, weil dieser die Angst ja hervorgebracht hat. Nur wenn der Verstand still wird, kann auch die Angst zum Schweigen gebracht werden. Ein Mensch, der nach Macht strebt und konkurriert, ist offensichtlich nicht in der Lage zu lieben, selbst wenn er eine Familie und Kinder hat, die zu lieben er behauptet.

Diese Welt ist wirklich eine Welt des Kummers und Leids und man muss ein Außenseiter sein, um lieben zu können. Ein Außenseiter zu sein heißt, allein zu sein, ungebunden zu sein.

Aus: Bulletin Nr. 5, 1970

Das Problem des Lebens

Malibu, Kalifornien, 3. März 1970

Die Berge strahlten eine große Einsamkeit aus. Seit ein paar Tagen hatte es immer wieder geregnet, und die Berge leuchteten in einem Grün, das fast schon in Blau überging. Da war eine tiefe Stille, die an das Donnern der Brecher erinnerte, das man hört, wenn man am Strand über den nassen Sand geht. Am Meer war nirgends Stille, außer im eigenen Herzen, aber in den Bergen, auf diesem gewundenen Pfad, war die Stille überall. Der Lärm der Stadt, das Dröhnen des Verkehrs und das Donnern der Brandung waren nicht mehr zu hören.

Man zerbricht sich immer den Kopf über richtiges Handeln, und es wird immer verwirrender, wenn man die Kompliziertheit des Lebens betrachtet. So viele Dinge müssten getan werden, und manche erfordern unmittelbares Handeln. Die Welt um uns herum verändert sich ungeheuer schnell – ihre Werte, ihre Moral, ihre Kriege und ihr Frieden. Man ist völlig hilflos angesichts der Dringlichkeit, handeln zu müssen. Und doch fragt man sich immer wieder, was man tun sollte, wenn man mit der enormen Problematik des Lebens konfrontiert wird. Man hat den Glauben an die meisten Dinge verloren – an die Führer, die Lehrer, die Glaubenssysteme – und wünscht sich oft, es gäbe ein klares Prinzip, das den Weg erhellte, oder eine Autorität, die einem sagen könnte, was zu tun ist. Aber in unserem Herzen wissen wir, dass das etwas Totes, Lebloses wäre. Wir kommen unweigerlich immer wieder an den Punkt, wo wir uns fragen, was das alles soll und was wir tun müssen. Wie man beobachten kann, haben wir immer aus einem Zentrum heraus agiert – einem Zentrum, das sich zusammenzieht und ausdehnt. Manchmal ist es ein ganz kleiner Kreis, und manchmal ist es weit ausgedehnt, umfassend, exklusiv und äußerst befriedigend. Aber es ist immer ein Zentrum des Kummers und des Leids, der flüchtigen Vergnügungen und des Elends, der erfreulichen oder schmerzhaften Vergangenheit. Es ist ein inneres Zentrum, das die meisten von uns bewusst oder unbewusst kennen, und aus diesem Zentrum heraus handeln wir, in ihm haben wir unsere Wurzeln. Die Frage, was jetzt oder morgen zu tun ist, stellen wir immer von diesem Zentrum aus, und auch die Antwort muss immer für dieses Zentrum nachvollziehbar sein. Haben wir die Antwort entweder von einem anderen Menschen oder von uns selbst erhalten, dann handeln wir, aber immer innerhalb der einschränkenden Grenzen dieses Zentrums. Es ist wie ein an einen Pfosten gekettetes Tier, dessen Handlungsradius von der Länge der Kette bestimmt wird. Solches Handeln kann niemals frei sein, und deshalb führt es immer zu Schmerz, Unglück und Verwirrung.

Dies erkennend fragt sich das Zentrum: Wie kann ich frei sein, frei, um glücklich zu leben? Wie kann ich heil und ganz und offen sein und handeln, ohne Leid zu erzeugen oder mein Handeln bereuen zu müssen? Aber es ist immer noch dasselbe Zentrum, das diese Frage stellt. Das Zentrum ist die Vergangenheit. Es ist das »Ich« mit seinen egoistischen Bestrebungen, für das jegliches Handeln immer mit Belohnung und Bestrafung, Erfolg oder Misserfolg, seinen Motiven, Ursachen und Wirkungen verknüpft ist. Es ist in dieser Kette verfangen, und die Kette ist das Zentrum und das Gefängnis. Ein völlig anderes Handeln ergibt sich, wenn da ein Raum ohne dieses Zentrum ist, eine Dimension jenseits von Ursache und Wirkung. In diesem Raum sind Leben und Handeln eins. Hier, wo kein Zentrum existiert, wird alles in Freiheit, Freude, ohne Schmerz oder Lust getan. Dieser Raum und diese Freiheit sind nicht das Ergebnis von Bemühungen oder Erfolgsstreben – wenn das Zentrum aufhört zu existieren, ist das andere einfach da. Aber wir werden natürlich fragen, wie das Zentrum aufhören kann zu existieren. Was kann ich tun, um seine Existenz zu beenden, welche Disziplin muss ich mir auferlegen, welche Opfer muss ich bringen, welche großen Anstrengungen unternehmen? Überhaupt keine – sieh einfach, ohne Präferenz, die Aktivitäten des Zentrums, nicht als Beobachter, nicht wie jemand, der von außen hineinschaut, beobachte einfach, ohne zu zensieren. Vielleicht wirst du dann sagen: Das kann ich nicht, ich schaue immer mit den Augen der Vergangenheit. Nun, dann sei dir bewusst, dass du mit den Augen der Vergangenheit schaust, und nimm das einfach wahr. Versuche nicht, irgendetwas daran zu ändern; sei einfach und wisse, dass alles, was du dagegen zu tun versuchst, das Zentrum nur stärkt und nur eine Reaktion auf deinen Wunsch zu flüchten ist. Es gibt also kein Entkommen, keine Anstrengung und keine Verzweiflung. Dann kannst du die volle Bedeutung des Zentrums sehen, kannst erkennen, welch ungeheure Gefahr es darstellt, und das ist genug.

Aus: Bulletin Nr. 6, 1970

Die Eiche

An diesem Morgen war die Eiche sehr still. Sie war ein riesiger Baum in diesem Wald, ihr Stamm war mächtig, und ihre Äste reckten sich hoch über der Erde in alle Richtungen – ruhig, stark und unbeweglich. Sie war Teil der Erde, wie alle anderen Bäume, von denen sie umgeben war. Die anderen bewegten sich im Wind, spielten mit ihm, jedes ihrer Blätter gehörte dem Wind. Auch die kleinen Blätter der Eiche spielten mit ihm, aber dieser Baum strahlte etwas sehr Würdevolles aus, und wenn man ihn beobachtete, nahm man etwas von der Tiefe des Lebens wahr. Viele der anderen Bäume waren von Efeu bewachsen, der bis zu ihren höchsten Ästen emporkroch, aber die Eiche war ganz frei davon. Selbst an den Pinien kletterte der Efeu empor, der sie schließlich zerstören würde, wenn man ihn ungehindert weiterwachsen ließ. In diesem Wäldchen standen außerdem sieben oder acht hohe, mächtige Mammutbäume, die wohl vor Jahrhunderten gepflanzt worden waren. Sie waren von Rhododendron-Büschen umgeben, und im Frühling war dieser Hain nicht nur für Vögel und Kaninchen, Fasanen und andere kleine Tiere ein Zufluchtsort, sondern auch für Menschen, denen es gefiel, sich dort aufzuhalten. Man konnte stundenlang still neben den Narzissen und Azaleen sitzen und zwischen den Blättern hindurch in den blauen Himmel schauen. Es war ein bezaubernder

Platz, und all diese mächtigen Bäume waren Freunde, wenn man sich Freunde wünschte. Dieser Ort war von einer seltenen Schönheit, still, einsam, und noch nicht von den Menschen zerstört. Es ist seltsam, wie die Menschen die Natur entweihen, mit ihrem Lärm, ihrer Vulgarität, ihrem Töten. Aber hier, bei den Mammutbäumen und der Eiche und all den Frühlingsblumen, war wirklich ein Tempel für den stillen Geist, den Geist, der so stark und fest wie diese Bäume ist – weder von Glaubenssystemen oder irgendwelchen Dogmen, noch von irgendeinem hingebungsvoll angestrebten Ziel beeinflusst. Der freie Geist braucht all das nicht. Man konnte diese Bäume betrachten, die an diesem Nachmittag so außerordentlich still waren; kein Auto, keine Maschine waren zu hören, denn die Straße war weit weg, und im nahe gelegenen Haus war alles ruhig. Es herrschte absolute Stille. Selbst der leichte Wind hatte aufgehört zu wehen, und kein einziges Blatt bewegte sich. Die jungen Triebe des Grases waren von zartem Grün; man wagte kaum, sie zu berühren. Die Erde, die Bäume und der Fasan, der einen anblickte, waren untrennbar eins. Alles war Teil dieser unbeschreiblichen Bewegung des Lebens, deren Tiefe der Verstand niemals erfassen kann. Der Intellekt mag wohl eine Reihe von Theorien um sie herum spinnen, ein philosophisches System um sie herum errichten, aber die Beschreibung ist nie das Beschriebene. Wenn man sich still hinsetzte, weit weg von allem Vergangenen, konnte man das vielleicht spüren; nicht als getrenntes menschliches Wesen, sondern – weil der Geist so absolut still war – eher wie ein allumfassendes Gewahrsein, ohne die Getrenntheit des Beobachters.

In der Nähe gab es einen Bauernhof mit sehr großen Schweinen – Berge von Fleisch, rosafarben, grunzend, marktreif. Die Leute sagten, es sei ein sehr gutes Geschäft. Oft konnte man beobachten, wie ein Lastwagen die gewundene, unebene Landstraße heraufkam, und am nächsten Tag waren es ein paar Schweine weniger. »Aber wir müssen leben«, sagten die Leute. Sie haben die Schönheit der Erde vergessen.

Aus: Bulletin Nr. 8, 1970

Freiheit ist Ordnung

Falls Sie ein Stadtbewohner sind, haben Sie vielleicht noch nie das seltsame Gefühl der Bedrohung erlebt, das einen in einem einsamen Wald überfallen kann. Es war ein Wildgehege, ziemlich nah bei der hässlichen Stadt mit ihrem Lärm, ihrem Schmutz, ihren verwahrlosten Vierteln, überfüllten Straßen und Häusern. Nur sehr wenige Menschen kamen in diesen Wald. Man begegnete hier kaum jemandem, außer vielleicht ab und zu ein oder zwei Dorfbewohnern. Das waren stille Menschen, die sich ihrer eigenen Bedeutung nicht bewusst waren. Sie sahen verbraucht und müde aus, waren dünn, abgemagert, und man konnte den Schmerz in ihren Augen sehen.

Das Gehege war von hohen Pfählen umgeben, zwischen denen Stacheldraht gespannt war, und das Wild darin war so scheu wie die Schlangen. Sobald diese Tiere einen Menschen erblickten, verschwanden sie leichtfüßig im Gebüsch. Es gab gefleckte Rehe von sanfter, bezaubernder Wesensart, die ungeheuer neugierig waren. Doch ihre Angst vor den Menschen war stärker als ihre Neugier. Manche dieser Tiere waren recht groß. Außerdem gab es noch schwarze mit gerade nach oben gewundenen Hörnern. Diese waren sogar noch scheuer. Jenseits des Zaunes gab es andere Rehe, die ziemlich zahm waren. Ihnen konnte man recht nahe kommen. Natürlich konnte man sie nicht streicheln, aber sie waren nicht wirklich ängstlich. Sie blieben ein paar Minuten stehen, um einen zu beobachten. Dabei stellten sie die Ohren auf, und ihre kurzen Schwänze wedelten hin und her. Diejenigen, die innerhalb der Umzäunung lebten, versammelten sich eines Abends auf einer kleinen Wiese. Es waren vielleicht hundert. In diesem Wald wurde kein Tier von Menschen getötet, weder die Vögel noch die Schlangen, und natürlich auch nicht die Rehe und Hirsche. Schlangen sah man selten, obwohl es dort viele gab – sowohl die sehr gefährlichen Arten als auch die harmlosen. Eines Tages, als wir über einen kleinen Ameisenhügel gingen, sahen wir eine Schlange. Wir näherten uns ihr bis auf einen oder zwei Meter. Es war eine große, lange Schlange, deren Leib im Abendlicht glänzte. Ihre schwarze Zunge schoss vor und zurück. Einige vorbeigehende Arbeiter sagten, es sei eine Kobra und wir sollten uns von ihr fernhalten.

Am ersten Abend, an dem wir uns an diesem Zufluchtsort aufhielten, spürten wir die seltsam bedrohliche Atmosphäre des Waldes sehr stark. Die Sonne war untergegangen, und es war ziemlich dunkel geworden. Man hatte das Gefühl, dass diese Bedrohung einen einhüllte und auf dem ganzen Weg begleitete. Aber am zweiten und dritten Tag war man hier bereits ganz willkommen.

Die geistig Gesunden brauchen keine Disziplin; nur die Unausgeglichenen brauchen die Beschränkung, den Zwang, den Widerstand und geraten in Versuchung. Die geistig Gesunden sind sich ihrer Wünsche, ihres Verlangens bewusst, und Versuchung kommt ihnen nicht einmal in den Sinn. Die Gesunden sind stark, ohne es zu wissen. Nur die Schwachen kennen ihre eigenen Schwächen und werden mit Verlockungen und dem Kampf gegen die Versuchung konfrontiert. Eigentlich gibt es gar keine Versuchung, wenn man die Augen offenhält – nicht nur das mentale Auge, sondern auch das sensorische. Die Unachtsamen verstricken sich in die Probleme, die durch ihre Unachtsamkeit entstehen. Das heißt nicht, dass die Gesunden kein Verlangen kennen.

Für sie ist es einfach kein Problem. Das Problem entsteht nur, wenn das Verlangen vom Denken, vom Verstand in Vergnügen und Genuss übersetzt wird.

Es ist dieses Streben nach Lust, gegen das der Mensch Widerstände aufbaut, denn er ist sich bewusst, dass Lust mit Schmerz verbunden ist, und vielleicht hat auch die Umwelt, das kulturelle Umfeld, in ihm die Angst vor ununterbrochenem Vergnügen erzeugt.

Widerstand in jeder Form ist Gewalt, und unser ganzes Leben basiert auf solchen Widerständen. Widerstand wird dann zur Disziplin. Das Wort »Disziplin« ist, wie so viele andere Wörter, mit Interpretationen befrachtet, und diese variieren je nach Familie, Gemeinde und Kultur. Disziplin bedeutet lernen. Lernen hat allerdings nichts mit Drill, Nachahmung oder Konformität zu tun. Lernen – sei es im Hinblick auf Verhaltensweisen, auf Verhaltensmuster in Beziehungen – ist die Freiheit, sich selbst, das eigene Verhalten, anzuschauen. Aber man kann sich selbst nicht so sehen, wie man ist, wenn die Freiheit verleugnet oder verweigert wird. Freiheit ist also die unabdingbare Voraussetzung für jegliches Lernen, sei es über jene Rehe, die Schlange oder sich selbst. Militärischer Drill und Konformität im religiösen Bereich sind ein und dasselbe, und Gehorsam ist nichts anderes als Widerstand gegen die Freiheit. Es ist seltsam, dass wir den engen Bereich der Unterdrückung, Kontrolle, des Gehorsams und der Autoritätsgläubigkeit nie verlassen haben. Denn unter diesen Umständen kann der Geist nie aufblühen. Wie kann irgendetwas aufblühen in der Finsternis der Angst?

Ja, Ordnung ist notwendig. Aber die Ordnung der Disziplin, des Drills, ist der Tod der Liebe. Man muss pünktlich sein, rücksichtsvoll, aber diese Rücksicht wird zu einer oberflächlichen Formalität, wenn sie erzwungen ist. Gehorsam hat nichts mit Ordnung zu tun. Versteht man das Chaos des Gehorsams, zeigt sich eine absolute Ordnung wie in der Mathematik. Es ist nicht so, dass zuerst die Ordnung da ist und dann die Freiheit, sondern Freiheit *ist* Ordnung.

Ohne Verlangen zu sein bedeutet Unordnung, solange man das Verlangen und das mit ihm einhergehende Vergnügen nicht verstanden hat.

Gewiss ist das Einzige, das eine höhere Ordnung hervorbringt – ohne den Willen, der sich anpasst, sich unterwirft, sich behauptet –, die Liebe. Und ohne Liebe ist die errichtete Ordnung Anarchie. Man kann Liebe nicht kultivieren, also ist es auch nicht möglich, Ordnung zu kultivieren. Man kann einem Menschen Liebe nicht einbläuen. Dieser Drill ruft Aggressionen wach – und Angst.

Was kann man also tun? Man sieht all das, man sieht das unendliche Leid, das der Mensch dem Menschen zufügt. Aber man sieht nicht, wie positiv es ist, den Weg der Verneinung zu gehen; die Verneinung des Falschen ist die Wahrheit. Das bedeutet nicht, dass man Verneinung durch Wahrheit ersetzt – sondern der eigentliche Akt der Verneinung *ist* die Wahrheit. Das Sehen ist das Handeln, und mehr muss man nicht tun.

Aus: Bulletin Nr. 10, 1974

Intelligenz und unmittelbares Handeln

Es war sehr früh am Morgen, und das Tal war von Stille erfüllt. Die Sonne war noch nicht hinter den Bergen hervorgekommen, und die schneebedeckten Gipfel lagen noch im Dunkeln. Seit Tagen hatte die Sonne ihre klaren, starken Strahlen zur Erde geschickt, und es war ziemlich heiß gewesen. Das würde nicht andauern, aber auch an diesem Morgen war der Himmel sehr blau. Nun begann die Sonne, die Berggipfel zu berühren, und im Westen zogen dunkle Wolken herauf. Die Luft war rein. In dieser Höhe schienen die Berge ganz nah zu sein, sie standen majestätisch und einsam da, und man hatte zugleich den Eindruck der Nähe und einer ungeheuren Distanz. Wenn man diese Berge betrachtete, wurde man sich des Alters der Erde und der eigenen Vergänglichkeit bewusst. Man selbst wird aufhören zu existieren, aber sie werden bleiben – die Berge, die Hügel, die grünen Felder und der Fluss. Sie werden immer hier sein, und man selbst, mit allen Sorgen, allem Leid und allen Unzulänglichkeiten, wird sterben.

Es war stets diese Vergänglichkeit, die den Menschen dazu brachte, etwas zu suchen, das wie diese Berge ist, etwas, dem er die Dauerhaftigkeit, Göttlichkeit und Schönheit zuschreiben kann, die er selbst nicht besitzt. Aber das erlöst ihn nicht von seinen Qualen, lindert nicht sein Leid oder sein Unglück. Im Gegenteil, es stachelt ihn zu Gewalttätigkeit, zu immer neuen Grausamkeiten an. Seine Götter, seine Utopien und sein Nationalismus setzen seinem Leiden kein Ende.

Die Elster auf der Tanne hatte die kleine Maus entdeckt, die quer über die Straße huschte, und im nächsten Moment war das Mäuslein gefangen und fortgeschleppt. Die einzigen Geräusche waren das ferne Läuten von Kuhglocken und das Rauschen des Flusses, der durchs Tal eilte, aber allmählich verlor sich die Stille des Morgens im Lärm von Lastwagen und dem Gehämmer auf der anderen Seite der Straße, wo ein neues Haus gebaut wurde.

Gibt es überhaupt so etwas wie Individualität? Oder existiert nur eine kollektive Masse verschiedener Formen der Konditionierung? Schließlich ist das so genannte Individuum die Welt, die Kultur, das soziale und wirtschaftliche Umfeld. Das Individuum ist die Welt, und die Welt ist das Individuum; und alles Leid und Elend beginnt, wenn dieses Individuum sich von der Welt abtrennt und seine spezifischen Ziele, Neigungen und Vergnügungen verfolgt. Wir scheinen nicht wirklich zu erkennen, dass wir die Welt sind, nicht nur auf einer oberflächlichen Ebene, sondern auch im Kern unseres Wesens. Indem wir ein spezifisches Talent verwirklichen, scheinen wir zu glauben, dass wir uns selbst als Individuen ausdrücken, und bestehen auf seiner Verwirklichung, während wir allen Eingriffen von außen widerstehen. Es sind nicht das Talent, das Vergnügen oder der Wille, die uns zu Individuen machen. Der Wille, das bisschen Talent, das man vielleicht hat, und das Streben nach Vergnügen sind Teil der gesamten Struktur dieser Welt.

Wir sind nicht nur Sklaven der Kultur, in der wir aufgewachsen sind, sondern auch Sklaven dieser riesigen, dunklen Wolke des Elends und des Schmerzes der gesamten Menschheit, Sklaven dieser ungeheuren Verwirrung, Gewalttätigkeit und Brutalität. Wir scheinen nie vom angesammelten Leid des Menschen Notiz zu nehmen. Auch sind wir uns nicht der schrecklichen Gewalttätigkeit bewusst, die sich Generation um Generation angehäuft hat. Wir sind, zu Recht, mit der äußeren Veränderung oder Reformierung der sozialen Strukturen mit ihrer Ungerechtigkeit, ihren Kriegen und ihrer Armut beschäftigt, aber wir versuchen, diese Veränderung entweder mit Gewalt oder auf dem langsamen Weg der Gesetzgebung zu erreichen. In der Zwischenzeit setzen sich die Armut, der Krieg, der Hunger und die Gewalt zwischen den Menschen fort. Wir scheinen völlig zu vergessen, unser Augenmerk auf diese riesigen, dunklen Wolken zu richten, die der Mensch seit Jahrhunderten produziert – den Schmerz, die Gewalt, den Hass und die künstliche Trennung zwischen Religionen und Rassen. Diese Wolken sind da, genauso wie die äußere Struktur der Gesellschaft, und sie sind genauso real, lebendig und wirksam. Wir ignorieren diese verborgenen Ansammlungen und konzentrieren uns auf die äußere Veränderung von Strukturen. Diese Trennung ist vielleicht die tiefste Ursache für unseren Niedergang.

Wichtig ist, dass wir das Leben nicht als inneres und äußeres Geschehen betrachten, sondern als ein Ganzes, als eine allumfassende, ungeteilte Bewegung. Dann bekommt das Handeln eine völlig andere Qualität, denn dann ist es nicht partiell. Es ist das fragmentarische oder partielle Handeln, das die Wolke des Leids immer größer werden lässt. Das Gute ist nicht das Gegenteil des Bösen. Das Gute hat überhaupt keine Beziehung zum Bösen, und das Gute kann nicht angestrebt werden. Es blüht nur in der Abwesenheit von Leid auf.

Wie kann der Mensch sich also von dieser Verwirrung, dieser Gewalttätigkeit und diesem Leid befreien? Sicherlich nicht durch den Einsatz des Willens und seinen Begleitfaktoren wie Entschlossenheit, Widerstand und Kampf. Das Wahrnehmen oder Verstehen dieser Zusammenhänge ist Intelligenz. Und nur diese Intelligenz kann den Menschen von Leid, Gewalt und Hader befreien. Es ist, wie wenn man eine Gefahr sieht. Man handelt unmittelbar – nicht indem man den Willen einsetzt, der das Produkt des Denkens ist. Denken hat nichts mit Intelligenz zu tun. Intelligenz kann den denkenden Verstand benutzen, aber wenn es dem Verstand gelingt, diese Intelligenz für seine eigenen Zwecke einzuspannen, wird sie zu Schläue, wird hinterhältig und destruktiv.

Die Intelligenz gehört also weder Ihnen noch mir, sie gehört weder dem Politiker, dem Lehrer, noch dem Erlöser. Diese Intelligenz ist unermesslich. Sie ist in Wirklichkeit ein Zustand des Nichtseins.

Aus: Bulletin Nr. 11, 1971

Der Fluss

Amsterdam, Holland, Mai 1968

Der Fluss war an dieser Stelle besonders breit, tief und klar. Etwas weiter flussaufwärts lag die große uralte Stadt, vielleicht eine der ältesten Städte der Welt. Aber sie war ungefähr zwei Kilometer entfernt, und es schien, als habe der Fluss sich von ihrem ganzen Schmutz bereits gereinigt, denn hier war das Wasser ganz sauber, besonders in der Mitte der Strömung. Am diesseitigen Ufer standen viele Häuser, nicht gerade besonders schöne, aber auf der anderen Seite sah man frisch geschnittenen Winterweizen, denn der Fluss steigt während der Regenzeit um sieben bis zehn Meter an, und deshalb ist die Erde zu beiden Seiten des Flusses sehr fruchtbar. Im Hinterland sah man Dörfer, Bäume und Felder mit Weizen und anderem Getreide.

Es war eine sehr schöne Landschaft, die sich offen und flach bis zum Horizont erstreckte. Die Bäume waren sehr alt, die Tamarinden und Mangos, und am Abend, wenn die Sonne unterging, senkte sich ein außerordentlicher Frieden über das Land – ein Segen, den man in keiner Kirche und keinem Tempel spüren kann.

Am diesseitigen Ufer hielten sich vier Sannyasins auf, Mönche, von denen jeder seine eigenen Waren verkaufte – nämlich

Götter. Sie priesen ihre Waren lautstark an, und allmählich versammelte sich eine Menschenmenge um sie. Doch der eine, der am lautesten schrie, Sanskritworte wiederholte und ganz mit Malas und anderen Insignien seines Berufsstandes behängt war, zog die meisten Menschen an, und man konnte sehen, wie die anderen Mönche sich nach und nach davonmachten, bis nur noch dieser eine mit seinen Göttern, Gesängen und Holzperlenketten zurückblieb.

Phantasie und Romantik verleugnen die Liebe, denn die Liebe ist Ewigkeit. Der Mensch versuchte durch verschiedene Götter und Ideologien und seine Hoffnungen etwas zu finden, das nicht an die Zeit gebunden ist. Die Geburt eines Kindes ist kein Hinweis auf etwas Ewiges. Das Leben kommt und geht. Es gibt den Tod, das Leiden und all das Unheil, das der Mensch anrichten kann, und diese Bewegung des Wandels, des Verfalls und der Geburt findet immer noch innerhalb des Kreislaufs der Zeit statt.

Zeit ist Denken, und Denken ist das Produkt der Vergangenheit. Alles, was Kontinuität besitzt – die Ursache, die die Wirkung hervorbringt, und die Wirkung, die wiederum zur Ursache wird –, ist Teil dieser Bewegung der Zeit. In dieser Zeitfalle ist der Mensch gefangen, und er benutzt jedes ihm zur Verfügung stehende Hilfsmittel, seine romantischen Vorstellungen und Phantasien, um eine Imitation dessen zu erschaffen, was er Ewigkeit nennt. Und daraus entsteht sein mit Lust und Schmerz verbundener Wunsch nach Unsterblichkeit, nach einem Zustand ohne Tod, den er mit Hilfe seiner Vorstellungen zu erfahren hofft. Die Religionen bieten dem Menschen eine Imitation des Realen an. Die aufrichtigsten sind sich dessen bewusst und wissen, wie viel Unheil durch die Fälschung angerichtet wurde. Es gibt einen Zustand jenseits dieser romantischen Vorstellungen oder Phantasien, der außerhalb der Zeit existiert und weder das Produkt des Denkens noch der Erfahrung ist. Aber um mit diesem Zustand in Berührung zu kommen, müssen alle falschen Münzen, die wir wie einen Schatz gehütet haben, weggeworfen werden – so tief vergraben werden, dass niemand sie mehr finden kann. Denn die anderen denken, sie müssten all diese Dinge haben, die du verworfen hast, und deshalb darf das, was du wegwirfst, niemals von jemand anderem gefunden werden. Denn es regt die Phantasie dazu an, falsche Münzen zu prägen. Diese zurückzuweisen erfordert keine Anstrengung, dazu ist weder ein starker Wille noch die Attraktion von etwas noch Größerem nötig; man schiebt sie einfach beiseite, weil man erkannt hat, wie nutzlos, gefährlich, lästig und gewöhnlich sie sind.

Der denkende Verstand kann das, was wir Ewigkeit nennen, nicht erzeugen – so wie er auch keine Liebe hervorbringen kann. Doch die Ewigkeit kann auch von einem suchenden Geist nicht entdeckt werden. Und der Geist, der nicht sucht, ist ein müßiger Geist. Der Geist ist ein Strom, der in der Mitte sehr tief und am Rand ganz flach ist – wie der Fluss, der in der Mitte eine sehr starke Strömung aufweist und am Ufer ganz ruhig dahinfließt.

Doch der tiefe Strom hat das gesamte Gedächtnis hinter sich, und dieses Gedächtnis ist die Kontinuität, der Kreislauf der Zeit, innerhalb dessen die Stadt verschmutzt und wieder sauber wird. Das Gedächtnis erzeugt die Kraft, den Antrieb, die Aggression und die Durchtriebenheit. Es ist dieses tiefe Gedächtnis, das weiß, dass es die Asche der Vergangenheit ist, und dieses Gedächtnis muss erlöschen.

Aber es gibt keine Methode, mit der man es auslöschen könnte, keine Münze, mit der man sich in einen neuen Zustand einkaufen könnte. Es endet dadurch, dass man all das sieht. Und nur wenn dieser riesige Strom der Erinnerung versiegt, ist ein neuer Anfang möglich. Das Wort ist nicht das Wirkliche; das Begrenzende des Wortes verleugnet die Wirklichkeit.

Aus: Bulletin Nr. 12, 1971/72

Was ist Beziehung?

Über die Lautsprecher wurde angekündigt, dass das Flugzeug Mailand wegen Nebel noch nicht verlassen könne, und die Passagiere wurden gebeten, sich noch etwa eine Stunde oder länger zu gedulden. Und wir warteten. Wir alle wollten nach Rom; es waren eine Menge Leute in diesem Warteraum, sehr elegante, langhaarige und andere mit kurzen Haaren. Ein junger Mann hatte seinen Arm um ein junges Mädchen gelegt und nahm seine Umgebung gar nicht wahr, und ein anderer Junge begann, auf seiner Gitarre zu klimpern. Einige Leute rauchten, und es wurde eine Menge Alkohol getrunken. Es war sehr heiß in diesem Raum, und die Luft war vom Geruch billigen Parfums erfüllt.

Was ist Beziehung? Welche Beziehung hat dieser junge Mann zu diesem Mädchen oder diese elegante Frau zu ihrem Ehemann, die ältere Frau zu ihrem Sohn, der so gelangweilt aussah und auf diese Auslandsreise mitgenommen wurde, um die alten Städte Italiens zu sehen? Wie kann es eine Beziehung zwischen einem Mann und einer Frau oder zwischen irgendwelchen Menschen geben, wenn jeder ehrgeizig seine eigenen Ziele verfolgt, in diesem Ehrgeiz völlig aufgeht, völlig egozentrisch ist? Man kann die Härte in den Gesichtern der Menschen sehen, deren gesamtes Denken und Tun um das »Ich« und das »Du« kreist. Vielleicht besteht auf der physischen Ebene ein Kontakt, aber wahrscheinlich geht keine Beziehung, weder die oberflächliche noch die so genannte tiefe, darüber hinaus. Wie kann man eine Beziehung zu einem anderen Menschen haben, wenn man misstrauisch ist, wenn man denkt, man hätte immer Recht, und nie eingesteht, dass man manchmal das Gefühl hat, Unrecht zu haben? Wie kann dieser Mann, der den uralten Stolz seiner Rasse oder seiner eingebildeten Wichtigkeit zur Schau trägt, irgendeine Beziehung haben, die über das Physische oder Oberflächliche hinausgeht? Wie können zwei neurotische Menschen, die im selben Haus leben, sich Ehemann und Ehefrau nennen, irgendeine Beziehung zueinander haben? Es gibt Paare, die anscheinend glücklich miteinander sind, die durch Sorgen und Leid zusammengewachsen sind, die viele Höhen und Tiefen geteilt haben – man würde vielleicht sagen, dass sie eine glückliche Beziehung haben, sowohl auf der physischen als auch auf anderen Ebenen –, aber wie kann man überhaupt irgendeine Beziehung zu jemand anderem haben, wenn das »Ich« wichtiger als alles andere ist, wenn der eine eifersüchtig und arrogant, der andere nachgiebig ist? Gute Beziehungen können ganz offensichtlich unter all diesen Bedingungen nicht gedeihen.

Es gibt Menschen, die vollkommen ineinander aufgehen, Paare, die alles gemeinsam tun und kaum Interessen außerhalb der Beziehung haben, denen es genügt, im selben Zimmer zu leben, die die Abende fast immer gemeinsam zu Hause verbringen. Eine solche Beziehung ist vielleicht sehr ungewöhnlich, aber das Leben besteht nicht nur aus einer guten Beziehung. Es ist viel, viel mehr, geht weit über die Selbstzufriedenheit einer glücklichen Beziehung hinaus. Eine echte Beziehung zu einem anderen Menschen ist nur möglich, wenn Ehrgeiz, Misstrauen, Konkurrenz und Besitzdenken mit all der damit verbundenen Bitterkeit, Wut und Frustration völlig abwesend sind. Eine solche Beziehung ist etwas Seltenes, aber ohne diese Seltenheit versinkt das Leben in Banalitäten. Zum Leben gehören der Tod, die Liebe, das Verstehen von Lust und Schmerz und noch etwas anderes, das über all das weit hinausgeht. Die »Wahrheit« des Analytikers oder die Mythen, in denen religiöse Menschen schwelgen, haben offensichtlich nichts mit der Wirklichkeit zu tun. Doch wenn man nicht mit dieser Wirklichkeit in Berührung kommt, bleibt jede Beziehung oberflächlich, unverbindlich, ein Spiel mit Nähe und Distanz, wie gut die Beziehung auch sein mag. Ohne dieses Empfinden der Schönheit der Wirklichkeit wird eine Beziehung unweigerlich zu einem Prozess der Einengung.

Doch die Menschen in dieser Wartehalle, die gelangweilt waren und sich über die Verspätung ärgerten, würden keine andere Art von Beziehung wollen als die, die sie hatten.

Ein bekannter Schriftsteller kam mit uns ins Gespräch; nach den üblichen Höflichkeitsfloskeln begannen wir über ernste Dinge zu sprechen, über das Leiden der Menschen, die unglaubliche Mythenverehrung der Kirche und die jahrhundertelange Ausbeutung des Menschen durch eine Idee, die er Wahrheit oder Gott nennt. Wir sprachen auch über die verschiedenen politischen Spaltungen, die der Schriftsteller, ein Kommunist, als einzige Lösung betrachtete. Kann das Leiden, fragten wir, kann der Konflikt, den die Eifersucht in der Liebe erzeugt, können das Besitzdenken und das Streben nach Macht und Status durch ein politisches Diktum aufgelöst werden? »Oh!«, erwiderte er, »Ich leide nicht – die anderen leiden; das ist Liebe, dieser Konflikt, diese Eifersucht, diese Feindschaft und Angst – ohne diese Dinge gibt es keine Liebe.«

Genau in diesem Moment forderte die Stimme aus dem Lautsprecher uns auf, uns an Bord des Flugzeugs zu begeben. Bald schon stiegen wir auf zehntausend Meter, und wir konnten unter uns den Mont Blanc und bald darauf Genua, Florenz und die geschwungenen Buchten des blauen Mittelmeers sehen. Es war ein herrlicher Tag, klar, funkelnd, voller Licht.

Aus: Bulletin Nr. 13, 1972

Der beschränkte Geist

Malibu, Kalifornien, Dezember 1971

Es hatte mehrere Tage lang ununterbrochen geregnet, und ein starker Wind aus Nordosten hatte geweht. Aber an diesem Morgen war es vollkommen klar – das Meer und der Himmel waren blau, und die Sonne schien.

Man saß in einem Geschäftsviertel im Auto und betrachtete all diese überfüllten Geschäfte, die Leute, die hinein- und herauseilten und alle möglichen Sachen kauften. Es war ein hoher Feiertag in der westlichen Welt, und der Lärm, das geschäftige Treiben, das endlose Geplapper der Menschen schienen die ganze Luft zu erfüllen, und alle, die in den Läden hin und her hasteten, schienen so gierig, so hungrig zu sein nach den Dingen, die sie kauften.

Wenn man all das beobachtet – den herrlichen blauen Himmel, das stille Meer und all diese von Gier und Angst getriebenen Menschen –, fragt man sich, wohin das alles führen wird. Und man fragt sich, warum die Welt so geworden ist, so ungeheuer bourgeois, falls man dieses Wort benutzen darf. Ich weiß nicht, wie Sie dieses Wort übersetzen – was es für Sie bedeutet. Man kann ihm entweder eine ganz oberflächliche Bedeutung beimessen und es beiseite schieben, oder man kann die Bedeutung dieses Wortes untersuchen. Warum beherrscht dieser enge, beschränkte, kleinliche Geist alle anderen Gedanken, Gefühle und Aktivitäten auf dieser Welt? Was ist ein Bourgeois? Man zögert, dieses Wort zu benutzen, weil es so viele politische Untertöne hat und von vielen Leuten so verächtlich gebraucht wird. Aber in dieser Verachtung steckt das Gefühl, dass auch sie dazugehören. Es wäre also recht interessant herauszufinden, was es bedeutet, ein Bourgeois zu sein. Das ist ganz offensichtlich ein Mensch, dem Eigentum, Geld und Eigennutz wichtiger sind als alles andere, obwohl er vielleicht weder Grund und Boden noch Geld besitzt oder vielleicht an diesen Dingen nicht hängt. Es gibt viele solcher Menschen auf der Welt. Auch im religiösen Bereich und in der Welt der Künstler und Intellektuellen herrscht Eigennutz. Es könnte also sein, dass dieser Faktor »Eigennutz« den bourgeoisen Geist ausmacht. Aber auch der Ausdruck »Eigennutz« ist nicht leicht zu definieren. Er ist mit so vielen subtilen Bedeutungen verknüpft, es gibt so viele Möglichkeiten, ihn zu interpretieren. Aber wenn man diesen Eigennutz einmal genauer, gründlicher betrachtet, dann sieht man, dass er, wie weit gefasst, wie ausgedehnt er in vielen Bereichen auch sein mag, immer eine verengende Qualität besitzt, sich immer begrenzend und einschränkend auswirkt. Der religiöse Mensch, der Mönch, der Sannyasin, hat vielleicht den weltlichen Dingen wie Besitz, Geld, Status und Prestige entsagt, aber sein Eigennutz hat sich nur auf eine höhere Ebene verschoben. Er identifiziert sich mit seinem Erlöser, seinem Guru, seinem Glaubenssystem. Und ebendiese Identifikation, dieses Bestreben, all seine Gedanken und Gefühle in eine bestimmte Gestalt, ein Bild, eine mythische Hoffnung zu investieren, macht seinen Eigennutz aus. Wo also Eigennutz herrscht, da liegt vermutlich auch die Wurzel dieses schrecklichen Nationalismus, dieser Trennung zwischen Menschen, Rassen und Ländern. Solcher Eigennutz führt zur Verengung des Geistes, der dadurch seine Flexibilität, seine Fähigkeit zu spontaner, unmittelbarer Wahrnehmung verliert. Der Techniker kann sich im technischen Bereich rasch anpassen, er geht vielleicht von einer Technik zur nächsten über, von einer Branche zur anderen, tauscht vielleicht sogar ein Glaubenssystem gegen ein anderes oder eine Nationalität gegen eine andere, aber diese begrenzte Anpassungsfähigkeit des Geistes bringt keine Freiheit. Wie kann ein Mensch, der in ein bestimmtes Glaubenssystem, eine bestimmte Ideologie investiert hat, im Geiste und im Herzen unendlich flexibel und beweglich sein, wie ein Grashalm, der sich im Wind neigt, aber nicht abbricht? Der Bourgeois ist also ein Mensch, der sich an Eigentum, Geld und/oder Eigennutz klammert. Sie könnten Ihre Frau oder Ihren Freund fragen, ob in Ihrer Beziehung Eigennutz vorherrscht. Wollen Sie, dass er oder sie dem Bild entspricht, sich dem Bild anpasst, das Sie von ihr oder ihm haben, so ist das Eigennutz. Hat man aber kein Bild, obwohl man auf bestimmte physische oder psychische Fakten hinweist, so ist das kein Eigennutz.

Wenn du dir all das betrachtest – die Weite des blauen Himmels, diese gerade, wunderschöne Linie am Horizont, wo das Meer den Himmel trifft –, und wenn du gleichzeitig das ganze hektische Treiben beobachtest – die Menschen, die für den Feiertag einkaufen, für den sie Bäume, Vögel und andere Tiere töten, an dem sie rauchen, trinken, flirten und in großen oder kleinen Autos herumfahren –, dann frage dich: Bist du ein Bourgeois? Vielleicht bist du Künstler, Politiker, Geschäftsmann, ein ganz gewöhnlicher kleiner Angestellter oder die Frau in der Küche oder im Büro – was du auch bist, wenn in deiner Beziehung zu einem anderen Menschen, in der Position, die du innehast, oder in dem, was du glaubst, irgendein Eigennutz steckt, dann bist du unweigerlich ein engstirniger, beschränkter Mensch. Vielleicht machst du deine Arbeit gut, bist hilfsbereit und großzügig oder das, was man glücklich verheiratet nennt; vielleicht sprichst du von Liebe, vielleicht liebst du deine Frau, deine Kinder oder deine Freunde, aber wenn da auch nur eine Spur dieses destruktiven Eigennutzes ist, dann ist dein Leben von jener Mittelmäßigkeit geprägt, die dich Eigentum, Status, Geld und Macht so ungeheuer wichtig nehmen lässt. Dieses beschränkte Denken kann die Mauern nicht überwinden, die der Mensch um sich herum errichtet hat.

Und so sitzt du im Auto, wartest auf jemanden, die warme Sonne scheint auf dein Gesicht und auf die Gesichter der Vorübergehenden; du betrachtest all diese Menschen und fragst dich, was mit der Menschheit geschehen ist. Die Jungen finden sich irgendwann im gleichen ausgefahrenen Gleis wieder wie die Alten. Moden ändern sich, und so ändern sich auch die Gleise. Aber wenn man in irgendeiner Tradition gefangen ist, in irgendeiner Art von Konditionierung, kann der Geist diese seltene Qualität der Elastizität nicht haben. Auch dieses Wort bedarf der Erklärung. Der Geist oder das Bewusstsein kann sich durch großes Wissen, durch Erfahrung, durch Leiden oder durch große Freude ausdehnen. Durch Genuss oder Vergnügen wird der Geist nicht beweglicher – aber durch Freude. Doch wenn man der Freude hinterherjagt, wenn man dem Genuss hinterherjagt, der zu Vergnügen wird, ist keine Freiheit, keine geistige Beweglichkeit möglich. Der Geist kann, wie wir bereits gesagt haben, von einer Technik zur nächsten springen, von einem Job zum nächsten, von Aktivität zu Aktivität, von einem Glaubenssystem zu einer neuen Ideologie, aber das hat nichts mit echter geistiger Beweglichkeit und Freiheit zu tun. Solange der Geist an irgendeinen Punkt, irgendeine Erfahrung, irgendein Wissen gekettet ist, kann er sich nicht sehr weit ausdehnen. Und da der Inhalt des Bewusstseins das Bewusstsein ausmacht, verhindert ebendieser Inhalt die Freiheit, die Ausdehnung, dieses wunderbare Gefühl der Bewegung. Der Inhalt des Bewusstseins wird zu Eigennutz. Er mag darin bestehen, dass du einem bestimmten Möbelstück, einer bestimmten Technik oder einem Glaubenssystem oder einer Erfahrung große Bedeutung beimisst: Diese Erfahrung, dieses Wissen, dieses Geschehen wird zum Zentrum des Eigennutzes. Das Leeren des Bewusstseins von all seinen Inhalten bringt eine totale Beweglichkeit im Wahrnehmen und Handeln mit sich.

Aus: Bulletin Nr. 14, 1972

Alleinsein

Meditation ist Alleinsein. Aber das ist etwas ganz anderes als Isolation. Es entspricht dem Wesen des »Ich«, des Selbst, des Egos, sich zu isolieren – durch Konzentration, durch verschiedene Formen oder Techniken der Meditation und durch seine täglichen trennenden Aktivitäten. Aber allein zu sein bedeutet nicht, sich von der Welt zurückzuziehen. Der Mensch ist ein geselliges Wesen, das in seiner Welt durch alle Arten von Beziehungen, Meinungen und die Bürde der Tradition beeinflusst wird. In dieser Welt herrschen der denkende Verstand und die Selbstbezogenheit. Und das führt unweigerlich in die Einsamkeit, in das Elend der selbst verursachten Isolation. Alleinsein ist nur möglich, wenn der Geist nicht dem Einfluss der Gesellschaft unterworfen ist; wenn der Mensch innerlich frei von der gesellschaftlichen Unordnung ist. Diese Freiheit ist Tugend, und Tugend steht immer allein. Die Moral der Gesellschaft erhält dagegen die allgemeine Unordnung aufrecht. Meditation transzendiert diese Unordnung und ist kein Privatvergnügen mit Visionen oder bewusstseinserweiternden Erfahrungen. Solche Erfahrungen sind genauso isolierend.

Liebe ist nicht separatistisch, und da Liebe nicht kultiviert werden kann, ist Alleinsein keine Sache des Intellekts. Es geschieht so natürlich, wie die Sonne aufgeht, wenn man von den Aktivitäten des denkenden Verstandes frei ist.

Die Abendsonne schien auf das frische Gras und ließ jeden einzelnen Grashalm aufleuchten. Die Frühlingsblätter, die sich in Kopfhöhe befanden, waren so zart, dass man sie bei einer Berührung kaum spürte, so verletzlich, dass ein vorbeilaufendes Kind sie wahrscheinlich zerstören würde. Über den Baumwipfeln erstreckte sich der blaue Himmel, und man hörte die Amseln singen. Das Wasser des Kanals war so still, dass Spiegelung und Wirklichkeit nicht voneinander zu unterscheiden waren. Da war ein Entennest mit einem halben Dutzend Eiern, das die Ente sehr sorgfältig mit trockenem Laub abgedeckt hatte. Später sah man sie darauf sitzen, aber sie tat so, als wäre sie gar nicht da. Etwas weiter kanalabwärts entdeckte man zwischen den hohen Buchen mit ihren wunderbaren jungen Blättern eine weitere Ente mit zwölf Küken, die wahrscheinlich erst an diesem Morgen geschlüpft waren. Einige von ihnen würden in der Nacht wahrscheinlich von den Ratten gefressen werden, und wenn man am nächsten Tag zurückkam, würden es wohl ein paar Küken weniger sein. Die andere Ente saß noch immer auf ihrem Nest. Es war ein wunderschöner Abend, von jenem besonderen Leuchten, das den Frühling auszeichnet. Man stand da, ohne einen einzigen Gedanken, spürte jeden Baum und jeden Grashalm und hörte einen überfüllten Bus vorbeifahren.

Es wird eigentlich immer schwieriger, allein zu sein, sogar physisch allein zu sein. Die meisten Menschen wollen nicht allein sein, sie haben Angst davor; sie sind beschäftigt und wollen beschäftigt sein – von dem Augenblick, an dem sie morgens aufwachen, bis zu dem Moment, in dem sie zu Bett gehen, und selbst im Schlaf werden sie noch von ihren Träumen verfolgt. Und auch die, die allein leben, in irgendeiner Berghöhle oder als Mönche in Klosterzellen, sind nie allein, denn sie leben mit ihren inneren Bildern, ihren Gedanken und den religiösen Praktiken, die ihnen Erfüllung in der Zukunft versprechen. Sie sind nie allein, sondern vollgepfropft mit Wissen und tragen die Dunkelheit ihrer Höhle oder Klosterzelle in sich.

Man muss wirklich ein Außenseiter sein, darf nichts und niemandem angehören. Aber man kann sich seinen Weg in die Freiheit nicht erkämpfen, denn dann ist man immer noch gebunden. Gerade dieser Kampf um Freiheit erhält die Gesellschaftsstrukturen aufrecht. Es gibt weder außen noch innen. Sobald dir bewusst geworden ist, dass du außen bist, bist du innen. Du musst also die Gesellschaft in dir sterben lassen, damit das neue Leben entstehen kann, ohne dass du es weißt. Das Neue ist keine Erfahrung; das Neue zu kennen bedeutet, dass es schon wieder alt ist. Sei also allein, auch wenn du in der Gesellschaft lebst.

Aus: Bulletin Nr. 21, 1974

Der Krug kann nie voll werden

Meditation ist wie der Gang zu einem Brunnen, dessen Wasser unerschöpflich ist, mit einem Krug, der immer leer ist. Der Krug kann nie gefüllt werden. Wichtig ist, dass man das Wasser trinkt, und nicht, wie voll der Krug ist. Man muss den Krug zerbrechen, um das Wasser trinken zu können. Der Krug ist das Zentrum, das »Ich«, das immer auf der Suche ist – und deshalb nie finden kann. Suchen heißt, die Wahrheit, die direkt vor dir liegt, zu verleugnen. Deine Augen müssen das Nächstliegende sehen, und das Sehen des Nächstliegenden ist eine Bewegung, die nie endet. Derjenige, der sucht, läuft einer Projektion hinterher und lebt daher in einer Illusion, der er innerhalb der Grenzen seines eigenen Schattens nachjagt. Nicht suchen heißt finden. Und das geschieht nicht in der Zukunft – es ist hier, wohin du nicht schaust. Das Schauen ist stets präsent, im gegenwärtigen Augenblick, dem alles Geschehen entspringt. Meditation ist der Segen dieses Geschehens.

Das Suchen ist ein im Wesen des Menschen tief verwurzelter Trieb – dieses Bedürfnis, etwas zu erreichen, zu irgendetwas zu gehören, an irgendetwas festzuhalten. Doch im Forschen liegt von Anfang an Freiheit; das Schauen befreit dich von der Last der Vergangenheit.

Aus: Bulletin Nr. 22, 1974

Vom Wesen der Demut

Das innerste Wesen der Enthaltsamkeit ist Demut. Demut zu kennen bedeutet, sie zu verneinen. Man kann nur Eitelkeit kennen. Man kann sich der Eitelkeit bewusst sein, aber man kann sich nicht der Demut bewusst sein. Enthaltsamkeit – die Enthaltsamkeit des Mönchs oder des Heiligen ist Härte, das gewaltsame Streben nach einem zukünftigen Zustand, der nichts als eine Illusion ist. Diese Härte entspringt der Gewalt, der Nachahmung, dem Gehorsam, und das hat nichts mit Anonymität zu tun. Der Mönch und der Heilige nehmen vielleicht einen anderen Namen an, aber dieser Name ist nur der Mantel, der die Wunden des inneren Konflikts verdeckt. Und das gilt für jeden von uns, denn wir alle sind Idealisten. Wir wissen, was Eitelkeit ist, und können nicht wissen, was Demut ist. Was wir Demut nennen, ist das Gegenteil von Eitelkeit, und alle Gegensätze enthalten einander. Das Streben, das »Werden«, wie subtil oder verborgen es auch ablaufen mag, kann nie etwas Demütiges sein. Demut hat kein Gegenteil, und nur Gegensätze können einander kennen.

Den Stolz zu verleugnen heißt nicht, die Demut zu kennen. Man kann das Bekannte bewusst, freiwillig, mit dem Wissen um alle Konsequenzen, in sich sterben lassen, aber es ist nicht möglich, das Unbekannte zu kennen. Man kann sich des Unbekannten nicht bewusst sein, so wie man sich auch der Demut nicht bewusst sein kann. Im Bereich des Werdens bewegt man sich vom Bekannten zum Bekannten. Wenn wir dies in uns sterben lassen, tritt etwas anderes in Kraft, das ein Geist, der sich nur innerhalb der Begrenzungen des Bekannten, des Gedächtnisses, der Erfahrung, des Wissens bewegt, nicht erfassen kann. Das »Sein« ist nicht das Ende des »Werdens«. Wenn es als »Sein« erkannt wird, ist es immer noch Teil des »Werdens«, das mit Kampf, Verwirrung, Mühe und Elend einhergeht.

Meditation ist kein Trick des Verstandes, der sich selbst mit einem unlösbaren Problem konfrontiert und sich damit zwingt, still zu sein. Ein betäubter Geist ist offensichtlich abgestumpft und unempfindsam geworden und deshalb nicht in der Lage, irgendetwas Neues zu sehen. Und das Neue ist nicht das Gegenteil des Alten.

Meditation deckt diesen ganzen Prozess des Werdens und Seins auf – Meditation ist die Verneinung des Werdens zugunsten des Seins. Ein meditativer Geist sieht das auf einen Blick, und dieser Blick erfordert keine Zeit. Es braucht keine Zeit, die Wahrheit zu sehen; entweder man sieht sie, oder man sieht sie nicht. Die Unfähigkeit zu sehen kann nicht zur Fähigkeit des Sehens werden.

Das Wesen der Meditation ist also Verneinung, und es gibt keine Möglichkeit, keinen Weg, kein System, das einen plappernden, oberflächlichen Verstand in die Höhen der Glückseligkeit führen kann. Das unmittelbare Erkennen dieser Tatsache ist jene Wahrheit, die den oberflächlichen Geist von sich selbst befreit. Und am Anfang steht immer Demut – aber es gibt keinen Anfang und kein Ende. Und das ist die unermessliche Glückseligkeit.

Aus: Bulletin Nr. 24, 1974/75

Meditation und Liebe

Bei der Meditation geht es vor allem darum, nicht dem Weg zu folgen, den der denkende Verstand als Weg der Wahrheit, Erleuchtung oder Wirklichkeit betrachtet. Es gibt keinen Weg zur Wahrheit. Jeder Weg, dem man folgt, führt nur zu dem, was der Verstand bereits vorformuliert hat, und das ist, wie angenehm oder befriedigend es auch sein mag, nicht die Wahrheit. Es ist ein Trugschluss zu glauben, dass irgendeine Meditationstechnik, das regelmäßige tägliche Praktizieren dieser Technik oder ihre mehrfache Wiederholung während des Tages zu innerer Klarheit oder Verstehen führen können. Meditation geht über all das hinaus und kann, wie die Liebe, vom denkenden Verstand nicht kultiviert werden. Solange der Denkende da ist, der meditiert, ist auch Meditation nur Teil jener Selbstisolation, die im menschlichen Alltag üblich ist.

Liebe ist Meditation. Liebe ist keine Erinnerung, kein lusterzeugendes inneres Bild, das vom Denken aufrechterhalten wird, und auch nicht jene romantische Vorstellung, die durch Sinnlichkeit hervorgerufen wird. Liebe ist etwas, das jenseits der Sinne und jenseits der wirtschaftlichen und sozialen Zwänge des Lebens existiert. Meditation ist die unmittelbare Wahrnehmung dieser Liebe, die keine Wurzeln im Gestern hat, denn Liebe ist Wahrheit, und Meditation ist das Entdecken der Schönheit dieser

Wahrheit. Der denkende Verstand kann sie nicht entdecken; er kann niemals sagen: »Ich habe entdeckt« oder »Ich habe diese himmlische Liebe erlangt.«

Aus: Bulletin Nr. 29, 1976

Meditation und Erfahrung

Wird in der Meditation etwas Neues erfahren? Das Verlangen nach Erfahrungen, besonderen Erfahrungen, die über den alltäglichen oder gewöhnlichen stehen, sorgt dafür, dass der Brunnen leer bleibt. Diese Gier nach mehr Erfahrungen, nach Visionen, höheren Bewusstseinszuständen, nach irgendeiner Erkenntnis, bringt den Geist dazu, nach außen zu blicken. Es ist der gleiche Mechanismus, der zu Abhängigkeit von der Umgebung und von anderen Menschen führt. Das Erstaunliche an der Meditation ist, dass ein Ereignis nicht zu einer Erfahrung wird. Das Ereignis ist da wie ein neuer Stern am Himmel, ohne dass das Gedächtnis es an sich reißt und festhält, ohne den gewohnheitsmäßigen Prozess des Erkennens und der positiven oder negativen Reaktion. Unsere Suche findet immer im Außen statt; der Geist, der nach irgendeiner Erfahrung sucht, ist nach außen gerichtet. Wenn man nach innen geht, sucht man überhaupt nicht, man nimmt wahr. Jede Reaktion ist eine Wiederholung, denn sie entspringt immer demselben Gedächtnisspeicher.

Aus: Bulletin Nr. 31, 1977

An einen jungen Mann

Er war noch jung, hatte erst kürzlich geheiratet und sagte, er hätte zwar keinen besonders guten Job, aber seine Frau und er könnten immerhin davon leben. Er hatte eine Universitätsausbildung, einen einigermaßen scharfen Verstand und gehörte einer jener uralten Gemeinschaften an, für die ein religiöses Leben einen entschieden höheren Stellenwert besitzt als ein weltliches.

»Meine Ausbildung«, fuhr er fort, »hat meinen Geist ziemlich abstumpfen lassen. Sie half mir, mein Gedächtnis zu trainieren, aber das ist wahrscheinlich auch schon alles. Ich besitze mehrere Universitätsdiplome, aber irgendwie fühle ich mich innerlich leer, ausgebrannt. Es kommt mir so vor, als würde ich jegliches Gefühl, jegliches Interesse verlieren und in einen routinemäßigen Trott verfallen; sogar mein Sexualleben scheint allmählich Teil dieses Musters zu werden. Ich weiß nicht, was ich tun soll. Nachdem ich Sie vor ein paar Tagen sprechen hörte, dachte ich, ich könnte mich vielleicht, indem ich mit Ihnen über all diese Dinge spreche, von der schweren Last meines Jobs und meiner täglichen Gewohnheiten befreien. Ich bin ja noch ziemlich jung und könnte mir eine andere Arbeitsstelle suchen, aber ich weiß, dass sie, so interessant sie anfangs auch sein mag, ebenfalls bald wieder zur Routine werden wird. Ich habe mit meiner Frau über diese Dinge gesprochen. Sie konnte heute morgen nicht kommen, deshalb spreche ich auch für sie.« Er hatte ein nettes Lächeln, die Gesellschaft hatte ihn noch nicht ganz zerstört.

Routine und Gewohnheit sind unser tägliches Leben. Manche Menschen sind sich ihrer Gewohnheiten bewusst, andere nicht. Wird man sich seiner Gewohnheiten bewusst – der wiederholten Bewegungen der Hand oder des Geistes –, ist es vergleichsweise einfach, ihnen ein Ende zu setzen. Wichtig bei all dem ist aber, dass wir wirklich, und nicht nur intellektuell, den Mechanismus verstehen, der zur Bildung jener Gewohnheiten führt, die allmählich jegliches Gefühl in uns zerstören oder abstumpfen lassen. Dieser Automatismus ist die enorme Lethargie, die Teil unseres Erbes ist wie die Tradition. Wir wollen nicht gestört werden, und diese Lethargie bewirkt, dass sich die Routine einschleicht. Haben wir irgendetwas einmal gelernt, funktionieren wir auf der Basis dessen, was wir bereits wissen, und fügen diesem Wissen nur noch hin und wieder etwas hinzu oder verändern es bei Bedarf.

Die Angst vor Veränderung verfestigt unsere Gewohnheiten, aber nicht nur im Physischen, sondern bis ins Innere unserer Gehirnzellen. Sind wir also erst einmal in einer Routine erstarrt, bewegen wir uns wie eine Straßenbahn auf ihren Schienen. In all unseren Beziehungen nehmen wir die Dinge dann als selbstverständlich hin, und das ist einer der Hauptfaktoren unserer Unempfindlichkeit. Gewohnheit wird also zu etwas Natürlichem. Dann sagen wir: Warum sollte man den Dingen, die man täglich tut, Beachtung schenken? So führt Unaufmerksamkeit zur weiteren Kultivierung von Gewohnheiten, und dann sitzen wir in der Falle. Dann stehen wir vor dem Problem, wie wir uns von unseren Gewohnheiten befreien können. So entsteht ein innerer Konflikt, und wir beginnen, diesen konfliktbeladenen Zustand als normalen Seins-Zustand zu akzeptieren! Wenn man all das sieht – all die Mechanismen der Gewohnheit, das Funktionieren auf der Basis des Gedächtnisses, das von diesem Gedächtnis bestimmte

Handeln –, wenn man sich dessen bewusst ist, entdeckt man, welche Rolle das Vergnügen in unserem Leben spielt. Denn schließlich ist es unser innigster Wunsch, Vergnügen zu erleben, und all unsere Werte sind von diesem Verlangen geprägt. Vergnügen ist jener konstante Faktor, für den wir zu Opfern bereit sind, den wir verteidigen, um dessentwillen wir sogar gewalttätig werden. Doch wenn wir uns das Vergnügen genau anschauen, werden wir bald erkennen, dass es auch zur Gewohnheit wird. Wird uns dieses gewohnheitsmäßige Vergnügen versagt, empfinden wir Unbehagen, Schmerz und Kummer. Und um das zu vermeiden, tappen wir in eine andere Falle der Lust. Man kann sich an Schönheit ebenso wie an Hässlichkeit gewöhnen – an die Schönheit eines Baumes oder den Schmutz der Straße. Wir hängen uns ein Bild ins Zimmer und betrachten es, doch bald schon wird es zu etwas Gewohntem. Oder wir halten es wie manche Leute und wechseln ab und zu das Bild aus, in der Hoffnung, dadurch die Schärfe unserer Wahrnehmung zu erhalten. Aber das ist nur ein weiterer Trick, um unsere Abgestumpftheit zu überwinden. Das ist also die Lebensweise, die wir akzeptiert haben. So leben wir von morgens bis abends, und sogar während der Nacht. Das gesamte Bewusstsein ist also in dem Sinne mechanisch, dass es eine andauernde Bewegung und Aktivität innerhalb der Grenzen von Lust und Schmerz ist. Der Mensch hat versucht, diese Grenzen auf viele Arten zu überwinden. Doch alles reduziert sich schon bald auf die Monotonie von Gewohnheit und Vergnügen; und wenn man viel Energie hat, wird man sehr aktiv, nach außen gerichtet. Worauf es jetzt aber ankommt, ist, zu sehen – und zwar wirklich, nicht nur intellektuell –, was tatsächlich vor sich geht. Nicht-intellektuelles Erkennen bedeutet, ohne den Beobachter zu sehen, denn der Beobachter ist die Essenz der Gewohnheit und des Widerspruchs, das heißt des Gedächtnisses. *Sehen* ist also nie etwas Gewohnheitsmäßiges, weil Sehen nichts ansammelt. Betrachtet man aber etwas auf der Grundlage angesammelten Wissens, dann sieht man es im Licht seiner Gewohnheiten. Wirkliches Sehen ist also eine Aktivität, die frei von Gewohnheit ist. Liebe ist schließlich keine Gewohnheit – Vergnügen und Genuss dagegen schon. Der Akt des Sehens ist also das einzige Natürliche; das Erkennen unseres natürlichen Erbes, zum Beispiel des Tieres in uns, das gewalttätig, aggressiv und konkurrierend ist. Wenn Sie diese eine Sache, den Akt des Sehens, verstehen können – und das ist wirklich von höchster Bedeutung –, dann sammeln Sie nichts an im Sinne von »Ich« und »Mein«, dann schleichen sich überhaupt keine Gewohnheiten mit ihrer Routine und Langeweile ein. Zu sehen, was ist, bedeutet also, zu lieben.

Aus: Bulletin Nr. 36, 1979

Liebe ist nicht Denken

Gstaad, Schweiz, 3. August 1981
(Beschreibung von Ojai, Kalifornien)

Das Tal verläuft von Osten nach Westen, und sein östliches Ende verjüngt sich zu einer engen Schlucht, aus der ein zweitausend Meter hoher Berg aufragt, hinter dem die Morgensonne hervorkommt. Ihre Strahlen werfen lange, tiefe Schatten, und es herrscht eine unendliche Stille. Die alte Eiche – vielleicht mehrere hundert Jahre alt – fängt die frühen Sonnenstrahlen ein, golden und unbeweglich steht sie da. Ihre allerhöchsten Blätter wirken atemlos in ihrer Stille. Eine Taube beginnt mit ihrem seltsamen, langgezogenen weichen Gurren, das von ihrem Männchen beantwortet wird. Und der Tag hat begonnen. Die Eule hatte aufgehört zu rufen, als die frühe Frühlingsdämmerung die Konturen der felsigen Berge und die langgezogenen Linien der bewaldeten Hügel erkennen ließ. Direkt vor Sonnenaufgang schien eine große Stille das Land einzuhüllen. Wie schön die Erde hier war, wie zeitlos in ihrer unendlichen Weite. Es ist unsere Erde, unsere, und nicht die irgendeiner Gruppe, Gemeinschaft oder Nation. Es ist unsere – sie gehört jedem von uns.

Die Straße ist gut angelegt, breit, und windet sich ohne allzu viele scharfe Kurven den Berg hinauf. Man fährt an endlosen, sehr gepflegten Orangen- und Avocado-Hainen vorbei, die sich die Hänge hinaufziehen und bewässert und gehegt werden müssen. Das ganze Tal ist vom Duft ihrer Blüten erfüllt. Jenseits der Bergkuppe, die vielleicht eintausendachthundert Meter hoch ist, fällt die Straße allmählich zur Wüste hin ab. Auf diesem höchsten Punkt hielt das Auto an. Im Süden waren die hohen, mächtigen Berge mit Bäumen und Büschen bedeckt, die violette und gelbe Blüten trugen, aber im Norden gab es keine Bäume; diese Seite war karg, felsig, weit, sie erstreckte sich ganz unberührt bis zum Horizont; jeder Felsen war wahrscheinlich noch genauso wie vor tausend Jahren. Grenzenloser Raum und unermessliche Stille.

Einsamkeit ist eine Sache, Alleinsein eine andere. Einsamkeit kann Isolation sein, eine Flucht, etwas Unerwünschtes; aber allein zu sein, ohne die Mühsal des Lebens, in dieser absoluten Freiheit, in der Zeit und Denken nie existierten, heißt, eins mit dem Universum zu sein. In der Einsamkeit liegt Verzweiflung, ein Gefühl des Verlassenseins, man sehnt sich nach irgendeiner Art von Kontakt, wie ein auf dem Meer verirrtes Schiff. All unsere täglichen Aktivitäten führen in diese Isolation, mit ihren endlosen Konflikten und Schmerzen und den seltenen Lichtblicken der Freude. Diese Isolation führt zu Korruption, die sich in der Politik, in der Geschäftswelt und natürlich auch in den organisierten Religionen manifestiert. Korruption existiert auf den höchsten wie auf den niedrigsten Ebenen. Gebunden sein ist gleichbedeutend mit Korruption; jede Form von Bindung führt zu Korruption, ganz gleich, ob man sich an ein Glaubenssystem, ein Ideal, eine Erfahrung oder irgendeine Überzeugung oder Schlussfolgerung bindet. Psychische Korruption ist der gemeinsame Nenner in der Welt des Menschen. Geld, Status und Macht sind nur die äußeren Manifestationen der inneren Korruption, die durch die wachsende Lust des Verlangens entsteht, durch die Bilder, in die der Verstand das Verlangen gekleidet hat. Korruption ist Spaltung.

In diesem unermesslichen Raum zwischen dem blauen, klaren Himmel und der Schönheit der Erde war das Denken zum Stillstand gekommen. Alle Sinne waren ganz wach, um die reine Luft, den Geruch der Wüste und der Blüten, die Bewegung der Eidechse auf dem warmen Felsen und die absolute Stille aufzunehmen. Es war nicht nur die Stille dieser einsamen Höhe, jene besondere Stille, die sich direkt nach dem Sonnenuntergang einstellt oder sich mit Beginn der Morgendämmerung, weit entfernt von den Städten oder lärmenden Dörfern, über die Erde zu legen scheint, sondern auch jene tiefe Stille, die der lärmende Verstand nie berührt hat. Diese unermessliche Stille ist von solcher Reinheit und Klarheit, dass sie weit über alle Aktivitäten des Bewusstseins hinausgeht. Die Zeit war buchstäblich zum Stillstand gekommen.

Und diese Stille begleitete uns, als das Auto durch die Obstplantagen und Haine hinunterfuhr. Sogar der ausgezeichnet funktionierende Motor schien plötzlich still geworden zu sein, was natürlich Unsinn ist.

Nun begann die Zivilisation, diese unglaubliche Vulgarität, die brutale Hetzjagd und die Unbescheidenheit der Menschen. Jeder will sich durchsetzen, und die Reichen demonstrieren ihre Macht und ihren Willen. In den Leitartikeln der Morgenzeitungen wurde darüber spekuliert, welche Auswirkungen es hätte, wenn eine Atombombe über einer großen Stadt explodierte: Mehrere Millionen Menschen würden gleichsam verdampft, und die Gesellschaft würde in einem urzeitlichen Chaos versinken. Eine Horrormeldung jagte die andere. Und die Menschheit setzt ihr Vertrauen in Politiker und Regierungen.

Jeder Spezialist – sei er Chirurg, Erzbischof, Küchenchef oder Klempner – benutzt nur einen Teil seines Gehirns, er schränkt dessen umfassende Aktivität ein. Auch der Politiker und der Guru nutzen nur einen kleinen Teil jener außerordentlichen Kapazität und Energie. Es ist diese eingeschränkte, partielle Aktivität, die so viel Chaos auf der Welt verursacht. Dieser kleine Bereich des Gehirns ist aktiv, wenn die Mitglieder der Religionsgemeinschaften ihre Rituale und bedeutungslosen Worte wiederholen, ihre traditionellen, seit zweitausend oder fünftausend Jahren überlieferten Gesten, auf deren Ausführung sie programmiert wurden. Manche tun es elegant, in feine Gewänder gekleidet, andere eher grobschlächtig. In Regierungskreisen ist es das Gleiche: Korruption durch Macht. Einige wenige sammeln vielleicht viel Wissen an, aber gerade dieses Wissen führt nur zur weiteren Stärkung eines Teils des Gehirns. Der Aufstieg des Menschen kann nicht durch Wissen geschehen, denn sein Wissen ist nie vollständig, es bleibt immer im Schatten der Unwissenheit. Die superintelligente Maschine, der sich ungeheuer schnell weiterentwickelnde Computer, der von Experten programmiert wird, wird den Verstand des Menschen ersetzen und überflügeln, er wird schneller lernen, seine eigenen Fehler korrigieren und seine eigenen Probleme lösen. Der Mensch hat kein einziges seiner psychischen Probleme gelöst, die inzwischen so komplex geworden sind. Diese Probleme scheinen uns schon seit Urzeiten zu belasten, und immer noch schleppen wir sie mit uns herum, die Probleme mit den Regierungen, der Religion, den Beziehungen, der Gewalt, den Kriegen und der Verschmutzung der Erde. Sie werden unlösbar bleiben, solange nur ein Teil des Gehirns funktioniert, solange man darauf konditioniert wird, Amerikaner, Brite, Franzose zu sein, solange man Katholik, Hindu oder Moslem ist. Man ist sich anscheinend kein bisschen bewusst, wie konditioniert, wie programmiert dieser kleine Teil des Gehirns ist. Das verleiht dieser Programmierung ein illusionäres Gefühl der Sicherheit, eine intellektuelle Struktur, die den zivilisierten Menschen angeblich von den Barbaren unterscheidet. Aber der zivilisierte Mensch ist ein Barbar, er ist die Ursache jeglicher Korruption und des ganzen Horrors auf dieser Welt. Er ist absolut und vollständig verantwortlich für all das, was um ihn herum geschieht. Dieser kleine Teil des Gehirns ist unser Bewusstsein, er ist der Sitz des zeitlichen, vergleichenden und räumlichen Denkens, des Denkens überhaupt. Zeit ist Evolution, und zwar sowohl auf der biologischen als auch auf der psychischen Ebene; Zeit ist das Aufgehen und Untergehen der Sonne, das Gefühl des Werdens. Das vergleichende Denken vergleicht das, was ist, mit dem, was sein sollte. Es geht um das zu erreichende Ideal: Das Gewalttätige soll friedlich werden. Es hat also immer mit Streben, mit Vergleich, Nachahmung und Konformität zu tun, es geht um »besser« und »mehr«. Raum ist die ungeheure Ausdehnung der Erde und des Himmels, der begrenzte Raum in überfüllten Städten ebenso wie der Raum im Bewusstsein, falls er vorhanden ist. Der Verstand ist Herr und Meister; das Denken ist der dominante Faktor im Leben des Menschen. Es gibt kein östliches oder westliches Denken; es gibt nur Denken, das sich vielleicht in verschiedenen Formen zeigt, aber es ist immer noch Denken. Alle Menschen denken, die primitivsten und die gebildetsten. Das Denken hat dem Menschen ermöglicht, zum Mond zu fliegen, die Atombombe zu bauen, seine Tempel und großen Kathedralen zu errichten, mit allem darin, was als heilig bezeichnet wird, es hat die ausgeklügelten Rituale, Dogmen und Glaubenssysteme hervorgebracht. Das Denken hat den Computer entwickelt sowie die Programme, mit denen er gefüttert wird. Es hat dem Menschen unzählige Möglichkeiten erschlossen, aber es hat auch zu Kriegen und zur Erfindung aller möglichen Tötungsinstrumente geführt. Es hat Ideale in die Welt projiziert, enorme Gewalt, Folter, hat die Menschheit in Nationen, Klassen und unzählige Religionsgemeinschaften gespalten, was dazu führte, dass der Mensch auch innerlich gespalten ist und sich gegen seinesgleichen wendet. Liebe hat nichts mit dem Denken, nichts mit Erinnerungen und Bildern zu tun.

Das Denken erhält und nährt das Bewusstsein. Der Inhalt des Bewusstseins ist der nie endende Strom des Denkens, der Wünsche, Konflikte, Ängste, des Strebens nach Lust, des Schmerzes, der Einsamkeit, des Leids. Die Liebe mit ihrer unbestechlichen Intelligenz existiert jenseits dieses begrenzten Bewusstseins. Sie kann nicht in etwas Höheres oder Niederes gespalten werden, denn das Hohe und das Niedere sind immer noch Teil des unaufhörlich lärmenden, plappernden Bewusstseins. Bewusstsein ist

Zeit, Raum und Maß, denn es entspringt dem Denken. Der denkende Verstand kann niemals vollständig sein; er mag über das Allumfassende spekulieren, mag davon schwärmen, aber er kann nie seine Schönheit, seine Herrlichkeit wahrnehmen. Denn das Denken ist das leblose Kind der Erfahrung und des Wissens, welches nie vollständig, nie ganz sein kann. Also wird das Denken immer begrenzt, immer fragmentarisch sein. Die Probleme, die dem Menschen aus dem Denken erwuchsen, versucht das Denken vergeblich zu lösen, und dadurch verleiht es ihnen Dauer. Nur wenn der Verstand seine absolute Unfähigkeit erkennt, die Probleme und Konflikte zu lösen, die er heraufbeschworen hat, kann das Gewahrsein, die Einsicht, sie beenden.

Aus: Bulletin Nr. 56, 1989

Was bedeutet »Beziehung«?

Saanen, Schweiz, August 1981

Die Liebe zu den Bäumen ist für uns so selbstverständlich wie das Atmen, oder sollte es zumindest sein. Die Bäume sind Teil dieser Erde, wie wir; sie sind von großer Schönheit und strahlen eine besondere Würde aus. Sie sind so still, so üppig und voller Licht, sie werfen lange Schatten und werden wild vor Freude, wenn ein Sturm sie schüttelt. Alle Blätter, selbst die ganz oben im Wipfel, tanzen in der leichten Brise, und ihr Schatten hält die starken Sonnenstrahlen ab. Wenn du mit dem Rücken an den Stamm gelehnt sitzt und ganz still bist, stellst du eine dauerhafte Beziehung zur Natur her. Die meisten Menschen haben diese Beziehung nicht mehr; sie betrachten die Berge, Täler, Flüsse und die vielen Bäume, wenn sie in ihren Autos vorbeifahren oder plappernd die Hügel hinaufsteigen, aber sie sind viel zu sehr mit ihren eigenen Problemen beschäftigt, um zu schauen und still zu sein. Eine einzelne Rauchsäule steigt aus dem Tal auf, und unten sieht man einen Lastwagen vorüberfahren, schwer beladen mit den Stämmen frisch geschlagener Bäume, an denen noch die Rinde zu sehen ist. Eine Gruppe von Jungen und Mädchen geht schwatzend vorüber und zerstört die Stille des Waldes. Anders als der Tod eines Menschen ist der Tod eines Baumes etwas Schönes. Ein toter

Baum in der Wüste, von seiner Rinde entblößt, von Sonne und Wind poliert, der seine nackten Äste zum Himmel streckt, ist ein wunderbarer Anblick. Ein mächtiger, jahrhundertealter Mammutbaum wird in ein paar Minuten gefällt, damit wir ihn zur Herstellung von Zäunen und Stühlen, zum Hausbau oder zur Anreicherung der Gartenerde verwenden können. Dieser wunderbare Riese ist für immer von der Erde verschwunden. Der Mensch dringt immer tiefer in die Wälder vor, zerstört sie, um Weideland zu gewinnen und Siedlungen zu bauen. Die Wildnis verschwindet nach und nach. Es gibt ein Tal, von Bergen umgeben – vielleicht den ältesten der Erde –, wo die Tiere, die man einst dort sah, die Geparden, die Bären und das Wild, völlig verschwunden sind, denn der Mensch ist überall. Die Schönheit der Erde wird nach und nach zerstört, alles wird verschmutzt. Autos und Hochhäuser tauchen an Orten auf, wo man sie nie vermuten würde. Wenn man die Beziehung zur Natur und dem unendlich weiten Himmel verliert, verliert man auch seine Beziehung zum Menschen.

Er kam gemeinsam mit seiner Frau und bestritt fast die ganze Unterhaltung allein. Sie war eher schüchtern, wirkte aber sehr intelligent. Er war recht dominant und schien ziemlich aggressiv zu sein. Er sagte, sie hätten nach der Lektüre von ein oder zwei Büchern mehrere Vorträge besucht und bei einigen der Gespräche zugehört.

»Wir sind eigentlich gekommen, um mit Ihnen persönlich über unser größtes Problem zu sprechen, und ich hoffe, Sie haben nichts dagegen. Wir haben zwei Kinder, einen Jungen und ein Mädchen, die zum Glück gerade in der Schule sind. Wir wollen sie nicht in die Spannungen hineinziehen, die zwischen uns beiden herrschen, aber früher oder später werden sie sie wahrscheinlich sowieso spüren. Wir mögen uns sehr; das Wort »Liebe« möchte ich nicht benutzen, weil ich verstanden habe, was Sie mit diesem Wort meinen. Wir haben ziemlich jung geheiratet und besitzen ein hübsches Haus mit einem kleinen Garten. Finanzielle Probleme haben wir nicht. Meine Frau besitzt eigenes Geld, und ich arbeite, obwohl mein Vater auch mir etwas Geld hinterlassen hat. Wir wollen von Ihnen keine Eheberatung, aber wir möchten, wenn Sie dazu bereit sind, gerne mit Ihnen über unsere Beziehung sprechen. Meine Frau ist ein wenig zurückhaltend, aber ich bin sicher, dass sie sich bald am Gespräch beteiligen wird. Wir waren übereingekommen, dass ich den Anfang machen sollte. Wir machen uns große Sorgen über unsere Beziehung und haben auch schon ziemlich oft darüber gesprochen, aber das hat zu nichts geführt. Nach dieser Einleitung möchte ich Ihnen gerne folgende Frage stellen: Was machen wir in unserer Beziehung falsch, oder was ist eine echte Beziehung?«

»Welche Beziehung haben Sie zu diesen Wolken, die in der Abendsonne leuchten, oder zu diesen stillen Bäumen? Das ist keine belanglose Frage. Sehen Sie diese Kinder, die dort auf der Wiese spielen, sehen Sie das alte Auto? Wie reagieren Sie auf all das, wenn Sie es sehen, wenn ich fragen darf?«

»Ich weiß es nicht genau. Ich sehe gerne Kindern beim Spielen zu. Meine Frau ebenfalls. Ich habe kein besonderes Gefühl, wenn ich diese Wolken oder diesen Baum sehe. Ich habe nicht über sie nachgedacht; wahrscheinlich habe ich sie noch nie wirklich angeschaut.«

Seine Frau sagte: »Ich habe sie angeschaut. Mir bedeuten sie etwas. Aber ich kann es nicht in Worte fassen. Die Kinder dort draußen könnten meine Kinder sein. Ich bin schließlich Mutter.«

»Mein Herr, betrachten Sie diese Wolken und den Baum so, als würden Sie sie zum ersten Mal sehen. Schauen Sie sie an, ohne dass Ihre Gedanken abschweifen oder störend dazwischenfunken. Schauen Sie sie an, ohne sie als Wolken oder Baum zu benennen. Schauen Sie einfach mit Ihrem Herzen und Ihren Augen. Sie sind Teil der Erde, so wie wir, so wie diese Kinder dort, und sogar jenes alte Auto. Aber bereits das Benennen ist Teil des Denkprozesses.«

»Es scheint mir fast unmöglich, diese Dinge zu betrachten,

ohne sie zu benennen. Die Form ist schon gleichbedeutend mit dem Wort.«

»Also spielen Wörter eine sehr wichtige Rolle in unserem Leben. Es scheint, dass unser Leben ein Geflecht aus komplizierten, miteinander in Beziehung stehenden Wörtern ist. Wörter üben eine starke Wirkung auf uns aus, wie beispielsweise ›Gott‹, ›Demokratie‹, ›Freiheit‹, ›Diktatur‹. Diese Wörter rufen vertraute Bilder wach. Die Wörter ›Ehefrau‹ und ›Ehemann‹ gehören zu unserem Alltag, aber das Wort ›Ehefrau‹ ist nicht wirklich die lebendige Person mit all ihren Eigenschaften und Sorgen. Das Wort ist also niemals das Wirkliche. Wenn das Wort wichtiger als alles andere wird, wird das Lebendige, das Wirkliche, vernachlässigt.«

»Aber ich kann mich dem Wort und dem Bild, welches das Wort wachruft, nicht entziehen.«

»Man kann das Wort und das Bild nicht trennen. Das Wort ist das Bild. Die Schwierigkeit besteht darin, die Dinge ohne Wort/Bild zu betrachten.«

»Das ist unmöglich.«

»Vielleicht darf ich Sie darauf hinweisen, dass Sie das noch nicht ernsthaft versucht haben. Das Wort ›unmöglich‹ blockiert Sie. Bitte sagen Sie nicht, es ist möglich oder unmöglich, tun Sie es einfach. Wenden wir uns noch einmal unserer Frage zu: Was ist eine echte Beziehung? Sie werden, da bin ich ganz sicher, selbst herausfinden, was echt ist, wenn Sie verstehen, was Beziehung ist. Was bedeutet Beziehung für Sie?«

»Lassen Sie mich nachdenken. Beziehung bedeutet so vieles, das hängt von den Umständen ab. An einem Tag ist es eine bestimmte Reaktion, und an einem anderen hat Beziehung eine ganz andere Bedeutung. Beziehung bedeutet Verantwortung, Langeweile, Gereiztheit, sinnliche Empfindungen und der Drang, all dem zu entfliehen.«

»Das ist, was Sie Beziehung nennen. Verschiedene Grade sinnlicher Empfindungen, Gefühle – romantische Gefühle, wenn man so sagen will –, Zärtlichkeit, Bindung, Einsamkeit, Angst und so weiter (eher Anspannung als wirkliche Angst). Das nennt man eine Beziehung zu einer bestimmten Person. Sie haben auch eine Beziehung zu Ihren Idealen, Hoffnungen, Erfahrungen und Überzeugungen. All das sind Sie und Ihre Beziehung zu einem anderen Menschen; und die andere Person ist Ihnen ähnlich, obwohl sie sich vielleicht physisch von Ihnen unterscheidet, vielleicht anders aussieht und aus einem anderen Kulturkreis stammt. Weist all das also nicht darauf hin, dass Sie eigentlich ständig mit sich selbst beschäftigt sind und Ihre Partnerin ebenfalls? Zwei parallele Linien, die sich niemals treffen?«

»Ich fange an zu verstehen, was Sie meinen, aber fahren Sie bitte fort.«

»Es wird klar, dass da eigentlich keine Beziehung besteht. Man ist grundsätzlich mit sich selbst beschäftigt, mit dem eigenen Vergnügen, der eigenen Befriedigung. Anders gesagt: Warum sind Menschen so egozentrisch, so egoistisch – bewusst oder in den verborgensten Winkeln ihres Wesens? Warum? Tiere, die nicht domestiziert wurden, scheinen nicht so egozentrisch zu sein. Wenn wir für uns selbst herausfinden wollen, was eine echte Beziehung ist, müssen wir sehr tief in diese Frage eindringen. Ohne Motiv wahrzunehmen bedeutet, zu experimentieren. Die meisten von uns finden es schwierig, irgendetwas ohne Grund oder Motiv zu beobachten. Können wir gemeinsam ganz objektiv untersuchen, was in einer Beziehung zwischen zwei Menschen geschieht, ob in einer Beziehung Nähe da ist oder nicht? Fast alle Reaktionen werden im Gehirn auf der bewussten oder einer tieferen Ebene gespeichert, besonders die schmerzhaften oder lustvollen. Das setzt sich von der Kindheit bis zum Tode fort, und durch diese Aufzeichnungen entsteht allmählich ein Bild, das jeder Mensch von sich selbst hat. Wenn man verheiratet ist oder zusammen lebt, für einen Monat oder viele Jahre, macht man sich ein Bild von der anderen Person – die Verletzungen, die Gereiztheit, die harten Worte, die Schmeicheleien, die sinnlichen Empfindungen, die intellektuellen Beobachtungen, die Kameradschaft und Zärtlichkeit, die Vorstellung von Erfüllung, die kulturellen Vorstellungen. Daraus formen sich die verschiedenen Bilder, die in unterschiedlichen Situationen wachgerufen werden. Abgesehen von den rein körperlichen Kontakten verhindern diese Bilder eine tiefe Liebesbeziehung, sie verzerren die Liebe, die mit Intelligenz einhergeht.«

»Wie kann man dann verhindern, dass diese Bilder entstehen?«

»Stellen Sie hier nicht die falsche Frage, mein Herr? Wer ist es, der das verhindert? Entspringt diese Frage nicht einem weiteren Bild, einer weiteren Vorstellung? Arbeiten Sie hier nicht immer noch mit Bildern, gehen Sie nicht von einem Bild zum nächsten über? Solche Fragen führen nirgendwo hin. Wenn man verletzt oder seelisch verwundet ist, und das ist man von Kindheit an, dann sind die Folgen dieser Verletzung offensichtlich: Angst vor weiteren Verletzungen, Rückzug, indem man eine Mauer um sich selbst errichtet, weitere Isolation und so weiter – eine fortschreitende Neurose. Ist man sich aber dieser Wunden bewusst, betrachtet man sie und die inneren Konflikte, dann fragt man instinktiv, wie man es verhindern kann, verletzt zu werden. Das wichtigste Bild ist das ›Ich‹, das Selbst mit dem großen ›S‹ und dem kleinen ›s‹. Wenn man die Bedeutung dessen vollkommen erfasst, wenn man begreift, warum das Gehirn, der denkende Verstand diese Bilder formt, wenn man wahrhaftig erkennt, warum diese Bilder existieren, lösen sich in diesem Begreifen alle Bilder auf. Das ist höchste Freiheit.«

»Aus welchem Grund formt das Gehirn oder das Denken, wie Sie es ausdrücken, überhaupt Bilder?«

»Ist es um der Sicherheit willen? Um gegen alle Gefahren gefeit zu sein? Um Gewissheit zu haben, Verwirrung zu vermeiden? Welche kleine Hirnregion auch in Funktion ist – um gut und effizient zu funktionieren, muss sie sich sicher fühlen, muss Gewissheit haben. Ob diese Gewissheit, diese Sicherheit, eine Illusion ist oder eine Erfindung des Verstandes, wie beispielsweise ein Glaubenssystem, ist tatsächlich nicht von Bedeutung, solange dieser begrenzte Teil des Gehirns sich sicher fühlt. In dieser Illusion leben wir. Der Mensch lebt mit Bildern, wie beispielsweise dem Nationalismus und den Bildern in allen Tempeln der Welt, und macht weiter mit seinen Konflikten, seinen Vergnügungen und seinem Leiden. Das Formen dieser Bilder nimmt kein Ende. Aber wenn man begreift, dass sie eine echte und tiefe Beziehung verhindern, dass sie einen Schatten auf die Beziehung zu dem anderen Menschen, zu dieser Wolke, diesem Baum oder diesen Kindern werfen, dann, und nur dann, kann Liebe da sein.

Aus: Bulletin Nr. 56, 1989

Schönheit ist gefährlich

Saanen, Schweiz, 11. August 1981

Schönheit ist gefährlich. Von diesem Berg aus überblickte man fünfhundert Kilometer des Himalaja, fast von Horizont zu Horizont, mit den tiefen, dunklen Tälern und den vielen, mit ewigem Schnee bedeckten Gipfeln. Kein Haus, kein Dorf, keine Hütte waren zu sehen. Die Sonne berührte die höchsten Gipfel, und plötzlich erstrahlte die ganze Bergkette. Es sah aus, als glühten die Berge von innen, es war ein unglaublich intensives Leuchten. Die Täler wurden noch dunkler, und die Stille war absolut. Die Erde wirkte atemlos in ihrer Schönheit. Als die Sonne weit entfernt im Osten aufstieg, wirkten diese mächtigen, majestätischen Berge in ihrer absoluten Reinheit so nahe, dass man meinte, sie fast berühren zu können. Aber in Wirklichkeit waren sie Hunderte von Kilometern entfernt.

Und der Tag begann. Kein Wunder, dass die Menschen diese Berge seit Urzeiten verehrten; sie sind heilig und sollten aus der Ferne bewundert werden. Unsere Vorfahren machten sie zu Göttern, weil dort die himmlischen Mächte wohnten. Jetzt werden in den Bergen Skipisten angelegt, mit Hotels, Swimmingpools und viel Lärm. Aber nicht dort oben im unveränderlichen, ewigen Schnee. Schönheit ist unvergänglich und unendlich gefährlich.

Man ließ diese undurchdringliche Stille hinter sich, folgte dem neben einem Flüsschen verlaufenden felsigen Pfad abwärts, kam an vielen verschiedenen Arten von Nadelbäumen vorüber, sah riesige Zedern. Dort, wo der Pfad breiter wurde, war er mit Gras bedeckt. Es war ein wunderschöner Morgen, die Luft war weich, und man atmete den Duft des üppigen Waldes ein. Der Pfad hatte viele Windungen, und plötzlich wurde es warm. In der Nähe saß eine Gruppe von Affen in den Bäumen. Ihre Gesichter leuchteten in der Morgensonne; sie hatten lange Schwänze und graue, fellbedeckte Körper. Die Babys klammerten sich an ihre Mütter, und die ganze Gruppe beobachtete ruhig und furchtlos die einsame Gestalt. Unbeweglich schauten sie herüber. Kurz darauf sah man eine Gruppe von singenden Sannyasins auf dem Weg in ein in der Ferne sichtbares Dorf. Ihr Sanskrit war präzise und klar, was darauf hindeutete, dass sie aus dem Süden kamen. Ihr Loblied galt der lebensspendenden Morgensonne, deren Segen seit jeher allen zuteil wurde. Es waren ungefähr acht Mönche, von denen drei oder vier ziemlich jung waren. Alle hatten rasierte Köpfe und waren in safranfarbene Gewänder gekleidet. Sie hielten den Blick gesenkt, sahen nicht die mächtigen Bäume, die Tausenden von Blüten und die grünen, weich geschwungenen Hügel, denn Schönheit ist gefährlich – sie könnte Begehren wachrufen.

Im Dorf wurde gerade die Morgenmahlzeit zubereitet, und der Geruch von Holzfeuer erfüllte die Luft. Frisch gewaschene Kinder bereiteten sich lärmend und lachend auf den Gang zur Schule vor, doch mitten im üblichen Lärm des Dorfes nahm man eine Atmosphäre trauriger Mattigkeit wahr. Natürlich gab es im Dorf auch einen Priester sowie Gläubige und Ungläubige.

Es ist seltsam, wie die Priester seit undenklichen Zeiten das menschliche Gehirn darauf konditionierten, zu glauben und zu gehorchen. Sie waren die Gelehrten, die Lehrer, das Gesetz. Durch ihre respektable, verantwortliche Stellung wurden sie zu den Wächtern der Gesellschaft, die die Tradition hoch hielten. Sie bedienten sich der Angst, um Könige und Volk zu kontrollieren. Einst standen sie außerhalb der Gesellschaft, damit sie diese moralisch, ästhetisch und religiös leiten konnten, und ganz allmählich wurden sie dann zu Dolmetschern zwischen Gott und den Menschen. Sie hatten Macht und Status und sammelten in ihren Tempeln, Kirchen und Moscheen ungeheuren Reichtum an. Im Osten bedeckten sie ihre Körper mit einfachen, einfarbigen Gewändern, im Westen dagegen wurden die rituellen Gewänder immer aufwendiger und kostspieliger. Es gab die einfachen Mönche in den Klöstern und andere, die in Palästen lebten. Die religiösen Oberhäupter mit ihrer Bürokratie hielten die Menschen in Glaubenssystemen, Dogmen, Ritualen und bedeutungslosen Worten gefangen. Aberglaube, Hinterlist und Heuchelei wurden zur Währung aller organisierten Religionen im Osten wie im Westen. Und das, was am heiligsten war, flog aus dem Fenster, so schön und reich verziert das Fenster auch gewesen sein mag.

Die Menschen müssen also wieder anfangen, das ewig Heilige zu entdecken, damit sie sich nie mehr von den Dolmetschern, den Priestern, den Gurus, den Hausierern in Sachen Meditation einfangen lassen. Jeder muss sich selbst ein Licht sein. Kein anderer kann dir *jemals* dieses Licht geben, kein Philosoph und kein Psychologe, egal, wie hoch geachtet er auch sein mag.

Freiheit bedeutet, allein zu stehen, ungebunden und furchtlos, frei im Verstehen des Verlangens, welches die Illusionen erzeugt. Im Alleinsein liegt eine ungeheure Kraft. Das konditionierte, programmierte Gehirn ist niemals allein, denn es ist bis obenhin mit Wissen vollgestopft. Aber alles, was programmiert ist, sei es im religiösen oder technologischen Bereich, ist stets begrenzt. Und diese Begrenzung ist die Hauptursache aller Konflikte.

Schönheit ist gefährlich für einen Menschen voller Wünsche.

Aus: Bulletin Nr. 57, 1989

Teil II

Fragen und Antworten

Meditation und der zeitlose Augenblick

Auszug aus einem Gespräch, das 1956 in Neu-Delhi stattfand

Fragesteller: *Worum geht es bei der Meditation?*

Krishnamurti: Es geht hauptsächlich darum, den Geist von allem bisher Gewussten völlig leer zu machen. Zweitens ist eine nicht zielgerichtete, nicht kontrollierte Energie erforderlich. Außerdem setzt Meditation die höchste Form von Ordnung voraus – Ordnung in dem Sinne, dass die durch Widersprüche hervorgerufene Unordnung nicht mehr existiert – sowie einen von jeglicher charakteristischen Prägung freien Geist. Wir müssen die Vorstellung oder das Praktizieren einer Methode völlig außer Acht lassen. Die zentrale Frage ist, ob der Geist – und dieser schließt die Emotionen, den Verstand und den gesamten physischen Organismus mit ein – ohne jegliche Verzerrung sein kann, ohne irgendeinen zwanghaften Impuls, und daher ohne jegliches Bemühen. Bitte stellen Sie sich diese Frage selbst; all das ist Meditation.

Unser Geist ist verbogen und verzerrt; er wurde von der Kultur geprägt, in der wir leben, von den religiösen und wirtschaftlichen Strukturen, von der Nahrung, die wir zu uns nehmen, und so weiter. Dem Geist wird eine feste Form gegeben, er wird konditioniert, und diese Konditionierung ist die Verzerrung. Ein Mensch kann aber nur dann ganz klar, rein, vollständig und unschuldig wahrnehmen, wenn sein Geist frei von Verzerrung ist. Der erste Schritt dreht sich um die Fähigkeit zu schauen – die Kunst des Lauschens –, ohne Verzerrung zu schauen, was bedeutet, dass der Geist absolut still, absolut regungslos sein muss. Kann der Geist, der ständig in Bewegung ist, absolut und vollkommen still sein, ohne jegliche Regung, ohne irgendeine Methode, ein System, eine Praxis, ohne Kontrolle?

Der Geist muss sich von allem Vergangenen leer machen, um äußerst empfänglich zu werden, und er kann nicht empfänglich sein, wenn er die Last der Vergangenheit mit sich herumschleppt. Nur der Geist, der all das verstanden hat, kann diese Frage stellen. Und wenn er die Frage stellt, weiß er keine Antwort, weil es keine Antwort gibt. Der Geist ist höchst sensibel und empfänglich geworden, außerordentlich intelligent, und Intelligenz kennt keine Antwort. Intelligenz *ist* die Antwort. Der Beobachter hat keinen Raum, weil die Intelligenz alles durchdringt.

Dann ist der Geist nicht länger auf der Suche, verlangt nicht nach höheren Erfahrungen und ist daher nicht mehr fähig zur Kontrolle. Sehen Sie die Schönheit, die darin liegt! Er kontrolliert nicht, weil er intelligent ist. Er arbeitet, er funktioniert. Deshalb löst sich die Dualität in der Intelligenz auf. All das ist Meditation. Sie ist wie eine Wolke, die sich an einem Berggipfel aus ein paar kleinen Wölkchen formt, dann weiterzieht, sich ausbreitet und den ganzen Himmel, das Tal, die Berge, die Flüsse, die Menschen und die Erde bedeckt. Sie bedeckt alles. Das ist Meditation, denn Meditation schließt alles Leben ein, nicht nur einen Teil davon. Nur dann kann der Geist absolut still sein, ohne jegliche Regung – aber nicht für die Dauer dieses Augenblicks, weil dieser Augenblick keine Dauer hat, da er sich jenseits der Zeitebene befindet. Zeit existiert nur, wenn der Beobachter da ist, der diese Stille erfährt und sagt: »Ich wünschte, ich könnte das öfter erleben.« Dieser Moment der absoluten Stille, der Regungslosigkeit, hat also keine Zukunft und keine Vergangenheit, weil er außerhalb der Zeit existiert. Und deshalb existiert diese absolute, regungslose Stille jenseits jeglichen Denkens. Dieser Moment ist unendlich, weil er zeitlos ist.

Ein Mensch, dessen Geist völlig frei von jeglicher Verzerrung ist, ist ein wahrhaft religiöser Mensch, nicht der, der in den Tempel geht, die heiligen Schriften liest, nicht der, der Rituale wiederholt, so schön sie auch sein mögen, nicht der, dessen Geist mit Bildern angefüllt ist, die ihm übergestülpt wurden oder die er selbst erschaffen hat. Zwischen Leben und Lernen existiert keine Trennung, und darin liegt große Schönheit. Denn das ist schließlich Liebe. Liebe ist Mitgefühl, Leidenschaft, Leidenschaft für alles. Wenn Liebe da ist, existiert kein Beobachter, keine Dualität: nicht das »Du«, das »mich« liebt, und auch nicht das »Ich«, das »dich« liebt. Da ist nichts als Liebe, die vielleicht den einen oder Tausende liebt; da ist nur Liebe.

Wenn Liebe da ist, kann man nichts falsch machen, was immer man auch tut. Aber wir versuchen, alles ohne Liebe zu tun – zum Mond zu fliegen, wunderbare wissenschaftliche Entdeckungen zu machen –, und deshalb geht alles schief. Liebe kann nur aufblühen, wenn kein Beobachter da ist. Das heißt, wenn der Geist nicht in den Beobachtenden und das Beobachtete gespalten ist – nur dann kann diese Qualität der Liebe da sein. Wenn Sie das haben, dann ist es das Höchste.

Aus: Bulletin Nr. 35, 1978

Angst und Verwirrung

Auszug aus einem Gespräch mit jungen Leuten in Paris
im April 1967

Krishnamurti: Verwirrung ist wahrscheinlich eine der Hauptursachen der Angst. Weil wir verwirrt sind und keinen Ausweg finden, fürchten wir uns. Da wir leiden und nicht in der Lage sind, unserem Leiden ein Ende zu setzen, sagen wir verzweifelt: »Es ist hoffnungslos, es ist dies, es ist jenes.« Gibt es also einen Ausweg? Damit wollen wir uns eingehender beschäftigen.

Ist es für uns eine Tatsache, wenn wir sagen: »Ich bin verwirrt«? Verstehen Sie, was ich meine? Spüre ich, dass ich hungrig bin, oder sagt man mir, dass ich hungrig bin? Das sind zwei völlig verschiedene Dinge. Wie ist es also? Bin ich mir bewusst, dass ich verwirrt bin, oder empfinde ich meine Verwirrung nur in Relation zu etwas?

***Fragesteller:** In Relation zu einem Zustand, den wir uns vorstellen.*

Krishnamurti: Genau. Ist also Verwirrung eine direkte Erfahrung oder eine Erfahrung, die nur im Vergleich zu einem Zustand erreicht wird, der nicht Verwirrung ist? Bitte, meine Herrschaften, es ist sehr wichtig, das zu erörtern. Ich bin verwirrt: Bin ich mir dessen bewusst, so wie ich spüre, dass ich Hunger habe, oder erkenne ich das nur im Vergleich mit etwas, das ich gedacht oder erreicht oder verstanden habe, worüber ich Klarheit gewonnen habe? Mein Herr, wenn Sie hungrig sind, vergleichen Sie das dann mit dem Zustand, in dem Sie sich befinden, wenn Sie nicht hungrig sind? Natürlich nicht; Sie sind einfach hungrig. Nehme ich auf die gleiche Weise wahr, dass ich verwirrt bin? Wenn ich mir dessen bewusst bin, wird es zu einer existentiellen Frage, dann muss ich eine Antwort finden.

Fragesteller: *Warum sind wir uns dessen dann nicht bewusst?*

Krishnamurti: Einen Augenblick! Machen Sie sich zuerst den Unterschied klar. Wenn Sie spüren, dass Sie hungrig sind, handeln Sie – Sie betteln, borgen oder stehlen –, Sie *tun* etwas. Aber wenn Sie sagen: »Nun, es könnte sein, dass ich Hunger habe«, dann nehmen Sie sich Zeit, reden darüber, überlegen, welches Menü Sie essen werden, und so weiter. Wenn Sie sich einer Sache unmittelbar bewusst sind, handeln Sie auch unmittelbar. Und das ist der Punkt. Ich bin verwirrt, und ich erkenne, dass jede Bewegung, die ich mache – jeder Gedanke oder jede vom Denken ausgelöste Aktivität –, zu weiterer Verwirrung führt. Richtig? Bin ich mir dieser *Tatsache* bewusst? Das bedeutet, dass das Denken die Verwirrung und damit die Angst erzeugt.

Fragesteller: *Aber das Problem ist doch, dass man, sobald man das hört, an einen gedankenfreien Zustand denkt.*

Krishnamurti: Nein, mein Herr. Sie bewegen sich nicht von Faktum zu Faktum; Sie haben sich bereits weit von der Tatsache entfernt. Ich bin verwirrt und erkenne, dass alles, was ich tue, stets ein Produkt der Verwirrung ist. Wenn ich das weiß, halte ich inne;

ich erfinde nichts, theoretisiere nicht, gerate nicht in Verzweiflung. Ich sage: »Mein Gott, ich bin verwirrt.« Was geschieht dann – empirisch, nicht theoretisch? Was geschieht, wenn ich unmittelbar wahrnehme, dass ich verwirrt bin und dass alles, was ich tue oder denke, alles, was ich zu erreichen hoffe, jeder Schritt, den ich mache, das Produkt dieser Verwirrung ist und daher zu noch größerer Verwirrung führt – wenn ich erkenne, dass ich psychisch verwirrt bin und dass jede Aktivität der Psyche weiterhin innerhalb des Bereiches der Verwirrung stattfindet? Dann halte ich doch inne, nicht wahr? Die Bewegung der Psyche kommt zum Stillstand – und deshalb habe ich keine Angst, *weil Angst Teil der Verwirrung ist.*

Stimmt das für jeden von uns? Andernfalls können wir diese Angelegenheit nicht miteinander besprechen.

Fragesteller: *Bei mir ist es nicht so. Ich befinde mich immer noch in einem Zustand der Verzweiflung.*

Krishnamurti: Ich erkenne, dass es keinen Ausweg gibt, dass die Straße nirgendwo hinführt, dass sie eine Sackgasse ist. Was tue ich dann? Sie sagen nicht: »Ich weiß nicht, was ich tun soll.« Sie bleiben nicht dort stehen; Sie kehren um, nicht wahr?

Fragesteller: *Aber wie erkenne ich es?*

Krishnamurti: Das ist die Frage: Wie erkennt man die totale Verwirrung, nicht, *wie gelangt man hinaus?* Dann fängt man an, die Ursachen dieser Verwirrung zu entdecken – weil man innegehalten hat, nicht, weil man einen Ausweg sucht. Ich weiß nicht, ob Sie den Unterschied sehen. Vorher forschte ich nach den Ursachen der Verwirrung, um sie zu beseitigen, deshalb war mein Schauen, mein Forschen von völlig anderer Qualität als jetzt, da ich sehen kann, dass keine Aktivität möglich ist, weil ich begreife, dass ich verwirrt bin. Diese Art des Schauens ist völlig anders.

Fragesteller: *Man schaut ohne Motiv.*

Krishnamurti: Genau. Im einen Fall hat man ein Motiv, im anderen nicht.

Fragesteller: *Aus der Verwirrung heraus sieht man die Dinge anders, weil man ein Motiv hat – man sieht, was man sehen will, nicht, was wirklich ist. Aber wenn man kein Motiv hat, kann man direkt sehen, was ist.*

Krishnamurti: So ist es. Bitte schauen Sie sich an, was er gesagt hat. Er sagt, dass ein Motiv die Dinge verzerrt und dass man klar sieht, wenn man kein Motiv hat.

Fragesteller: *Aber wie können wir aufhören, Motive zu haben?*

Krishnamurti: Halt, halt. Sie können nicht mit irgendetwas aufhören, sondern nur beobachten. Sie gehen völlig am Kern der Sache vorbei, Sie sind zu intellektuell. Das ist ein existentielles Problem, kein intellektuelles Problem. *Jede* Regung, jede Aktivität meinerseits ist das Produkt der Verwirrung, und darin besteht die Schwierigkeit. Jetzt habe ich erkannt, dass ich die Dinge nur verzerrt sehen kann, solange ich mit einem Motiv schaue. Ist es also möglich, ohne Motiv zu schauen? Es ist offensichtlich das Motiv, das die Angst erzeugt. Eine viel grundlegendere Frage lautet also: Kann überhaupt irgendeine Aktivität ohne Motiv stattfinden?

Aus: Bulletin Nr. 22, 1974

Der Zustand des Nicht-Wissens

Auszug aus einem Gespräch mit Schülern in Huizen, Holland, im Juni 1967

Fragesteller: *Ist es nicht eine Tatsache, dass wir im Wachzustand, wenn wir äußerst achtsam sind, in unserem Innern das Kommen und Gehen der Wut beobachten können, ohne dass sie unser Bewusstsein berührt?*

Krishnamurti: Oh, mit solchen Aussagen sollten wir ein wenig vorsichtig sein. Unterscheidet sich das bewusste Selbst von der Wut? Nehmen wir an, ich bin eifersüchtig. Unterscheidet sich das »Ich« von der Eifersucht? Unterscheidet sich diese Eifersucht von der Person, die die Eifersucht beobachtet? Ich bin der Erfahrende, und das, was ich erfahre, ist Eifersucht. Unterscheidet sich der Erfahrende von der Erfahrung?

Es ist recht interessant, dies einmal unter dem Gesichtspunkt der Frage »Was ist Lernen?« zu betrachten. Ich bin eifersüchtig auf dich, ich beneide dich, und ich will alles darüber lernen, weil die Eifersucht und der Neid sich auflösen, wenn ich alles darüber gelernt habe; sie hat mich dann nicht länger im Griff. Aber *wie* lerne ich? Was ist Lernen? Was ist Lernen, abgesehen vom Erlernen einer Sprache oder dem Erwerben der Fähigkeit, ein Auto zu fahren – was *ist* Lernen? Wann lernen Sie? Sie lernen, wenn Sie nichts *wissen*. Ich lerne eine Sprache, weil ich sie nicht kenne. Richtig? Wenn ich eine Sprache bereits beherrsche, kann ich sie nicht lernen! Wir wollen damit ein wenig experimentieren. Lernen wir jetzt – das heißt in der aktiven Gegenwart –, oder sammeln wir innerlich nur an, was bereits gesagt wurde, um es zu speichern und später darüber nachzudenken? Sehen Sie den Unterschied?

Wir haben über Träume gesprochen. Ich will etwas über mich selbst lernen, das Selbst, das träumt. Nähere ich mich ihm also mit dem Wissen, das ich durch das Lesen der Bücher von Jung oder Freud oder irgendwelchen Theologen erworben habe?

Fragesteller: *Wenn Sie Freud lesen, lernen Sie etwas über Freud.*

Krishnamurti: So ist es. Ich lerne etwas über Freud, aber nicht über mich selbst. Deshalb beobachte ich nicht mich selbst, wenn ich durch Freud etwas über mich selbst lerne; ich beobachte das Bild, das Freud von mir entworfen hat. Also muss ich Freud loswerden. Gehen Sie hier bitte langsam vor: Wenn ich mich selbst anschaue, lerne ich etwas über mich selbst. Sammle ich das Wissen über mich selbst an und beobachte dann von diesem Hintergrund des Wissens aus? Das ist der gleiche Prozess wie die Selbstbeobachtung anhand der Freudschen Theorien. Können Sie folgen? Kann ich also etwas über mich selbst lernen, ohne irgendwelches Wissen anzusammeln? Das ist die *einzige* Möglichkeit zu lernen, weil das Selbst immer in Bewegung ist, ständig ungeheuer aktiv ist, und ich kann nicht mit Hilfe von etwas Statischem irgendetwas über diese Aktivität lernen. Es spielt also keine Rolle, ob es sich um das Wissen handelt, das ich selbst angesammelt habe, oder um das Wissen Freuds. Deshalb muss ich frei sein, nicht nur von Freud, sondern auch von dem Wissen, das ich gestern über mich selbst gesammelt habe. Das ist sehr kompliziert – und es ist nicht bloß ein Trick.

Fragesteller: *Es scheint, dass man Wissen beiseite schiebt und etwas über Fakten lernt.*

Krishnamurti: Genau. Das heißt, wenn man das Faktum *ohne* Wissen betrachtet, kann man lernen. Andernfalls »weiß« man oder glaubt zu wissen. Lernen ist also kreativ, es ist etwas Neues. Man lernt immerfort. Ich muss also nicht nur Freud und Jung verwerfen, sondern auch das Wissen, das ich gestern über mich selbst erworben habe. Zunächst einmal: Ist das überhaupt möglich?

Fragesteller: *Sie sprechen von gestern. Und dann gibt es noch diese Millionen anderen »Gestern«, an die wir uns nicht bewusst erinnern, die aber in unserem Unterbewusstsein gespeichert sind. Auch das müssen wir alles loswerden, nicht wahr?*

Krishnamurti: Ja. Können Sie es loswerden?

Fragesteller: *Ich glaube, man kann es loswerden …*

Krishnamurti: Sie *glauben*, man kann, deshalb *wissen* Sie es nicht. Alles, was Sie sagen können, ist, dass Sie nicht wissen. Gehen Sie langsam vor, lauschen Sie. Bitte erforschen Sie den Zustand des Geistes, aus dem heraus Sie sagen: »Ich weiß nicht.«

Fragesteller: *Es ist Stille.*

Fragesteller: *Es ist Offenheit.*

Krishnamurti: Nein, nein! Treffen Sie keine Feststellungen. Schauen Sie einfach. Da sind zwei Millionen Jahre menschlichen Erbes, Tausende und Abertausende von Erfahrungen und Eindrücken, Bedingungen – angesammeltes Wissen. All das ist mein Hintergrund, und ich möchte etwas darüber lernen, möchte es ans Licht bringen und frei davon sein, weil diese Dinge meine Gegenwart bestimmen und meine Zukunft formen und ich deshalb weiterhin in einem Gefängnis lebe. Also sage ich mir: »Das ist schrecklich. Ich muss mich davon befreien.« Ich weiß nicht, was ich tun soll. *Ich weiß es nicht.* Dann frage ich mich: »In welchem Zustand befindet sich mein Geist, wenn ich sage ›Ich weiß es tatsächlich nicht‹?« Sie und ich sind das Produkt von zwei Millionen Jahren fortdauernder Konditionierung. Nicht wahr? In diesen zwei Millionen Jahren steckt nicht nur das tierhafte Erbe, sondern auch das menschliche Streben zu wachsen, sich zu entwickeln und vieles mehr. Wir sind *das.* Und all das wirkt in der Gegenwart und in die Zukunft hinein. Das ist der Existenzkampf, dem ich unterworfen war. Also schaue ich mir diesen Existenzkampf an und sage: »Ich muss mich daraus befreien.« Ich frage Sie, und Sie wissen nichts darüber: Ich frage den Papst, Dutzende von Menschen, und sie wissen nichts. Sie wissen nur im Rahmen ihrer Terminologie, das heißt, wenn man an Jesus glaubt, wenn man an Gott glaubt, glaubt man dementsprechend etwas zu wissen. Ich bin also nun in der Lage, herauszufinden, in welchem Zustand mein Geist sich befindet, wenn ich sage: Ich weiß wirklich nicht. Sagen Sie das jemals?

Fragesteller: *Das ist wirklich eine sehr gute Erfahrung.*

Fragesteller: *Es ist eine Erfahrung, die einen bescheiden macht.*

Krishnamurti: Nein! Es ist überhaupt keine Erfahrung. Ich nenne es nicht Erfahrung. Es ist keine traurige und keine großartige Erfahrung – es ist eine *Tatsache.* Ich kann nicht sagen, es ist gut oder schlecht. Es ist ein Faktum – wie dieses Mikrofon hier. Ich habe im Norden, im Süden, im Osten, im Westen und oben und unten gesucht, und ich weiß wirklich nichts. Was geschieht dann?

Fragesteller: *Sie suchen weiter nach einem Ausweg.*

Krishnamurti: Dann sagen Sie nicht länger: Ich weiß nicht.

Fragesteller: *Ich weiß nicht,* wie.

Krishnamurti: Dann suchen Sie nach dem »Wie«. Ich bin in einer zwei Millionen Jahre alten Falle gefangen. Ich kann niemandem vertrauen – weder den Erlösern, den Meistern, den Lehrern, noch den Priestern, weil sie alle mich in diese Falle gelockt haben, und ich selbst bin Teil dieser Falle. Ich weiß nicht, wie ich da herauskommen kann. Wenn ich sage: »Ich weiß nicht, wie« – meine ich das wirklich, oder suche ich nach einem Ausweg?

Fragesteller: *Ich meine, es gibt keine Antwort im Katalog.*

Krishnamurti: Das ist alles. Ihr Katalog bietet keine Antwort, und deshalb wollen Sie einen anderen Katalog finden, der eine Antwort bietet.

Fragesteller: *Man versucht weiterhin, einen Ausweg zu finden.*

Krishnamurti: Dann sitzen Sie wieder in der Falle. Wir haben doch gesagt: »Ich weiß nicht.« Wir sind verwirrt, und aus dieser Verwirrung heraus gehen wir zu den Priestern, den Psychologen, den Politikern. Die Verwirrung schafft weitere Verwirrung. Warum sage ich nicht: »In Ordnung, ich bin verwirrt. Ich werde nicht handeln.« Natürlich werde ich ins Büro gehen, meine alltäglichen Aktivitäten fortsetzen, aber gegen meine innere Verwirrung werde ich nichts tun, weil ich sehe, dass die Verwirrung nur noch größer wird, wenn ich etwas tue. Deshalb werde ich auf der geistigen Ebene gar nichts unternehmen. Jede Bewegung führt in die Falle. Kann man also aufhören, innerlich gegen die Falle anzukämpfen?

Bitte hören Sie genau zu. Wenn Sie nichts gegen die Falle tun, sind Sie frei von ihr. Allein der unaufhörliche Versuch, etwas *gegen* die Falle zu tun, hält einen darin gefangen. Wenn Sie das erkennen, werden Sie doch aufhören, nicht wahr? Sie werden jegliche Aktivitäten einstellen. Und was bedeutet das? Es bedeutet, dass Sie bereit sind, auf der psychischen Ebene zu sterben. Wenn Sie also nichts wissen und das wirklich Ihre Meinung ist, sind Sie aus der Falle draußen, weil die Vergangenheit aufgehört hat zu existieren. Die Vergangenheit wiederholt sich ständig, wenn Sie unaufhörlich sagen: »Ich schaue, ich frage, ich muss wissen.«

Fragesteller: *Aber wenn man still bleibt ...*

Krishnamurti: Ah! Es bedeutet nicht, still zu bleiben. Es ist ein höchst aktiver Zustand.

Fragesteller: *Aber wenn man überhaupt nichts weiß ...*

Krishnamurti: Dann haben Sie *sich selbst*.

Fragesteller: *Aber das ist so wenig.*

Krishnamurti: Es ist nicht so wenig. Es ist das, was seit zwei Millionen Jahren existiert. Es ist das komplexeste Ding überhaupt, und Sie müssen etwas darüber lernen. Sie können unmittelbar etwas darüber lernen, oder es kann noch weitere zwei Millionen Jahre so weitergehen. Aber betrachten wir einmal nur fünfzig Jahre davon. In diesen fünfzig Jahren haben wir eine Menge angesammelt. Es gab zwei furchtbare Kriege – das Abschlachten, die Brutalität, die Trennungen, die Verletzungen. Das ist alles da.

Das ist die Falle. Wir sind die Falle, und so müssen wir uns fragen: Ist es möglich, sofort draußen zu sein?

Fragesteller: *In einem Augenblick?*

Krishnamurti: Natürlich muss es in einem Augenblick geschehen. Und wenn Sie sagen, das geht nicht, dann ist es vorbei. Kein Problem. Wenn Sie sagen: »Es ist möglich«, so hat das auch keine Bedeutung. Aber wenn Sie sagen: »Ich weiß wirklich nicht, was ich tun soll« – ohne Verzweiflung, ohne Bitterkeit, ohne Wut, dann findet in diesem Zustand *überhaupt keine* Bewegung statt, dann öffnet sich die Tür.

Aus: Bulletin Nr. 18, 1973

Liebe, Sex und das religiöse Leben

Kingston, England, 2. Oktober 1967

Fragesteller: *Vor vielen Jahren, als ich anfing, mich für ein so genanntes religiöses Leben zu interessieren, fasste ich den festen Entschluss, Sex gänzlich aus meinem Leben zu verbannen. Ich hielt mich strikt an das, was ich als wesentliche Voraussetzung für ein religiöses Leben betrachtete, und lebte streng enthaltsam wie ein Mönch. Jetzt erkenne ich, dass diese Art der puritanischen Konformität, die Unterdrückung und Gewalt beinhaltet, dumm ist, aber ich will meinen früheren Lebensstil trotzdem nicht wieder aufnehmen. Wie soll ich mich in Bezug auf die Sexualität jetzt verhalten?*

Krishnamurti: Wieso wissen Sie nicht, was zu tun ist, wenn Verlangen da ist? Ich sage Ihnen, warum. Weil diese starre Entscheidung weiterhin in Ihnen wirkt. Alle Religionen haben uns gesagt, wir müssten die Sexualität verleugnen, unterdrücken, weil sie Energieverschwendung sei und wir diese Energie bräuchten, um Gott zu finden. Aber diese Art der Enthaltsamkeit, der Unterdrückung und Anpassung an ein Muster ist eine brutale Vergewaltigung all unserer feineren Instinkte. Diese fanatische Selbstkasteiung ist eine größere Energieverschwendung als jegliche sexuelle Schwelgerei.

Warum haben Sie Sex zum Problem gemacht? Es spielt wirklich keine Rolle, ob Sie mit jemandem ins Bett gehen oder nicht. Tun Sie es weiterhin, oder hören Sie auf damit, aber machen Sie kein Problem daraus. Das Problem entsteht allein aus dieser ständigen inneren Beschäftigung mit der Sexualität. Die wirklich interessante Frage lautet nicht, ob wir mit jemandem ins Bett gehen oder nicht, sondern warum unser Leben so fragmentiert ist. In der einen unruhigen Ecke befindet sich der Sex mit all den damit einhergehenden Phantasien, im nächsten Winkel herrscht ein anderes Chaos, in einem dritten existiert das Streben nach diesem oder jenem, und in jedem Bereich ist der Verstand unaufhörlich am Plappern. Energie wird auf so viele Arten verschwendet.

Wenn ein Bereich meines Lebens in Unordnung ist, ist mein ganzes Leben in Unordnung. Herrscht in meinem Leben Unordnung in Bezug auf Sex, dann ist auch der Rest meines Lebens in Unordnung. Ich sollte mich also nicht fragen, wie ich einen Bereich in Ordnung bringen kann, sondern warum ich mein Leben in so viele Teilbereiche aufgespalten habe – Bruchstücke, die in sich ebenfalls in Unordnung sind und die alle im Widerspruch zueinander stehen. Was kann ich tun, wenn ich so viele unzusammenhängende Teile sehe? Wie kann ich mit ihnen allen umgehen? Ich lebe mit diesen Bruchstücken, weil ich innerlich kein Ganzes bin. Wenn ich all das erforsche, ohne ein weiteres Fragment zu schaffen, wenn ich jedes einzelne bis zu seinem Ende verfolge, dann hat dieses Gewahrsein, dieses Schauen nichts Trennendes. Jedes Bruchstück steht für ein separates Vergnügen. Ich sollte mich fragen, ob ich mein ganzes Leben in einem kleinen, schlampigen Zimmer des Genusses verbringen will. Begeben Sie sich in die Sklaverei jedes Vergnügens, jedes Fragments, und sagen Sie sich: »Mein Gott, ich bin abhängig, ich bin ein Sklave all dieser kleinen Winkel und Ecken – besteht mein Leben nur daraus?« Verweilen Sie damit, und schauen Sie, was geschieht.

II

Fragesteller: *Ich habe mich verliebt, aber ich weiß, dass diese Beziehung keine Zukunft hat. Ich habe diese Situation schon mehrmals erlebt, und ich möchte mich nicht wieder in all das Elend und Chaos verstricken. Und doch bin ich absolut unglücklich ohne diese Person. Wie kann ich mich aus diesem Zustand befreien?*

Krishnamurti: Die Einsamkeit und Trostlosigkeit, die Sie spüren, wenn Sie nicht mit dieser geliebten Person zusammen sind, existierten bereits, bevor Sie sich verliebten. Was Sie Liebe nennen, ist einfach eine Stimulation, das vorübergehende Zudecken Ihrer inneren Leere. Sie sind Ihrer Einsamkeit durch einen anderen Menschen entflohen, haben diese Person benutzt, um Ihre Einsamkeit zu vertuschen. Ihr Problem ist nicht diese Beziehung, sondern Ihre eigene innere Leere. Flucht ist immer gefährlich, weil sie wie eine Droge das wirkliche Problem verschleiert. Sie suchen ständig draußen nach einer Liebe, die Sie erfüllen soll, weil Sie keine Liebe in Ihrem Innern haben. Dieser Mangel an Liebe verursacht Ihre Einsamkeit, und wenn Sie diese Wahrheit erkennen, werden Sie nie wieder versuchen, den inneren Mangel durch äußere Dinge oder andere Menschen auszugleichen. Es ist ein Unterschied, ob Sie die Sinnlosigkeit dieser Flucht erkennen, oder ob Sie nur beschließen, sich nicht in eine solche Beziehung zu verstricken. Eine solche Entscheidung bringt Ihnen nichts, weil sie das stärkt, gegen das Sie sich entscheiden. Verstehen ist etwas ganz anderes. Ein Beschluss, eine Entscheidung ist mit Unterdrückung, Gewalt und Konflikt verbunden, aber wenn Sie verstehen, dass diese Einsamkeit, diese Leere in Ihnen ist und dass jeglicher Versuch des Beobachters, etwas gegen diese Leere zu tun, sie nur noch vergrößert, dann verstehen Sie. Bereits das Benennen dieses Zustandes als Einsamkeit ist ein Versuch des Beobachters, sich davon zu befreien. Doch dadurch ändert sich nichts, die

Einsamkeit wird nur noch verstärkt. Nur absolutes Nicht-Handeln in Bezug auf diese Einsamkeit verändert den Zustand. Dadurch gehen Sie über Gefühle und Gedanken hinaus, Sie umgehen sie. Was auch immer in Ihnen vorgeht – Wut, Depression, Eifersucht, jeder Konflikt, der in Ihnen schwelt –, lassen Sie es unmittelbar los. Hören Sie auf damit.

III

Fragesteller: *Ist es möglich, dass ein Mann und eine Frau zusammenleben, Sex haben und Kinder bekommen, ohne das ganze Chaos, die Konflikte und die Bitterkeit, die gewöhnlich mit einer solchen Beziehung einhergehen? Ist Freiheit auf beiden Seiten möglich? Mit Freiheit meine ich nicht, dass der Mann oder die Frau ständig Affären mit anderen haben. Die Leute bleiben normalerweise zusammen und heiraten, weil sie sich verliebt haben, und das ist ja immer mit Verlangen und Wahl, mit Lust, Besitzdenken und einem starken inneren Drang verbunden. Dieses Verliebtsein trägt von Anfang an die Saat des Konflikts in sich.*

Krishnamurti: Ist das so? Muss das so sein? Ich stelle das absolut in Frage. Kann man sich nicht verlieben, ohne eine von Besitzdenken dominierte Beziehung zu haben? Ich liebe jemanden, und sie liebt mich, und wir heiraten – das ist alles ganz klar und einfach; darin liegt überhaupt kein Konflikt (wenn ich sage, wir heiraten, könnte ich genauso gut sagen, wir beschließen, zusammenzuleben – wir müssen uns hier nicht an bestimmten Formulierungen festhalten.) Kann man das eine ohne das andere haben, ohne dass notwendigerweise die üblichen Probleme nachfolgen? Können sich zwei Menschen nicht lieben und so intelligent und sensibel sein, dass die Beziehung von Freiheit getragen ist, dass kein psychisches Zentrum existiert, welches Konflikte heraufbeschwört? Das Gefühl, zu lieben, beinhaltet keinen Konflikt, es ist absolut konfliktfrei. Lieben führt auch nicht zu einem Energieverlust. Der Energieverlust wird durch die üblichen Beziehungsprobleme hervorgerufen, durch alles, was folgt: die Eifersucht, das besitzergreifende Verhalten, das Misstrauen, die Zweifel, die Angst, diese Liebe zu verlieren, die ständige Sucht nach Rückversicherung und Sicherheit.

Gewiss muss es möglich sein, mit jemandem, den man liebt, eine sexuelle Beziehung zu haben, ohne den Alptraum zu erleben, der gewöhnlich folgt. Natürlich ist es möglich.

Aus: Bulletin Nr. 3, 1969

Ein Fernsehinterview

Am 7. Dezember 1970 strahlte die BBC ein Interview mit Krishnamurti aus, das zu Beginn desselben Jahres in der Krishnamurti-Schule in Brockwood Park, Hampshire, aufgezeichnet worden war. Der Themenbereich war weit gespannt; Krishnamurti sprach über Autorität, Angst und Lust, die Funktion des Denkens, Beziehungen, Liebe und Meditation. Es folgen Auszüge des Interviews.

Über Autorität

Interviewer: *Mr. Krishnamurti, Sie sagen, alle unsere Probleme entstünden aus einem einzigen Problem, nämlich dem, dass wir so leben, wie man es uns beigebracht hat, dass wir Menschen aus zweiter Hand sind und uns seit Jahrhunderten allen möglichen Autoritäten unterordneten. Heutzutage rebelliert die junge Generation gegen Autoritäten. Was haben Sie persönlich gegen Autorität?*

Krishnamurti: Ich glaube nicht, dass ich persönlich irgendetwas gegen Autorität habe, aber Autorität hat den menschlichen Geist überall auf der Welt verkrüppelt – nicht nur im Religiösen, sondern innerlich, psychisch –, weil die Autorität eines von der Religion aufgezwungenen Glaubenssystems mit Sicherheit die Fähigkeit des Menschen, die Wirklichkeit zu entdecken, zerstört. Man stützt sich auf Autoritäten, weil man Angst hat, allein zu stehen.

Interviewer: *Das verblüfft mich ein wenig, denn es geht doch sicherlich nicht darum, die ganze Weisheit, die die Menschheit im Laufe der Zeit erworben hat, über Bord zu werfen?*

Krishnamurti: Nein, aber was ist Weisheit? Ist Weisheit einfach Ansammlung von Wissen, oder blüht Weisheit nur auf, wenn das Leiden endet? Schließlich ist Weisheit weder in Büchern zu finden, noch kann man sie durch das angesammelte Wissen anderer erwerben. Weisheit erwirbt man durch Selbsterkenntnis, durch die Erforschung der gesamten Struktur des eigenen Selbst. Mit dem Verstehen des eigenen Selbst endet das Leid und beginnt die Weisheit. Wie kann ein Mensch weise sein, wenn er in Angst und Schmerz verstrickt ist? Nur wenn das Leiden – das ja nichts anderes als Angst ist – endet, kann Weisheit aufblühen.

Über die Liebe

Interviewer: *Warum haben wir alle ein so verzweifeltes Verlangen danach, geliebt zu werden?*

Krishnamurti: Weil wir so verzweifelt einsam, innerlich so leer sind.

Interviewer: *Aber Sie sagen, es sei wichtiger zu lieben, als geliebt zu werden.*

Krishnamurti: Ja, natürlich. Und das heißt, dass man diese Einsamkeit, diese innere Leere, verstehen muss. Ein Mensch, der ständig mit seinen eigenen Zielen, seiner Gier, seinen Ängsten,

Schuldgefühlen und seinem persönlichen Leiden beschäftigt ist, ist nicht fähig zu lieben. Ein in sich gespaltener Mensch, der fragmentarisch lebt, kann ganz offensichtlich nicht lieben. Trennung ruft Leid hervor, sie ist die Wurzel des Leids – die Trennung zwischen »ich« und »du«, zwischen »uns« und »ihnen«, zwischen schwarz und weiß, braun und gelb und so weiter. Überall, wo Trennung und Spaltung herrschen, kann keine Liebe existieren, weil Güte ein Zustand der Ganzheit, der Nicht-Trennung ist. Die Welt an sich ist unteilbar.

Interviewer: *Sie sagen ja praktisch, dass Liebe nur aufblühen kann, wenn man sich selbst völlig aufgibt. Aber wie erreicht man das?*

Krishnamurti: Totale Selbstaufgabe kann nur durch Selbsterkenntnis geschehen. Selbsterkenntnis steht am Anfang von Weisheit, und deshalb gehen Weisheit und Liebe Hand in Hand. Das bedeutet, dass nur dann Liebe da sein kann, wenn ich mich selbst wirklich erkannt und verstanden habe und daher weiß, dass in meinem Innern überhaupt keine Spaltung existiert – kein Gefühl der Wut, kein Ehrgeiz, keine Gier, keinerlei trennende Aktivität.

Interviewer: *Aber wie Sie wissen, müssen wir trotzdem weiterhin in der Gesellschaft leben, noch dazu in einer ziemlich kranken Gesellschaft, und das beeinflusst uns natürlich. Wir können teilweise auch wegen der Gesellschaftsstrukturen nicht mehr wir selbst sein.*

Krishnamurti: Aber wir *sind* doch die Gesellschaft. Wir haben die Gesellschaft geschaffen – die Gesellschaft sind wir, die Welt sind wir. Es ist nicht so, dass die Welt etwas von uns Getrenntes ist. Ich bin das Produkt der Welt, der Gesellschaft, der Kultur, der Religion, des Umfeldes, in dem ich lebe.

Interviewer: *Sie haben gesagt, dass die Anstrengung, das Streben uns kaputtmacht, dass unser Leben aus einer Folge von Kämpfen besteht und dass nur der Mensch glücklich sein kann, der nicht im Streben gefangen ist. Aber kann man denn in dieser Welt überhaupt eine Arbeit tun, ohne sich anzustrengen?*

Krishnamurti: Warum nicht? Aber was ist Streben, was ist Bemühen? Es sind widerstreitende Energien, nicht wahr? Eine Energie, die gegen eine andere ankämpft.

Interviewer: *Könnte es nicht auch ein zielgerichtetes Streben in eine bestimmte Richtung sein?*

Krishnamurti: Wo ist der Widerspruch, wenn es ein einziger Impuls ist? Darin liegt kein Konflikt, keine Energieverschwendung. Wenn ich einen Spaziergang mache, mache ich einen Spaziergang. Aber wenn ich einen Spaziergang machen will und gleichzeitig noch etwas anderes zu tun habe, beginnt der Widerspruch, der Konflikt, die Anstrengung. Deshalb muss man, um zu verstehen, was Anstrengung oder Mühe ist, herausfinden, wie widersprüchlich man ist.

Über Meditation

Interviewer: *Was meinen Sie mit »Meditation«? Dieses Wort taucht oft in Ihren Büchern auf. Bevor ich hierher kam, habe ich den Begriff im Oxford Dictionary nachgeschlagen, und dort las ich, Meditation bedeute Versenkung in die eigenen Gedanken. Aber Sie wollen doch nicht, dass wir das tun.*

Krishnamurti: Man muss sich das genauer anschauen, um zu wissen, was es wirklich bedeutet – für mich ist Meditation eines der wichtigsten Dinge.

Interviewer: *Vielleicht könnten Sie mir Meditation am besten dadurch erklären, dass Sie mir sagen, was Meditation* nicht *ist?*

Krishnamurti: Das wollte ich gerade vorschlagen. Wie Sie wissen, gibt es verschiedene Richtungen oder Schulen der Meditation. Sie bieten unterschiedliche Systeme und Techniken an und behaupten, dass man durch tägliches Praktizieren dieser Techniken eine bestimmte Form der Erleuchtung erreichen, bestimmte außergewöhnliche Erfahrungen machen könne. Systeme, Methoden und Techniken setzen aber zunächst einmal mechanische Wiederholung voraus – und das hat nichts mit Meditation zu tun. Ist es also möglich, den Geist nicht durch Wiederholung abstumpfen zu lassen, sondern sich dieser Gedankenbewegungen gewahr zu sein – ohne sie zu unterdrücken, ohne zu versuchen, die Gedanken zu kontrollieren –, sich dieses ganzen Denkprozesses, dieses unaufhörlichen inneren Geplappers einfach bewusst zu sein?

Interviewer: *Aber wir verbalisieren unsere Gedanken doch ständig, nicht wahr?*

Krishnamurti: So ist es. Der Verstand existiert nur durch Worte oder Bilder. Meditation erfordert außergewöhnliche Disziplin – allerdings nicht die Disziplin der Unterdrückung und Anpassung, sondern jene, die entsteht, wenn man das eigene Denken beobachtet, wenn man seine Gedanken beobachtet. Dieses Beobachten bringt seine eigene, außerordentlich subtile Disziplin hervor. Das ist absolut notwendig.

Interviewer: *Sollte man sich dafür eine bestimmte Zeit reservieren?*

Krishnamurti: Sie können das jederzeit tun. Sie können es tun, wenn Sie im Bus sitzen – das heißt, Sie können auch dort wahrnehmen, beobachten. Nehmen Sie aufmerksam wahr, was um Sie herum geschieht und was in Ihnen vor sich geht – seien Sie sich der gesamten Bewegung bewusst. Wissen Sie, bei der Meditation geht es in Wirklichkeit darum, den Geist von allem Bekannten zu entleeren. Sonst können Sie ja das Unbekannte nicht sehen. Um irgendetwas Neues, vollkommen Neues sehen zu können, muss der Geist völlig frei vom Ballast der Vergangenheit sein. Die Wahrheit oder Gott oder wie Sie es auch nennen wollen muss neu sein, nicht das Produkt irgendwelcher Propaganda oder Konditionierung. Die Christen werden seit zweitausend Jahren durch Propaganda konditioniert, und bei den Hindus und den Buddhisten ist es nicht anders. Für sie ist Gott oder die Wahrheit also das Produkt von Propaganda. Aber das ist nicht die Wahrheit. Die Wahrheit ist etwas Lebendiges, etwas, das täglich neu ist. Deshalb muss man den Geist leer machen, um die Wahrheit sehen zu können.

Interviewer: *Man wischt also sozusagen die Tafel sauber?*

Krishnamurti: Das ist Meditation.

Interviewer: *Und dann wird diese allumfassende, entspannte Wahrnehmung dessen, »was ist«, möglich.*

Krishnamurti: Dessen, »was ist« – so ist es. Und das, »was ist«, ist nicht statisch, es ist außerordentlich lebendig. Deshalb ist ein menschlicher Geist, der sich wirklich in Meditation befindet, der meditative Geist, sehr still, aber diese Stille entsteht nicht durch die Unterdrückung von Lärm. Sie ist nicht das Gegenteil des inneren Geplappers. Sie entsteht, wenn der Geist sich selbst völlig verstanden hat – deshalb findet dann überhaupt keine Bewegung statt, das heißt, selbst die Gehirnzellen werden still. Und in dieser Stille geschieht alles. Das ist etwas ganz Außergewöhnliches, wenn man es beobachtet hat. Das ist wahre Meditation und hat nichts mit dieser ganzen heuchlerischen Akzeptanz von Autoritäten oder der Wiederholung von Wörtern zu tun. All das ist Unsinn.

Interviewer: *Darf ich das Gesagte noch einmal rekapitulieren, und Sie sagen mir dann, ob ich es missverstanden habe? Meditation ist also, wie mir scheint, ein tiefgehender Prozess der Dekonditionierung.*

Krishnamurti: So ist es.

Interviewer: *Wenn ich dieses tödliche Gewicht der Autoritäten abwerfe, wenn ich alles verwerfe, was mir bisher beigebracht wurde, werde ich in diesem Augenblick total allein sein, aber diese Einsamkeit bietet mir die Chance, zu verstehen, wer ich wirklich bin.*

Krishnamurti: Und was die Wahrheit und was Gott ist oder wie immer Sie es nennen wollen.

Aus: Bulletin Nr. 9, 1970/71

Die Fähigkeit des Zuhörens

Santa Monica, Kalifornien, im März 1974

Fragesteller: *Ich höre seit längerer Zeit Ihre Vorträge, aber bei mir hat sich nichts verändert.*

Krishnamurti: »Ich höre seit ein paar Jahren Ihre Vorträge, aber bei mir hat sich nichts verändert.« Dann hören Sie doch nicht mehr zu!

Schauen Sie, mein Herr, wenn Sie jemandem seit Jahren zuhören und erkennen, welche Schönheit in dem Gesagten liegt, dann wollen Sie mehr davon hören, dann öffnen sich für Sie Türen zu etwas, das Sie nie zuvor gesehen haben. Aber was ist schief gelaufen, wenn das nicht geschieht? Was stimmt nicht mit dem Redner, der diese Dinge sagt, oder mit dem Zuhörer? Wieso hat sich ein Mensch, der dem Redner seit vielen Jahren zuhört, nicht geändert? Darin liegt großes Leid, nicht wahr? Sie sehen eine Blume, eine wunderschöne Blume am Wegesrand, werfen einen flüchtigen Blick darauf und gehen vorüber. Sie bleiben nicht stehen, um sie anzuschauen, Sie sehen nicht die Schönheit, die stille Würde, die Lieblichkeit. Sie gehen einfach weiter. Woran liegt es? Sind Sie vielleicht oberflächlich? Ist es Ihnen gleichgültig? Oder haben Sie so viele Probleme, sind Sie so in Ihre Schwierigkeiten verstrickt, dass Sie keine Zeit, keine Muße haben, innezuhalten und sich diese Blume anzuschauen? Oder liegt es daran, dass das, was der Redner sagt, wertlos ist – nicht gemäß Ihrer Beurteilung, sondern an sich wertlos ist? Hat es keinen Wert? Um zu bestimmen, ob es einen Wert hat oder nicht, müssen Sie das, was der Redner sagt, untersuchen. Und um es untersuchen zu können, müssen Sie die Fähigkeit haben zuzuhören. Sie müssen fähig sein zu schauen, müssen sich Zeit dafür nehmen. Liegt es also in Ihrer Verantwortung oder in der des Redners? Es ist unsere gemeinsame Verantwortung, nicht wahr? Wir beide müssen schauen. Der Redner weist Sie vielleicht auf bestimmte Dinge hin, aber Sie müssen schauen, Sie müssen es untersuchen, Sie müssen lernen. Und wenn Sie nicht gewissenhaft, sondern nachlässig sind, wenn Ihr Geist nicht höchst sensibel und empfänglich ist, wenn Sie nicht genau beobachten, so liegt es an Ihnen. Das heißt, Sie müssen Ihren Lebensstil ändern, müssen alles ändern, um zu lernen, auf völlig andere Weise zu leben. Und das erfordert Energie, Sie können nicht träge und gleichgültig sein. Da es also unsere gemeinsame Verantwortung ist – vielleicht mehr Ihre als die des Redners –, kann es sein, dass Sie nicht mit ganzem Herzen dabei sind. Wir sprechen hier vom Leben – nicht von irgendwelchen Ideen, Theorien, Praktiken oder Techniken, sondern von diesem ganzen Leben, das auch Ihr Leben ist und für das Sie Interesse aufbringen müssen. Das bedeutet, dass Sie Ihr Leben nicht verschwenden sollen. Sie haben nur sehr wenig Zeit, um zu leben, vielleicht noch zehn, vielleicht noch fünfzig Jahre, aber verschwenden Sie diese Zeit nicht, schauen Sie sich die Dinge genau an, setzen Sie Ihr Leben dafür ein, zu verstehen.

Aus: Bulletin Nr. 27, 1975

Eine Betrachtung über Freundschaft

Santa Monica, Kalifornien (undatiert)

Fragesteller: *Was ist echte Freundschaft, wenn kein Vertrauen und kein Respekt da sind?*

Krishnamurti: Wie können Sie ohne Vertrauen und Respekt eine Freundschaft haben? Das weiß ich wirklich nicht! Aber fragen Sie sich zuerst einmal, warum Sie sich einen Freund wünschen. Wollen Sie sich auf ihn stützen, sich auf ihn verlassen können, einen Kameraden haben? Brauchen Sie aufgrund Ihrer Einsamkeit, Ihres Gefühls der inneren Leere einen anderen Menschen, der diesen Mangel ausgleicht? Benutzen Sie einen anderen Menschen, beuten Sie ihn aus, um Ihre eigene innere Leere nicht spüren zu müssen, und nennen Sie diesen Menschen dann einen Freund? Ist er ein Freund in dem Sinne, dass Sie ihn zu Ihrer Befriedigung, Ihrer Angstbewältigung benutzen? Schauen Sie sich das genau an, akzeptieren Sie nicht von vornherein, was ich sage. Die meisten von uns sind sehr einsam, und je älter wir werden, desto einsamer fühlen wir uns, desto stärker empfinden wir unsere eigene innere Leere.

Wenn Sie jung sind, haben diese Dinge keine Bedeutung für Sie. Aber wenn Sie heranreifen – falls Sie überhaupt irgendwann reif werden –, entdecken Sie, was es bedeutet, innerlich leer, einsam zu sein und keinen Freund zu haben, weil Sie ein oberflächliches Leben geführt haben, von anderen abhängig waren, andere ausgenutzt haben. Sie haben Ihre Gefühle in andere investiert, und wenn diese Menschen sterben oder Sie verlassen, fühlen Sie sich so einsam, so leer. Und dieses Gefühl des Mangels führt zu Selbstmitleid – dann träumen Sie davon, jemanden zu finden, der Ihre innere Leere füllt. Das geht Ihr ganzes Leben lang so.

Können Sie das *Jetzt* sehen und etwas daraus lernen? Lernen, was es bedeutet, einsam zu sein, ohne davor wegzulaufen? Schauen Sie es sich an, leben Sie damit, schauen Sie, was es bedeutet, damit Sie psychisch, innerlich, frei werden und von niemandem abhängig sind. Dann erst werden Sie wissen, was es bedeutet, zu lieben.

Aus: Bulletin Nr. 30, 1976

Was ist Schönheit?

London, England (undatiert)

Fragesteller: *Ich weiß nicht, was Schönheit ist. Ich habe noch nicht einmal darüber nachgedacht, bis ich Sie darüber reden hörte. Ich bin Ingenieur und habe viele Gebäude, Brücken und Eisenbahnstrecken konstruiert. Ich habe ein raues Leben im Freien geführt, oft in Ländern, die öde und karg waren.*

Eines Tages, auf einem Spaziergang, wiesen Sie mich auf die wunderschöne Form eines bestimmten Baumes hin. Ich schaute ihn an und wiederholte: »Wie schön«, aber tief im Innern fühlte ich überhaupt nichts. Ich stimmte Ihnen höflich zu, aber in Wirklichkeit weiß ich überhaupt nicht, was Schönheit ist. Manchmal empfinde ich die gerade Linie einer Eisenbahnschiene als schön, und manchmal bewundere ich eine jener herrlichen modernen Brücken, die sich über einen breiten Fluss oder über eine Hafenmündung spannen. Sie sind funktional und gelten als schön, aber ich kann es eigentlich nicht sehen. Die modernen Flugzeuge sind ebenfalls funktionale Maschinen. Als Sie mich auf einige hinwiesen und sagten, sie seien schön, hatte ich irgendwie das Gefühl, dass es einfach Dinge sind, die man benutzt, und ich wunderte mich über Ihre Begeisterung.

Jene gelbe Blüte neben dem Bürgersteig löste in mir nicht das Gefühl aus, das sie anscheinend in Ihnen auslöste. Man kann wohl sagen, dass ich ziemlich grob »gestrickt« bin. Ihr Geist ist viel schärfer als meiner. Ich habe mir nie die Mühe gemacht, mir meine Gefühle bewusst anzuschauen oder sie zu kultivieren. Ich habe Kinder und kannte sexuelles Vergnügen, aber selbst das war ziemlich abgestumpft und schwerfällig. Und jetzt frage ich mich, ob mir nicht etwas entgeht, das Sie Schönheit nennen, und ob ich das in meinem Alter wirklich noch spüren kann, ob ich die Welt, den Himmel, die Wälder und Flüsse als etwas Wunderbares sehen kann. Was ist Schönheit?

Krishnamurti: Sprechen Sie von der Schönheit des Lebens oder der Schönheit, die die Augen in einer bestimmten Sache sehen, oder von der Schönheit eines Gedichts oder eines Musikstücks? Vielleicht hört sich das für Sie ziemlich sentimental und emotional an, aber auch in der Mathematik, die Ihnen eher vertraut ist, liegt Schönheit. In ihr steckt eine höhere Ordnung. Und ist diese gleiche Ordnung im Leben nicht auch wunderschön?

Fragesteller: *Ich weiß nicht, ob sie schön ist, aber ich weiß, was ich aus meinem eigenen Leben gemacht habe. Ich habe mich rigoros, fast brutal, diszipliniert, und darin liegt eine gewisse gequälte Ordnung. Aber wahrscheinlich würden Sie sagen, dass das überhaupt nichts mit Ordnung zu tun hat. Ich weiß wirklich nicht, was es bedeutet, auf schöne und anmutige Weise zu leben. Ich weiß tatsächlich überhaupt nichts, außer einiger mechanischer Dinge, die mit meiner Arbeit zu tun haben. Wenn ich mit Ihnen spreche, erkenne ich, dass mein Leben, oder vielmehr mein Geist, ziemlich abgestumpft ist. Wie kann ich also diese Sensibilität in mir wecken, diese Intelligenz wachrufen, die das Leben für Sie so außerordentlich schön macht?*

Krishnamurti: Zuallererst muss man seine Sinne durch Schauen, Berühren, Beobachten, Zuhören schärfen, aber nicht nur, indem man den Vögeln oder dem Rascheln der Blätter zuhört, sondern indem man auch den eigenen Worten lauscht, den eigenen Gefühlen nachspürt – so unbedeutend und alltäglich sie auch sein mögen –, um all den geheimen Botschaften des eigenen Geistes auf die Spur zu kommen. Hören Sie auf diese Botschaften, unterdrücken Sie sie nicht, versuchen Sie nicht, sie zu kontrollieren oder zu sublimieren. Hören Sie einfach zu. Sinnliche Sensibilität bedeutet nicht, in sinnlichen Genüssen zu schwelgen, es bedeutet nicht, dem Drängen der Sinne nachzugeben oder dagegen anzukämpfen, sondern einfach zu beobachten, damit der Geist immer achtsam ist. Es ist wie beim Balancieren auf einer Eisenbahnschiene: Man verliert vielleicht das Gleichgewicht, aber man kommt immer wieder sofort auf die Schiene zurück. So wird der gesamte Organismus lebendig, sensibel, intelligent, ausgeglichen, wach. Wahrscheinlich denken Sie, der Körper sei überhaupt nicht wichtig. Ich habe Sie beim Essen beobachtet; Sie essen, als würden Sie einen Ofen füllen. Vielleicht mögen Sie den Geschmack des Essens, aber es ist alles so mechanisch, so unachtsam, die Art, wie Sie Ihr Essen auf dem Teller vermischen. Wenn Sie sich dessen bewusst werden, werden Ihre Finger, Ihre Augen, Ihre Ohren, Ihr Körper empfindsam, lebendig, sensibel. Das ist vergleichsweise einfach. Schwieriger dagegen ist es, den Geist von den mechanischen Gewohnheiten des Denkens, Fühlens und Handelns zu befreien, in die er durch die Lebensumstände hineingezwungen wurde – durch die Ehefrau, die Kinder, den Job. Der Geist hat seine Beweglichkeit verloren. Die subtileren Prozesse entgehen ihm. Das heißt, sich selbst zu sehen, wie man wirklich ist, ohne sich korrigieren zu wollen, ohne das, was man sieht, verändern zu wollen oder davor zu fliehen – sich einfach zu sehen, wie man wirklich ist, so dass der Geist nicht in eine weitere Reihe von Gewohnheiten zurückfällt. Betrachtet ein solcher Geist eine Blume, sieht er die Farbe eines Kleides oder ein vertrocknetes Blatt vom Baum fallen, so ist er nun in der Lage, die Bewegung des Blattes beim Fallen und die Farbe der Blume in ihrer Lebendigkeit wahrzunehmen. Der Geist wird also in Bezug auf die Außenwelt *und* die Innenwelt höchst lebendig, flexibel, wach, er besitzt dann eine Sensibilität, die ihm Intelligenz verleiht. Sensibilität, Intelligenz und Freiheit machen die Schönheit des Lebens aus.

Fragesteller: *Nun gut, man beobachtet also, man wird sehr sensibel, achtsam – und was dann? Ist das alles, soll man einfach immer nur diese vollkommen gewöhnlichen Dinge bestaunen? Ich bin sicher, dass das alle Leute ständig tun, zumindest, wenn sie jung sind. Das ist doch nichts Weltbewegendes. Und was dann? Gibt es keinen weiteren Schritt, der über dieses Beobachten, von dem Sie sprechen, hinausführt?*

Krishnamurti: Sie begannen dieses Gespräch mit Ihrer Frage über die Schönheit; Sie sagten, Sie könnten keine Schönheit wahrnehmen. Außerdem sagten Sie, dass es in Ihrem Leben keine Schönheit gebe, und deshalb untersuchen wir im Augenblick die Frage, was Schönheit ist – und zwar nicht nur verbal oder intellektuell, sondern wir versuchen, ihre Lebendigkeit zu spüren.

Fragesteller: *Ja, das stimmt. Aber als ich Ihnen diese Frage stellte, fragte ich mich gleichzeitig, ob es nicht etwas gäbe, das über dieses empfängliche Schauen, das Sie beschreiben, hinausgeht.*

Krishnamurti: Natürlich gibt es das, aber solange man nicht diese Fähigkeit zur sensiblen Wahrnehmung besitzt, kann man das, was noch unendlich größer ist, nicht sehen.

Fragesteller: *Es gibt viele Leute, die eine hohe Wahrnehmungsfähigkeit besitzen. Ein Dichter betrachtet die Dinge* *beispielsweise mit intensiven Gefühlen, und doch scheint mir all das weit von einem Durchbruch zu diesem unendlichen Größeren, unendlich schöneren Etwas zu sein, das wir Menschen »das Göttliche« nennen. Ich habe das Gefühl, dass wir, ob wir nun sehr sensibel oder ziemlich abgestumpft sind wie ich, einfach nur verschiedene Schattierungen von Grau wahrnehmen, solange kein Durchbruch in eine ganz andere Dimension stattgefunden hat. In dieser Sensibilität, die, wie Sie sagen, durch Beobachten entsteht, scheint mir nur ein quantitativer Unterschied zu liegen, nur eine kleine Verbesserung, nicht etwas absolut Neues. Ich bin ehrlich gesagt nicht daran interessiert, nur ein bisschen mehr von der gleichen Sache zu haben.*

Krishnamurti: Was ist also Ihre Frage? Fragen Sie, wie man die dumpfe, graue Monotonie des Lebens durchbrechen kann, um in eine ganz andere Dimension zu gelangen?

Fragesteller: *Ja. Wahre Schönheit muss etwas anderes sein als jene, die der Dichter, der Künstler, der junge, wachsame Geist wahrnimmt, obwohl ich diese Art von Schönheit in keiner Weise herabsetzen will.*

Krishnamurti: Ist es wirklich das, was Sie suchen? Ist es wirklich das, was Sie wollen? Wenn ja, muss in Ihrem Sein eine radikale Umwälzung stattfinden. Wollen Sie das? Wollen Sie eine Umwälzung, die all Ihre Vorstellungen, Ihre Werte, Ihre Moral, Ihre Achtbarkeit, Ihr Wissen über den Haufen wirft – die Sie so zerschmettert, dass Sie auf ein absolutes Nichts reduziert werden, dass Sie keinen bestimmten Charakter mehr besitzen, nicht länger der Sucher sind, der Mensch, der urteilt, aggressiv oder vielleicht auch nicht aggressiv ist, so dass Sie völlig leer werden von allem, was Sie sind? Diese Leere ist Schönheit in ihrer äußersten Schlichtheit, in der nicht ein Funken von Härte oder aggressivem

Durchsetzungswillen steckt. Das ist ein Durchbruch. Ist es das, was Sie wollen? Das setzt eine außergewöhnliche Intelligenz voraus, kein Lernen, nicht die Aufnahme von Informationen. Diese Intelligenz ist unaufhörlich am Werk, ob Sie schlafen oder wach sind. Deshalb sagten wir, dass man sowohl die äußeren als auch die inneren Vorgänge beobachten muss, um den Geist zu schärfen. Und diese Schärfe des Geistes führt in die Stille. Aufgrund dieser Sensibilität und Intelligenz arbeitet der Verstand nur, wenn es erforderlich ist, und die restliche Zeit über schläft das Gehirn nicht, sondern es ist achtsam und still. Und so ruft der Verstand mit seinen Reaktionen keine Konflikte hervor. Er funktioniert ohne Kampf und daher ohne Verzerrung. Dann handelt man spontan, so wie man angesichts einer Gefahr handelt. So ist man stets frei von dem alten geistigen Ballast. Dieser angesammelte psychische Ballast ist der Beobachter, das Ego, das »Ich«, welches trennt, im Widerstand verharrt und Blockaden aufbaut. Wenn das »Ich« nicht existiert, ist auch kein Durchbruch nötig; dann ist das ganze Leben Schönheit – die Schönheit der Beziehung, ohne dass man ein Bild gegen ein anderes austauscht. Nur dann ist der Zugang zu jenem unendlich Größeren möglich.

Aus: Bulletin Nr. 32, 1977

Freiheit von Bindungen

Saanen, Schweiz, 16. Juli 1974

Fragesteller: *Ich sehe die Schwierigkeiten, die mit Bindungen einhergehen, aber trotzdem möchte ich gerne fragen, ob es nicht eine Art biologischer Bindung gibt. Auch im Tierreich gibt es Bindungen. Wie können Sie sich die menschliche Rasse, die aus Millionen von Menschen, Millionen von Familien besteht, ohne Bindungen untereinander vorstellen?*

Krishnamurti: Einen Moment! Sprechen wir zu diesen Millionen von Menschen über Bindung, oder sprechen wir zu Ihnen? Verstehen Sie meine Frage? Denn diese Millionen von Menschen sind nicht an diesen Dingen interessiert. Die Millionen in Indien und Südamerika interessiert das überhaupt nicht, sie sagen: »Gebt uns Nahrung, Kleidung, Obdach – wir hungern, wir sind krank.« Und Sie fragen: »Wie können Sie diese Millionen von Menschen auffordern, frei von Bindungen zu sein?« Das kann man natürlich nicht! Aber wir sprechen zu Ihnen, nicht wahr? Bitte hören Sie aufmerksam zu: Wenn in Ihrem Bewusstsein – das das Bewusstsein der Millionen von Menschen ist – eine Transformation stattfindet, dann wird diese Transformation die Millionen beeinflussen. Dann werden Sie eine andere Art von

Erziehung, eine andere Art von Gesellschaft haben. Können Sie mir folgen?

Sie sind natürlich an Ihre Mutter gebunden. Wenn Sie ein kleines Kind sind, brauchen Sie eine Mutter und einen Vater, die für Sie sorgen; das Kind braucht völlige Sicherheit, je mehr Sicherheit der richtigen Art es hat, desto glücklicher ist es. Aber Millionen von Menschen wollen Sicherheit, und sie denken, sie könnten diese finden, indem sie sich an ihr Land, an ihr eigenes kleines Haus binden. Sie sind bereit, für ihr Land gegen den Rest der Welt zu kämpfen. Das ist ihre Bindung. Der Katholik ist bereit, für seine religiöse Bindung gegen den Protestanten zu kämpfen. Uns geht es um die Menschen, die sich im Augenblick hier in diesem Zelt befinden. Ginge ich hinaus und redete zu den Straßenarbeitern, würden die wahrscheinlich zu mir sagen: »Verschwinde, was wir brauchen, ist ein Kasten Bier.«

Wir sprechen zu Ihnen. Können Sie den Inhalt Ihres Bewusstseins verändern, so dass Sie durch diese Transformation das Bewusstsein der Menschen beeinflussen? Schauen Sie: Die sogenannten Religionen übermitteln den Menschen seit Tausenden von Jahren ihre Botschaften, und Ihr Bewusstsein hat diese Konditionierung als Katholik oder Protestant akzeptiert, und deshalb funktionieren Sie auf der Basis dieser Konditionierung, falls Sie das, was Ihnen beigebracht wurde, überhaupt ernst nehmen. Und so hat Ihr Bewusstsein das Bewusstsein der Welt beeinflusst. Jetzt sagen wir: Durch die Transformation Ihres Bewusstseins mit all seinen Inhalten, durch diese Freiheit wird in Ihnen eine ungeheure Energie freigesetzt, die die Essenz der Intelligenz ist, und diese Intelligenz wird sich in jedem Lebensbereich auswirken, wenn Sie sich der gesamten menschlichen Existenz bewusst sind. Schauen Sie, was auf der Erde geschieht: Jeder Mensch braucht Kleidung, Nahrung und Obdach, aber das wird durch Trennung verhindert, durch Rassentrennung, Trennung der Nationen, ökonomische Trennung, durch die Machtkämpfe zwischen den einzelnen Nationen. Wir sprachen einmal mit einem prominenten

Politiker, einem Kabinettsmitglied, über dieses Thema, und er erwiderte: »Guter Mann, das ist unmöglich, ein wunderbares Ideal, aber unerreichbar fern. Mir gefällt, was Sie sagen, aber es ist undurchführbar. Wir müssen uns mit dem Nächstliegenden beschäftigen.« Können Sie folgen? Das Nächstliegende ist ihre Macht, ihr Status, ihre Ideologie, das Unausführbare und das Destruktive. Sie wissen all das. Wollen Sie behaupten, dass wir diese Probleme nicht lösen könnten, wenn alle Politiker der Welt zusammenkämen und sagten: »Vergesst eure Systeme, vergesst eure Ideologien, vergesst eure Macht. Wir wollen uns um das menschliche Leiden, um die Bedürfnisse der Menschen nach Nahrung, Kleidung und Obdach kümmern?« Natürlich könnten wir sie lösen. Aber niemand will das. Alle sind mit ihren eigenen augenblicklichen Problemen und Ideologien beschäftigt.

Aus: Bulletin Nr. 32, 1977

Wenn man die Welt ist

Ojai, Kalifornien, 13. Mai 1980

Fragesteller: *Wenn man die Welt ist, was bedeutet es dann, aus dem Fluss zu steigen, und »wer« steigt heraus?*

Krishnamurti: Ich frage mich, ob man wirklich begreift – nicht als Idee, nicht als romantische Vorstellung, sondern als Tatsache –, dass man die Welt ist: auf der psychischen Ebene, innerlich, ist man die Welt. Gehen Sie nach Indien, dort hat man die gleichen Probleme wie hier: Leiden, Einsamkeit, Tod, Angst, Schmerz. Wo man auch hingeht, diese Probleme existieren bei allen Völkern der Welt.

Was tun Sie, wenn Sie die Feststellung hören, dass Sie psychisch, innerlich die Welt sind? Lassen Sie das in Ihrem Kopf zu einer intellektuellen Vorstellung werden, oder begreifen Sie es wirklich, so wie Sie den Schmerz spüren, wenn Sie sich mit einer Nadel ins Bein oder in den Arm stechen? Davon machen Sie sich keine Vorstellung: Es ist einfach so, der Schmerz ist da. Begreift man diese ungeheure Tatsache also wirklich, spürt man sie als etwas Lebendiges, etwas, das absolut real ist? Wenn ja, dann beeinflusst diese psychologische Tatsache den Geist – nicht den durch nationale oder familiäre Interessen eingeengten, beschränkten

Verstand, sondern den menschlichen Geist, das menschliche Gehirn. Wenn man das erkennt, beginnt man ein großes Verantwortungsgefühl zu spüren, ohne jegliches Schuldgefühl, aber man spürt eine ungeheure Verantwortung für alles, was mit der menschlichen Existenz verbunden ist – wie man seine Kinder erzieht, wie man sich verhält und so weiter. Wenn man diese ungeheure Dimension wirklich realisiert – und sie ist ungeheuerlich –, dann erscheint einem diese individuelle Persönlichkeit, genannt »Ich«, so unbedeutend; all unsere kleinen Problemchen erscheinen plötzlich so bedeutungslos.

Wenn man diese Tatsache sieht, wenn man sie in seinem Herzen und in seinem Geist fühlt, dann will man die Erde, will man alles beschützen, weil man verantwortlich ist.

Der Fragesteller fragte: Was bedeutet es, aus diesem Fluss herauszusteigen, und »wer« steigt heraus? Der Fluss ist der ständige Kampf und das ungeheure Elend aller menschlichen Wesen, seien sie nun Kommunisten, Sozialisten oder Kapitalisten: Dieses Leid ist die gemeinsame Grundlage, auf der wir alle stehen. Davon frei zu sein bedeutet, dass es keinen »jemand« gibt, der aus dem Fluss des Elends heraussteigt, der Geist ist zu etwas völlig Neuem geworden. Es ist nicht so, dass »ich aussteige«, der Geist befindet sich gar nicht mehr darin.

Wenn Sie gebunden sind und diese Bindung lösen, geschieht etwas völlig Neues. Das bedeutet nicht, dass Sie frei von Bindungen sind. Das Leben erhält eine ganz andere Qualität, einen anderen Geschmack, wenn wir die ungeheuerliche Tatsache begreifen, dass wir selbst die Menschheit sind.

Aus: Bulletin Nr. 40, 1981

Aggression

Ojai, Kalifornien, 15. Mai 1980

Fragesteller: *Führt Beobachtung ohne den Beobachter zu einer Transformation, wenn man bei der Tatsache verweilt und so zu einer gesteigerten Aufmerksamkeit gelangt? Ist die dabei freigesetzte Energie auf etwas Bestimmtes gerichtet?*

Krishnamurti: Leider haben solche Fragen keinen Bezug zum wirklichen Leben. Das heißt nicht, dass man diese Fragen nicht stellen sollte, aber haben sie wirklich etwas mit dem eigenen täglichen Leben zu tun? Solche Fragen sind theoretisch, abstrakt, etwas, worüber man schon einmal etwas gehört hat. Warum schaut man sich nicht das eigene Leben an und findet heraus, warum man auf diese Weise lebt, warum man sich ununterbrochen Sorgen macht, warum der eigene Verstand unaufhörlich plappert, warum man keine guten Beziehungen zu anderen Menschen hat, warum man grausam ist? Warum ist der eigene Geist so beschränkt, warum ist man so neurotisch? Offensichtlich beschäftigt man sich nie mit den Fragen, die die eigene tägliche Existenz betreffen. Ich frage mich, warum das so ist. Wenn man eine authentische Frage stellt, die die eigene Existenz wirklich zutiefst berührt, hat sie viel mehr Vitalität. Also werde ich eine Frage stellen: Warum leben wir, jeder von uns, so, wie wir leben – nehmen Drogen und Tabletten, trinken, rauchen, jagen hinter Genüssen her und sind aggressiv? Warum sind wir so? Warum sind wir aggressiv? In der Gesellschaft, in der wir leben, ist Aggression einer der wichtigsten Faktoren, und natürlich Konkurrenz – die beiden gehen Hand in Hand. Bei den Tieren sehen wir Aggressionen zu bestimmten Jahreszeiten, während der Paarungszeit. Aber zu anderen Zeiten konkurrieren sie nicht. Ein Löwe tötet ein Zebra, andere Löwen bekommen ihren Teil ab. Aber in uns Menschen ist die Aggression anscheinend sehr tief verwurzelt.

Warum konkurrieren wir? Ist diese Gesellschaft, ist unsere Erziehung daran schuld? Schieben Sie die Schuld nicht auf die Gesellschaft, denn die Gesellschaft ist das, was wir aus ihr gemacht haben, und wenn man nicht konkurriert, nicht aggressiv ist, wird man in dieser Gesellschaft übergangen, missachtet.

Sind wir aggressiv, weil die individuelle Freiheit bei uns einen so hohen Stellenwert besitzt? Eine Freiheit, die besonders im Westen voraussetzt, dass man sich selbst unter allen Umständen verwirklichen muss, alles ausdrücken muss, was einem in den Sinn kommt? Es herrscht die Überzeugung vor, dass man alles, was man tun will, einfach tun soll, man braucht sich nicht zurückzuhalten, nicht zu reflektieren, es spielt keine Rolle: Wenn man einen Drang nach etwas verspürt, muss man es tun. Wir können sehen, was Aggression anrichtet. Man ist aggressiv, konkurriert um eine Arbeitsstelle, um dieses oder jenes. Die Menschen bekämpfen einander ständig physisch oder psychisch.

Das ist das Muster unseres Verhaltens, es ist Teil der gesellschaftlichen Erziehung. Und um dieses Muster zu durchbrechen, muss man angeblich den Willen einsetzen. Der Einsatz des Willens ist aber nur eine weitere Form von »Ich muss«, eine weitere Form von Aggression. Man ist aggressiv, dieses Muster wurde einem von Kindesbeinen an durch die Mutter, den Vater, die Schule, die Gesellschaft und all die anderen aggressiven Kinder, mit denen man zusammen war, aufgeprägt. Und das gefällt uns, es macht uns Spaß, wir akzeptieren es und werden ebenfalls aggressiv. Und dann, wenn man älter wird, weist einen jemand auf das Wesen der Aggression hin, zeigt auf, was sie in der Gesellschaft anrichtet, auf welche Weise Konkurrenz Menschen zerstört. Der Redner steht mit dieser Behauptung nicht allein; inzwischen behaupten das auch die Wissenschaftler – vielleicht wird man also die Aussagen der Wissenschaftler ernst nehmen. Diese Zusammenhänge werden einem ausführlich erläutert, die Gründe und Ursachen, die destruktive Auswirkung des Konkurrenzdenkens, des ständigen Konkurrenzkampfs. Ein menschlicher Geist, der nicht vergleicht, ist völlig anders, er ist viel lebendiger.

Das wird einem also alles klargemacht, und trotzdem ist man weiterhin aggressiv, man konkurriert, vergleicht sich weiterhin mit anderen, strebt ständig nach etwas Besserem, Größerem – nicht nach dem »Weniger«, immer nach dem »Mehr«. Dieses Muster ist also fest verankert, und der Geist ist darin gefangen. Man hört sich das an und sagt: »Ich muss da herauskommen, ich muss etwas dagegen tun«, aber das ist eine weitere Form der Aggression. Kann man also Einsicht in die Aggression haben? Ich meine damit nicht, dass man sich daran erinnert, was Aggression anrichtet – was ja bedeuten würde, dass man die Zusammenhänge untersucht, zu einer Schlussfolgerung gelangt und dann aufgrund dieser Schlussfolgerung handelt –, das ist nicht Einsicht. Hat man aber einen unmittelbaren Einblick in das Wesen der Aggression, dann hat man ihr ganzes Muster durchbrochen.

Was werden Sie also in Bezug auf Ihr Leben tun? Werden Sie weiterhin zu Gruppentreffen, Diskussionen mit Philosophen oder Psychologen gehen, die gerade modern sind? Man sagt nie: »Ja, so bin ich, ich will herausfinden, warum. Warum hat man Wunden, seelische Narben? Warum muss man damit leben?«

Aber jemand, der Krishnamurtis Vorträge seit über fünfzig

Jahren hört und all das auswendig weiß, braucht mich wirklich nicht zu zitieren. Zitieren Sie mich nicht; finden Sie es selbst heraus. Dann ist viel mehr Energie da, und Sie werden viel lebendiger.

Aus: Bulletin Nr. 40, 1981

Wille und Verlangen

Saanen, Schweiz, 23. Juli 1980

Fragesteller: *Wie kann man sich ohne Verlangen und Willen der Selbsterkenntnis nähern? Gehört nicht der dringende Wunsch, sich zu ändern, auch zu dem, was wir Verlangen nennen? Was ist der erste Schritt?*

Krishnamurti: Um diese Frage zu verstehen, und zwar nicht bloß oberflächlich, sondern in ihrer Tiefe, muss man das Wesen des Verlangens und des Willens verstehen, aber auch das Wesen der Selbsterkenntnis. Sie fragen: Wie kann die Selbsterkenntnis aufblühen, wenn man nicht den dringenden Wunsch danach hat, der ja mit Verlangen und Willen verbunden ist? Welche Beziehung besteht zwischen Verlangen und Willen? Wie entsteht Verlangen? Zuerst sind die Eindrücke da, die über die Augen und den Tastsinn aufgenommen werden, dann erschaffen die Gedanken aus diesen Eindrücken ein Bild, und der Wunsch ist geboren. Man kann das bei sich selbst überprüfen, wenn man ein Hemd oder ein Kleid in einem Schaufenster betrachtet. Man geht in das Geschäft, berührt den Stoff, und die sinnliche Empfindung wird wachgerufen. Dann sagt der Verstand: »Wie schön wäre es, dieses Kleid zu besitzen!« Der Verstand malt sich bildhaft aus, wie man das Kleid anzieht, und in diesem Augenblick entsteht das Verlangen. Das ist der Prozess: Wahrnehmung, Kontakt, Empfindung – ganz natürlich, gesund –, und dann ergreifen die Gedanken Besitz von der Empfindung, erschaffen ein Bild, und der Wunsch ist geboren. Im Willen summiert sich das Verlangen. Er stärkt den Wunsch, er ist der Drang, das Ziel zu erreichen, den Wunsch auszudrücken und das Gewünschte zu erwerben. Der Wille gibt dem Verlangen Kraft. Verlangen und Wille gehen also Hand in Hand. Nun fragen Sie: »Warum sollte man nach Selbsterkenntnis streben, wenn da kein Verlangen oder kein Wille ist?« Was ist Selbsterkenntnis? Das sollten wir zunächst einmal untersuchen. Die alten Griechen und die Hindus sprachen von Selbsterkenntnis. Was bedeutet es, sich selbst zu kennen? Kann man sich überhaupt jemals selbst kennen? Was *ist* dieses Selbst, das man anscheinend unbedingt kennen muss? Und was meinen wir mit dem Wort »kennen«? Ich kenne Gstaad [der Schweizer Ort in der Nähe von Saanen, wo Krishnamurti sich aufhielt], weil ich seit zweiundzwanzig Jahren hierher komme. Ich kenne Sie, weil ich Ihnen hier seit über zwanzig Jahren begegne. Wenn man sagt: »Ich kenne«, meint man damit nicht nur ein Wiedererkennen, sondern auch die Erinnerung an das Gesicht, an den Namen. Man assoziiert: Ich traf Sie gestern; ich erkenne Sie heute wieder. Das ist die Funktion des Gedächtnisses. Wenn man also sagt: »Ich kenne«, drückt sich die Vergangenheit in der Gegenwart aus. Man geht zur Schule, zur Universität und erwirbt eine Menge Wissen. Dann sagt man: »Ich bin Chemiker« oder Physiker oder dieses oder jenes. Wenn man also sagt, man müsse sich selbst kennen, stellt sich die Frage, ob man das Selbst neu kennen lernt oder ob man sich ihm auf der Grundlage des bereits erworbenen Wissens nähert.

Ich will mich selbst kennen. Vielleicht habe ich Psychologie studiert oder Psychotherapeuten konsultiert oder eine Menge gelesen. Nähere ich mich dem Selbst über dieses Wissen, versuche ich, es auf der Grundlage dieses Wissens zu verstehen? Oder nähere ich mich ihm ohne das angesammelte Wissen über mich selbst? Ist mir, wenn ich sage: »Ich muss mich selbst kennen lernen«, mein Selbst nicht bereits durch das in der Vergangenheit erworbene Wissen bekannt, welches nun bestimmt, auf welche Weise ich mich beobachte? Es ist sehr wichtig, das zu verstehen, wenn man diese Zusammenhänge wirklich sorgfältig untersuchen will. Man weiß also bereits etwas über sich selbst und benutzt dieses Wissen, um sich selbst zu verstehen, und das ist absurd. Kann man also all das, was man durch andere über sich selbst weiß – durch Freud, Jung, die modernen Psychologen –, beiseite schieben und sich selbst mit ganz neuen Augen betrachten?

Nun fragen Sie: Sind Verlangen und Wille notwendige Voraussetzungen für die Selbstbeobachtung? Schauen Sie, was geschieht. Man hat durch andere Wissen über sich selbst erworben, und dieses Wissen steht im Gegensatz zu dem, was man wirklich ist. Sehen Sie den Unterschied? Es besteht ein Widerspruch zwischen dem Wissen, das ich angesammelt habe, und dem, »was ist«. Und um diesen Widerspruch zu überwinden, setzt man den Willen ein. Vielleicht hat man einen Psychotherapeuten konsultiert, der gerade in Mode ist, und von ihm etwas über sich selbst erfahren. Dieses Wissen nimmt man dann mit nach Hause und entdeckt, dass es nicht mit dem, *was man ist*, übereinstimmt. Jetzt entsteht ein Konflikt: Ich muss das, was man mir über mich sagte, dem, »was ist«, anpassen. Um diesen Konflikt zu lösen, um die Anpassung vornehmen zu können, müssen Verlangen und Wille ins Spiel kommen. Sind Wille und Verlangen überhaupt notwendig? Werden sie nicht nur dann wachgerufen, wenn man sich einem Muster anpassen muss, einem »guten« Muster? Entsteht hier nicht erst der Konflikt, der Kampf um die Lösung, der Wunsch, die Dinge unter Kontrolle zu bringen?

Man sucht, man fragt und forscht selbst, und deshalb weist man alle Informationen zurück, die man von anderen über sich erhalten könnte. Wird man das tun? Nein, denn es ist ja so viel sicherer, Autoritäten zu akzeptieren. Dann fühlt man sich sicher.

Aber wie kann man, wenn man alle Autoritäten gänzlich zurückweist, das sich verändernde Selbst beobachten? Denn das Selbst ist nichts Statisches; es ist lebendig, ständig in Bewegung. Wie beobachtet man etwas, das ungeheuer aktiv ist, ständig getrieben, voller Wünsche, ehrgeiziger Ziele, Gier, Sentimentalität? Kann man die Aktivitäten des Selbst mit all seinen Wünschen und Ängsten beobachten, ohne auf das Wissen anderer oder das bei der Selbsterforschung angesammelte Wissen zurückzugreifen?

Eines der Merkmale des Selbst ist das Verlangen. Wenn man aber das Wort »Verlangen« gebraucht, hat man diese Reaktion oder diesen Reflex bereits mit einer Erfahrung assoziiert, die man früher mit dieser Reaktion gemacht hat. Man benutzt das Wort »Verlangen«, um diese Empfindung zu identifizieren, zu erkennen, und in dem Augenblick, in dem dieses Erkennen stattfindet, wird das, was wir Verlangen nennen, bereits gestärkt und wieder im Gedächtnis abgelegt. Kann man also diese Empfindung, diese Reaktion ohne dieses Wort anschauen, das heißt ohne das, was man bereits von früher darüber weiß? Kann man sich diese Reaktion ohne die geringste Spur des Wiedererkennens anschauen?

Kann man sich selbst beobachten, ohne dabei ein bestimmtes Ziel zu verfolgen, ohne zu vergleichen, und daher ohne Motiv? Das bedeutet, dass man sich jedes Mal ganz neu kennenlernt. Wenn man sehr ernsthaft bei der Sache ist, wird man feststellen, dass dies nicht allmählich geschieht, dass es kein schrittweiser Prozess ist, sondern dass man die Wahrheit unmittelbar sieht – die Wahrheit, dass man in dem Augenblick, in dem ein Wiedererkennen stattfindet, überhaupt nichts von sich weiß. Das erfordert große Achtsamkeit, aber die meisten von uns sind so träge, so bequem. Wir haben alle möglichen Vorstellungen darüber, was sein sollte oder nicht, und deshalb nähern wir uns unserem Selbst mit einer Menge Ballast und kennen uns deshalb niemals wirklich.

Um es anders auszudrücken: Wir sind wie der Rest der Menschheit, und die Menschheit überall auf der Welt leidet, lebt in großem Elend, in Unsicherheit und Schmerz. Auf der psychischen Ebene ist man also wie der Rest der Menschheit – man ist die Menschheit. So stellt sich die Frage: Kann der Inhalt des Bewusstseins, all das, was man über sich selbst gelernt hat – also das Bewusstsein der Menschheit –, weggewischt werden? Man ist so auf die Vorstellung konditioniert, dass man ein Individuum ist, welches sich psychisch von anderen unterscheidet – was nicht den Tatsachen entspricht –, dass man, wenn man sagt: »Ich muss mich selbst erkennen« in Wirklichkeit meint: »Ich muss meine kleine Gefängniszelle erkennen.« Und wenn man diese kleine Zelle untersucht, stellt man fest, dass da gar nichts ist. Aber in Wirklichkeit ist man die Menschheit, man ist der Rest der Menschheit. Erforscht man die enorme Komplexität des menschlichen Geistes, so liest man seine eigene Geschichte. Man ist Geschichte, und wenn man weiß, wie man dieses Buch lesen muss, beginnt man, etwas über das eigene Wesen herauszufinden, über das Wesen dieses Bewusstseins, das sich nicht vom Bewusstsein aller anderen Menschen unterscheidet.

Aus: Bulletin Nr. 40, Frühjahr und Sommer 1981

Wo kein Wissen erforderlich ist

Saanen, Schweiz, 29. Juli 1981

Fragesteller: *Wie kann man eine Trennungslinie ziehen zwischen dem Wissen, das man bewahren, und jenem, das man verwerfen muss? Wer trifft diese Entscheidung?*

Krishnamurti: Dieser Herr fragt, wo man die Trennungslinie ziehen soll zwischen dem Wissen, das man benötigt, um Ingenieur, Zimmermann oder Schlosser zu werden, und jenem persönlichen angesammelten Wissen, den persönlichen Verletzungen, dem persönlichen Ehrgeiz, also jenem Wissen, dessen Beibehaltung uns offensichtlich schadet. Wo zieht man also die Trennungslinie zwischen dem einen und dem anderen? Außerdem möchte der Fragesteller wissen, welche Instanz diese Entscheidung trifft.

Erkennen Sie in dieser Frage einen bedeutsamen Faktor – nämlich den, wie sehr wir alle von Entscheidungen abhängen? Ich entscheide mich, hierhin zu gehen, nicht dorthin. Worauf beruht diese Entscheidung? Schauen Sie sich das bitte genau an: auf dem Verlangen nach Vergnügen – meinen früheren Erfahrungen, meinem früheren Genuss oder früheren Schmerz, meinem Gedächtnis, das sagt: »Tu das nicht wieder« oder: »Tu es«. Das bedeutet, dass in jeder Entscheidung das Element »Wille« enthalten ist. Wille ist Verlangen in konzentrierter Form. Richtig? Verlangen, das sagt: »Ich muss das tun«, aber ich nenne es »Wille«. Da wir uns bereits eingehend mit dem Wesen des Verlangens beschäftigt haben, werde ich jetzt nicht näher darauf eingehen. Wir sagen, dass der Wille bei Entscheidungen eine wichtige Rolle spielt, in dieser Tradition sind wir erzogen. Wir stellen diese Tradition in Frage, weil der Wille, der ja im Grunde das Verlangen repräsentiert, ein trennender Faktor ist: der Wille, erfolgreich zu sein, der Wille, etwas zu tun, wogegen meine Frau etwas einzuwenden hat, oder das Ich und das Nicht-Ich und so weiter.

Ist es also – bitte hören Sie genau zu – überhaupt möglich zu leben, ohne dass dieser Wille in Aktion tritt? Ist ein Leben ohne Konflikte möglich? Denn Konflikte existieren ja offensichtlich, solange ich meinen Willen einsetze. Lassen Sie uns gemeinsam herausfinden, ob das möglich ist.

Dieser Herr fragte, wie man eine Trennungslinie zwischen dem Erwerb von notwendigem Wissen, beispielsweise beruflichem Wissen, und jener inneren Instanz ziehen könne, die die psychischen Erfahrungen wie Verletzungen, Beleidigungen, Schmeicheleien und so weiter aufzeichnet. Wie zieht man eine Trennungslinie zwischen diesen beiden Bereichen? Man zieht keine Trennungslinie. In dem Augenblick, in dem Sie die Linie ziehen, haben Sie eine Trennung bewirkt und damit einen Konflikt ausgelöst. Dann fragen Sie sich: »Wie kann ich vermeiden, diese Dinge im Gedächtnis zu speichern?« Wie kann ich vermeiden, die Beleidigung zu speichern, wenn ich persönlich beleidigt werde, oder die Schmeichelei, wenn man mir schmeichelt – es ist im Grunde das Gleiche, Schmeichelei und Beleidigung sind nur die zwei Seiten ein und derselben Medaille. Im Bereich des technologischen Wissens muss ich Informationen speichern, und wenn Sie mich beleidigen, speichert mein Gehirn das ebenfalls sofort. Aber warum sollte ich das speichern? Aus welchem Grund sollte ich diese Beleidigung Tag für Tag mit mir herumschleppen?

Auf der Basis dieser Beleidigung übe ich dann Vergeltung, wenn ich Ihnen das nächste Mal begegne.

Ist es also überhaupt möglich, psychische Erfahrungen *nicht* zu speichern? Verstehen Sie meine Frage? Meine Frau, falls ich eine habe, sagt etwas Hässliches zu mir, wenn ich abends müde von der Arbeit nach Hause komme, weil sie selbst einen anstrengenden Tag mit den Kindern hatte. Sie sagt also etwas Verletzendes, und sofort speichere ich diesen Vorfall, denn ich bin müde und will Ruhe und Frieden im Haus haben. Nun frage ich Sie: Ist es möglich, diesen Vorfall überhaupt nicht zu speichern? Andernfalls mache ich mir ein Bild von ihr, und sie macht sich ein Bild von mir, und dann findet die Beziehung zwischen den Bildern statt, und nicht mehr zwischen den Menschen. Ist es also möglich, das nicht zu speichern? Dieser Speichervorgang stärkt das psychische Zentrum, welches das »Ich« oder »Ego« verkörpert, er verleiht ihm Vitalität. Das ist ganz offensichtlich. Es ist nur dann möglich, einen solchen Vorfall nicht zu speichern, wenn man in dem Augenblick, in dem das Verletzende gesagt wird, vollkommen achtsam ist, denn – wie wir kürzlich in Bezug auf Meditation erklärten – es wird nichts gespeichert, wenn absolute Aufmerksamkeit herrscht.

Erkennen Sie also diese Wahrheit: dass Sie auf der einen Ebene Wissen benötigen und auf der anderen überhaupt nicht. Sehen Sie diese Wahrheit – sehen Sie, welche Freiheit sie Ihnen bringt. Das ist wahre Freiheit. Wenn Sie diese Wahrheit erkennen, ziehen Sie weder eine Trennungslinie, noch treffen Sie eine Entscheidung. Es wird nichts gespeichert.

Aus: Bulletin Nr. 45, 1983

Bitten Sie nicht um Hilfe

Saanen, Schweiz, 30. August 1981

Fragesteller: *Ich habe studiert, bin in Asien herumgereist und habe dort mit vielen Menschen gesprochen. Ich habe versucht, hinter die Fassaden der Religionen zu schauen, um mit etwas in Kontakt zu kommen, das ich in meinem Innersten spüre – obwohl ich eigentlich ein logisch denkender Mann bin –, etwas Tiefes und Heiliges. Und doch scheine ich mich ihm nicht nähern zu können. Können Sie mir helfen?*

Krishnamurti: Es kommt darauf an, mit wem Sie über diese Dinge gesprochen haben. Sollen wir uns diese Frage genauer anschauen?

Man fragt sich, warum Sie überhaupt nach Asien reisen – außer vielleicht, um dort Handel zu treiben. Aber vielleicht betreiben die Leute, die aufgrund ihrer religiösen Suche nach Asien gehen, ja tatsächlich eine Art Handel – du gibst mir etwas, und ich gebe dir etwas anderes dafür. Ist die Wahrheit dort und nicht hier? Muss man die Wahrheit durch andere Menschen finden, durch einen Guru, einen Propheten, einen Erlöser, ein System, einen Weg? Oder kennt die Wahrheit keinen Weg?

Es gibt eine wunderschöne indische Geschichte über einen Jungen, der sein Zuhause verlässt, um nach der Wahrheit zu suchen. Er sucht verschiedene Lehrer auf, nimmt endlose Fußmärsche durch verschiedene Landesteile auf sich, und jeder Lehrer, dem er begegnet, stellt bestimmte Behauptungen auf. Der Sucher meditiert, praktiziert vorgegebene Techniken, lernt, richtig zu atmen, fastet, lebt enthaltsam und so weiter. Nach vielen, vielen Jahren kehrt er zu seinem alten Haus zurück, und als er die Tür öffnet, ist sie da: Die Wahrheit ist einfach da. Verstehen Sie? Vielleicht wenden Sie ein: »Sie wäre nicht da gewesen, wenn er nicht zuvor überall im Land nach ihr gesucht hätte.« Das ist ein schlauer Einwand, aber Sie gehen an der Schönheit dieser Geschichte vorbei, wenn Sie nicht erkennen, dass man die Wahrheit nicht suchen muss. Die Wahrheit ist nicht etwas, das man erreichen, erfahren, festhalten muss. Sie ist für diejenigen da, die sie sehen können. Doch die meisten von uns suchen ohne Ende, springen von einer Mode zur nächsten, von einem Nervenkitzel zum nächsten, bringen Opfer – Sie kennen diese ganzen Absurditäten – und glauben, dass die Zeit uns helfen wird, der Wahrheit näher zu kommen. Die Zeit wird uns nicht helfen.

Das Problem ist also: Ich bin ein logisch denkender Mensch und fühle dennoch, dass es ein tiefes Mysterium gibt, aber ich kann es nicht fassen. Ich kann es verstehen, logisch betrachten, aber ich trage es nicht in meinem Herzen, in meinem Geist, es spiegelt sich nicht in meinen Augen, in meinem Lächeln. Der Fragesteller sagt: »Bitte helfen Sie mir.« Doch ich möchte an dieser Stelle betonen: Bitten Sie niemanden um Hilfe, denn das ganze Mysterium existiert in Ihnen – falls es ein Mysterium gibt. Alles, wofür der Mensch gekämpft hat, was er suchte, fand und als Illusion wieder verwarf, ist Teil Ihres Bewusstseins. Wenn Sie um Hilfe bitten – verzeihen Sie mir, wenn ich Sie respektvoll, nicht zynisch, darauf hinweise –, wenn Sie um Hilfe bitten, dann bitten Sie um etwas von außen, von einem anderen Menschen. Woher wissen Sie, dass der andere diese Wahrheit kennt? Solange Sie nicht selbst mit dieser Wahrheit in Kontakt sind, können Sie nicht wissen, ob der andere sie kennt oder nicht.

Als erstes möchte ich Ihnen also ans Herz legen – und ich sage das mit großer Zuneigung: Bitten Sie nicht um Hilfe. Wenn Sie das tun, werden die Priester, die Gurus, die »Dolmetscher Gottes« Sie mit ihren »Weisheiten« ersticken. Schauen Sie sich dagegen das Problem genau an, dann werden Sie erkennen: Seit Urzeiten sucht der Mensch nach etwas Heiligem, nach etwas, das weder durch die Zeit noch durch das Denken verfälscht ist. Er suchte danach, sehnte sich danach, brachte Opfer, quälte seinen Körper, fastete wochenlang, aber er fand es nicht. Und dann begegnet er jemandem, der zu ihm sagt: »Ich werde es dir zeigen, ich werde dir helfen.« Aber dann sind Sie verloren. Wenn Sie fragen, ob es ein tiefes Mysterium, etwas Heiliges gibt, existiert dieses Mysterium nur als Vorstellung, doch wenn Sie es enthüllen, ist es kein Mysterium mehr. Die Wahrheit ist kein Mysterium, sie ist etwas weit jenseits aller Vorstellungen, die wir uns von irgendeinem Mysterium machen.

Was kann man also tun? Ich bin ein Mensch, ich kann lachen, ich kann weinen, aber ich bin ein ernsthafter Mensch. Ich habe mir die verschiedenen Religionen von allen Seiten betrachtet; ich erkenne ihre Oberflächlichkeit und die Oberflächlichkeit der Gurus, der Prediger, der Kirchen, Tempel und Moscheen. Wenn ich die Oberflächlichkeit einer einzigen Religion gesehen habe, habe ich sie alle gesehen. Ich muss sie mir nicht alle einzeln anschauen. Was soll ich also tun? Kann man überhaupt etwas tun? Wer tut etwas? Und was wird getan? Bitte folgen Sie Schritt für Schritt, falls Sie daran interessiert sind. Können Sie Ihre ganze Oberflächlichkeit hinter sich lassen, die Girlanden, die Heiligenbildchen, all diesen Unsinn? Können Sie all das verwerfen und allein stehen? Denn man muss allein sein. Das Wort »allein« bedeutet »all eins«. Einsamkeit ist eine Sache, Alleinsein eine andere. Einsamkeit ist mit einem Gefühl des Mangels verbunden. Sie können im Wald spazieren gehen und allein sein, oder Sie können im Wald spazieren gehen und das Gefühl haben, dass Sie einsam sind. Dieses Gefühl unterscheidet sich absolut vom Gefühl des Alleinseins.

Was soll ich also tun? Ich habe meditiert, habe verschiedene Techniken praktiziert und erkenne ihre Oberflächlichkeit.

Ich möchte Ihnen eine Geschichte erzählen, falls Sie nichts dagegen haben. Wir sprachen in Bombay vor einer riesigen Menschenmenge, und am nächsten Tag kam ein Mann auf den Redner zu. Er war ein alter Mann mit weißem Haar, weißem Bart, und er erzählte mir folgende Geschichte: Er war einst ein hoher Richter an einem indischen Gericht gewesen, ein hochgeachteter Mann mit Familie, Kindern und so weiter. Aber eines Morgens sagte er zu sich selbst: »Ich richte über andere, über Kriminelle, Betrüger, Räuber, Erpresser, Geschäftsleute und Politiker, aber ich weiß nicht, was Wahrheit ist. Wie kann ich urteilen, wenn ich nicht weiß, was wahr ist?« Und so zog er sich aus seinem Beruf und von seiner Familie zurück und ging in die Wälder, um zu meditieren. Das hat in Indien eine lange Tradition; Männer, die der Welt entsagen, genießen in Indien bis heute hohes Ansehen; man versorgt sie mit Kleidung und Nahrung und behandelt sie mit Respekt. Diese Menschen gehören keiner organisierten mönchischen Gemeinschaft an, sie sind allein. Er zog sich also in die Wälder zurück und meditierte fünfundzwanzig Jahre lang. Und nun war er gekommen, nachdem er den Redner am Abend zuvor hatte sprechen hören, und sagte: »Ich bin gekommen, um Ihnen zu sagen, wie sehr ich mich selbst hypnotisiert hatte und welcher Selbsttäuschung ich dadurch erlegen war.« Ein Mensch, der fünfundzwanzig Jahre lang meditiert hat, bekennt, dass er sich selbst etwas vorgemacht hat – begreifen Sie, was das für ein Mensch ist, der so etwas zugeben kann?

Hier bin ich also, ein ernsthafter Mensch, habe ein gewisses Maß an Freiheit, folge niemandem – denn wenn Sie irgendjemandem folgen, ist es schon vorbei. Bitte verstehen Sie das. Wenn Sie irgendjemandem folgen, ist Ihnen der Zugang zu dem, was ewig ist, versperrt. Sie müssen sich selbst ein Licht sein. Ich erkenne das, also folge ich niemandem, klammere mich an kein System, kein Ritual, und trotzdem kann ich mich dem Ewigen nicht nähern. Ich spüre es nicht in meinem Atem, es spiegelt sich weder in meinen Augen, noch trage ich es in meinem Herzen. Was soll ich also tun?

Da stellt sich zunächst einmal die Frage, ob der Geist frei von jenem psychischen Zentrum sein kann, das wir »Ich« nennen. Verstehen Sie meine Frage? Kann mein Gehirn frei von mir selbst, dem Selbst, sein? Es spielt keine Rolle, ob es ein Superselbst oder ein höheres Selbst ist, es ist immer noch das Selbst. Um es ganz einfach auszudrücken: Kann man völlig frei von Egoismus sein? Das Ego-Zentrum ist sehr schlau – es kann sich vorgaukeln, es hätte jeglichen Egoismus hinter sich gelassen, jegliche Beschäftigung mit sich selbst, mit seiner eigenen Weiterentwicklung, und doch streckt es ganz subtil, tief im Verborgenen, einen Fangarm aus. Man muss also für sich selbst herausfinden, ob man vollkommen, absolut frei von jeglichem Egoismus sein kann, und mit Egoismus sind hier alle Aktivitäten gemeint, die um das eigene Selbst kreisen. Das ist Meditation: herauszufinden, wie man in dieser Welt leben kann, ohne egoistisch, selbstbezogen, egozentrisch zu sein. Wenn auch nur ein Schatten von Egoismus da ist, ist man verloren. Deshalb muss man jede Gedankenbewegung außerordentlich aufmerksam wahrnehmen.

Das ist ganz einfach, machen Sie es nicht kompliziert. In dem Augenblick, in dem Sie wütend sind, kennen Sie dieses Gefühl noch nicht einmal. Doch wenn Sie es untersuchen, können Sie das Aufsteigen der Wut beobachten, das Entstehen von Gier, Neid, Ehrgeiz, Aggression. Beobachten Sie das Gefühl, während es in Ihnen aufsteigt – nicht, wenn es bereits wieder vorüber ist –, verstehen Sie? Es steigt auf, Sie beobachten es, und es löst sich auf. Das Gehirn kann sich also der Entstehung eines Gedankens bewusst sein, und diese bewusste Wahrnehmung des aufsteigenden Gedankens ist Aufmerksamkeit. Ersticken Sie das Gefühl nicht, zerstören Sie es nicht, schieben Sie es nicht beiseite, sondern seien Sie sich des Gefühls bewusst. Kennen Sie nicht das Gefühl des Hungers, wenn es in Ihnen aufsteigt, oder ein sexuelles Gefühl? Natürlich kennen Sie das. Seien Sie sich des in Ihnen aufsteigenden Gefühls also völlig bewusst, und in diesem Gewahrsein, diesem aufmerksamen Wahrnehmen des »Ich« löst sich Ihr Verlangen, Ihr egoistisches Streben auf. Diese Achtsamkeit ist absolut notwendig, damit auch nicht ein Schatten des »Ich« zurückbleibt, denn dieses »Ich« ist abgespalten. Wir haben über all diese Dinge bereits gesprochen. Das ist also das erste, was Sie verstehen müssen: Sie müssen nicht lernen, den Körper zu kontrollieren, auf besondere Weise zu atmen oder Yoga-Stellungen einzunehmen, vergessen Sie all das. Dann funktioniert Ihr Gehirn nicht partiell, sondern ganzheitlich.

Kürzlich haben wir darauf hingewiesen, dass wir nicht mit all unseren Sinnen, sondern nur partiell funktionieren. Diese partielle Aktivität, diese Beschränktheit stärkt natürlich das Selbst. Ich werde das nicht im Einzelnen ausführen, Sie können das selbst herausfinden. Wenn Sie den Berg, die Bäume, den Fluss, den blauen Himmel oder den Menschen, den Sie lieben, mit allen Sinnen wahrnehmen, existiert kein Selbst. Da ist kein »Ich«, welches all das fühlt, und das bedeutet, dass mein Gehirn nicht auf meine Rolle als Zahnarzt oder Lehrer oder Arbeiter oder Astronom beschränkt ist, sondern als Ganzes funktioniert. Das kann aber nur geschehen, wenn der Geist absolut still ist, so dass kein Schatten des Selbst übrig bleibt, absolut still – nicht »leer«, denn dieses Wort vermittelt eine falsche Bedeutung. Die Gehirne der meisten Menschen sind sowieso leer. Aber nur ein Geist, der nicht ständig mit irgendetwas beschäftigt ist (einschließlich Gott), ist still und absolut lebendig. Nur dann können Liebe und Mitgefühl aufblühen, und das ist Intelligenz.

Aus: Bulletin Nr. 47, 1984

Das Ziel der Krishnamurti-Schulen

Brockwood Park, England, 1. September 1981

Fragesteller: *Sie haben oft gesagt, dass uns niemand den Weg zur Wahrheit zeigen kann. Doch Ihre Schulen sollen den Schülern angeblich helfen, sich selbst zu verstehen. Liegt darin nicht ein Widerspruch? Wird dadurch nicht eine elitäre Atmosphäre erzeugt?*

Krishnamurti: Der Redner hat gesagt, dass es keinen Weg zur Wahrheit gibt und dass kein Mensch einem anderen sagen kann, was Wahrheit ist. Er hat das im Laufe der vergangenen sechzig Jahre sehr oft wiederholt. Und der Redner hat mit Hilfe anderer Menschen in Indien, hier und in Amerika Schulen gegründet. Der Fragesteller fragt: Widersprechen Sie sich nicht selbst, wenn die Lehrer und Schüler in Ihren Schulen versuchen, ihre eigene Konditionierung zu verstehen, wenn die Schüler nicht nur akademisch ausgebildet werden, sondern außerdem lernen sollen, ihre Konditionierung, ihr ganzes Wesen, ihre ganze Psyche zu verstehen? Man sieht hierin überhaupt keinen Widerspruch.

Schon in der Antike waren Schulen in Griechenland und auch in Indien Orte, an denen man etwas lernen konnte. Wo Raum zum Lernen war, wo man Zeit zum Lernen hatte. Bitte folgen Sie mir. Sie können nicht lernen, wenn Sie keine Zeit und keinen Raum dafür haben – das heißt, Zeit für sich selbst, Zeit, anderen zuzuhören, Zeit, zu forschen. Ein solcher Ort ist eine Schule. In unseren modernen Schulen überall auf der Welt wird heutzutage hauptsächlich eine bestimmte Gehirnregion angesprochen und trainiert, nämlich die, die für den Erwerb von Wissen, technischem Wissen, naturwissenschaftlichem Wissen, zuständig ist. In diesen Schulen geht es ausschließlich um die Kultivierung eines bestimmten Teils des Gehirns, das eine Menge äußeres Wissen speichert. Dieses Wissen kann konstruktiv genutzt werden, beispielsweise zum Verdienen des Lebensunterhalts, es kann aber auch destruktiv eingesetzt werden, das hängt von dem jeweiligen Menschen ab. Solche Schulen existieren seit Tausenden von Jahren. In unseren Schulen versuchen wir etwas ganz anderes. Wir bilden die Schüler und Schülerinnen nicht nur akademisch aus, sondern versuchen, in ihnen ein Verständnis für die gesamte psychologische Struktur des Menschen zu wecken, wir ermutigen sie, diese Bereiche zu erforschen. Natürlich sind die Schüler bereits konditioniert, wenn sie zu uns kommen, und damit beginnen schon die Schwierigkeiten. Man muss ihnen nicht nur dabei helfen, sich allgemein zu dekonditionieren, sondern auch dabei, die Dinge auf einer viel tieferen Ebene zu erforschen. Das ist der Anspruch der Schulen, mit denen wir in Verbindung stehen. Ob es diesen Schulen gelingt, ihrem Anspruch gerecht zu werden oder nicht, ist eine andere Frage. Aber auch wenn es eine schwierige Aufgabe ist, muss man es versuchen, man darf nicht immer nur den einfachsten Weg wählen. Es ist eine schwierige Sache, aber unsere Schulen bringen keine Elite hervor. Außerdem – was ist verkehrt an einer Elite? Wollen Sie, dass alles und alle auf das gleiche Niveau heruntergezogen werden? Das ist eines der Probleme mit der sogenannten Demokratie.

Soweit ich sehe, herrscht hier kein Widerspruch. Ein Widerspruch existiert nur dann, wenn Sie einmal dies erklären, und ein andermal das Gegenteil davon. Aber wir sagen hier nichts anderes, als dass niemand Sie zur Wahrheit, zur Erleuchtung, zur richtigen Art der Meditation, zum richtigen Verhalten führen kann. Niemand kann das, weil jeder von uns für sich selbst verantwortlich und von niemandem abhängig ist. In diesen Schulen versuchen wir, einen ganzheitlich funktionierenden Geist zu kultivieren. Die Schüler erwerben das Wissen, das sie in der Welt brauchen, aber gleichzeitig wird auch die menschliche Psyche nicht vernachlässigt, weil dieser Aspekt viel wichtiger ist als eine akademische Karriere. Natürlich ist eine bestimmte Art von Ausbildung notwendig, die die Schüler später in die Lage versetzt, in unserer heutigen Welt, unserer gegenwärtigen Zivilisation, ihren Lebensunterhalt zu verdienen, aber die meisten Schulen im Osten und im Westen vernachlässigen die andere Seite, die viel tiefer gehend und umfassender ist. In unseren Schulen versuchen wir, beiden Seiten gerecht zu werden, und das tun andere Schulen nicht. Vielleicht haben wir Erfolg; wir hoffen es, aber wir können auch scheitern. Wir versuchen es. Darin liegt kein Widerspruch.

Aus: Bulletin Nr. 46, 1984

Sich gegen die Gesellschaft stellen

Madras, Indien, 1981

Fragesteller: *Bei Ihrem ersten Vortrag sagten Sie, man solle sich gegen die korrupte und unmoralische Gesellschaft stellen, wie ein Felsen, der mitten im Fluss aus dem Wasser ragt. Ich finde das verwirrend, denn der Felsen ist für mich gleichbedeutend mit einem Außenseiter, und ein solcher Außenseiter hat es in seinem Leben überhaupt nicht nötig, sich gegen irgendetwas oder irgendjemanden zu stellen. Ihre Antwort ist sehr wichtig für mich.*

Krishnamurti: Zunächst einmal: Sind wir uns im Klaren darüber, auf welcher Ebene, in welchem Sinne wir das Wort »Korruption« benutzen? Was bedeutet es? Es gibt Korruption auf der physischen Ebene – die Verschmutzung der Luft in den Großstädten, Menschen zerstören die Ozeane, haben bisher über fünfzig Millionen Wale getötet, töten Robbenbabys. Dann gibt es Korruption auf der politischen Ebene, auf der religiösen Ebene und so weiter. Wenn man in der Welt herumreist, beobachtet, mit vielen Menschen spricht, sieht man überall Korruption, und unglücklicherweise ganz besonders in diesem Teil der Welt – man muss Geld über den Tisch schieben; wenn man eine Fahrkarte kaufen will, muss man Bestechungsgeld zahlen. Das Wort »korrupt« bedeutet »verdorben«, »vernichtet«. Aber grundsätzlich findet die überall anzutreffende Korruption im Kopf und im Herzen statt. Wir müssen uns also darüber im Klaren sein, ob wir über finanzielle, bürokratische und politische Korruption sprechen oder über die Korruption innerhalb der religiösen Welt mit ihrem ganzen Aberglauben und ihren leeren Ritualen. Ist das nicht Korruption? Sind nicht Ideale eine Form von Korruption? Vielleicht ist Ihr Ideal beispielsweise die Gewaltlosigkeit. Weil Sie aggressiv sind, ist Gewaltlosigkeit Ihr Ideal, doch um Ihr Ideal zu verwirklichen, setzen Sie Gewalt ein. Ist das keine Korruption des Geistes, wenn man außer Acht lässt, mit welchen Mitteln die Gewalt beendet werden soll? Und ist es keine Korruption, wenn überhaupt keine Liebe da ist, nur die Jagd nach Genuss und Vergnügen, die Leid erzeugt? Überall auf der Welt ist das Wort »Liebe« schwer vorbelastet und wird mit Lust, Angst, Anspannung, Eifersucht, Abhängigkeit und Bindung assoziiert. Ist das keine Korruption? Ist nicht Bindung an sich Korruption? Wenn man an ein Ideal oder ein Haus oder eine Person gebunden ist, sind die Folgen offensichtlich: Eifersucht, Angst, Besitzdenken – all das und mehr. Muss man nicht erkennen, dass Bindung Korruption ist, wenn man das einmal genauer untersucht? Bei Ihrer Frage in Bezug auf den Felsen, der mitten im Fluss aus dem Wasser ragt, sollten Sie das Bild nicht überstrapazieren. Es beschreibt die Situation, aber wenn Sie das Bild zu wichtig nehmen, verlieren Sie die Bedeutung dessen, was wirklich vor sich geht, aus den Augen.

Die Gesellschaft, in der wir leben, basiert natürlich im Wesentlichen auf zwischenmenschlichen Beziehungen. Wenn in diesen Beziehungen keine Liebe existiert, wenn gegenseitige Ausbeutung die Norm ist, wenn die Menschen sich gegenseitig benutzen, um ihre Bedürfnisse zu befriedigen, so muss das unweigerlich zu Korruption führen. Was werden Sie also dagegen tun? Dies ist eine wunderbare Welt – sehen Sie die Schönheit der Welt, der Erde, eines Baumes –, und wir zerstören sie, so wie wir uns selbst zerstören. Wie werden Sie also als Mensch auf dieser Erde leben, handeln? Werden wir, jeder Einzelne von uns, darauf achten, dass wir nicht korrupt sind? Wenn unsere Beziehungen destruktiv sind, ein ständiger Kampf voller Schmerzen und Verzweiflung, dann werden wir unweigerlich eine Umwelt schaffen, die widerspiegelt, was wir sind. Was werden wir also tun – jeder von uns? Ist diese Korruption, dieser Mangel an Integrität eine Abstraktion, eine Vorstellung, oder ist sie eine Realität, die wir ändern wollen? Es liegt bei Ihnen.

Fragesteller: *Gibt es so etwas wie Transformation? Was bedeutet es, transformiert zu sein?*

Krishnamurti: Wenn Sie achtsam sind, wenn Sie den Schmutz auf der Straße sehen, wenn Sie sehen, wie die Politiker sich verhalten, wenn Sie sich Ihr eigenes Verhalten gegenüber Ihrer Frau, Ihren Kindern anschauen, geschieht Transformation. Verstehen Sie? Transformation bedeutet, eine gewisse Ordnung ins tägliche Leben zu bringen; Transformation ist nichts Außergewöhnliches, nichts Überirdisches. Wenn man nicht klar denkt, nicht objektiv ist, sich irrational verhält, sollte man sich dessen bewusst sein und es ändern, das Muster durchbrechen. Wenn Sie eifersüchtig sind, beobachten Sie es. Geben Sie der Eifersucht keine Zeit, sich zu entfalten, ändern Sie es sofort. Das ist Transformation. Erkennen Sie, wie ungeheuer sinnlos es ist, wenn Sie gierig, gewalttätig, ehrgeizig sind oder versuchen, ein Heiliger zu werden. Ich weiß nicht, ob Sie sich dessen bewusst sind. Konkurrenzdenken zerstört die Welt. Die Welt wird zunehmend von Konkurrenzdenken beherrscht, wird immer aggressiver, und wenn Sie das unmittelbar in sich selbst ändern, so ist das Transformation. Wenn Sie tiefer in dieses Problem eindringen, wird Ihnen klar, dass das Denken die Liebe verleugnet. Deshalb muss man herausfinden, ob das Denken zum Stillstand kommen kann, ob die Zeit zum Stillstand kommen kann, aber man muss nicht darüber philosophieren oder diskutieren, man muss es herausfinden. Das ist echte Transformation, und wenn Sie sehr tief hineingehen, bedeutet Transformation, dass nicht der geringste Gedanke an ein Ziel oder an einen Vergleich existiert; es bedeutet, dass man absolut nichts ist.

Fragesteller: *Ich denke, die Heiligen schufen Idole und erfanden Geschichten, um die Menschen zu lehren, ein gutes und anständiges Leben zu führen. Wie können Sie all das Unsinn nennen?*

Krishnamurti: Ist es überhaupt nötig, diese Frage zu beantworten? Zunächst einmal: Wer ist ein Heiliger? Der Mensch, der danach strebt, etwas zu werden? Der Mann, der der Welt entsagt? Der gibt die Welt nicht auf, denn er *ist* ja die Welt. Vielleicht ist er wütend und hält seine Wut in Schach, aber innerlich kocht er; vielleicht quält er sich selbst, vielleicht ist er ein bisschen neurotisch, aber bald werden die Leute anfangen, ihn anzubeten.

Einmal kam in Benares ein Sannyasin im Mönchsgewand daher, setzte sich unter einen Baum, hielt irgendeinen Stock in der Hand und begann herumzuschreien. Vier oder fünf Tage lang nahm niemand von ihm Notiz. Der Redner beobachtete all das in Rajghat von seinem Fenster aus. Irgendwann kam eine alte Dame vorüber und schenkte dem Sannyasin eine Blume. Ein paar Tage später hatte sich ein halbes Dutzend Leute um ihn versammelt. Jetzt hatte er eine Blumengirlande umgehängt. Und nach vierzehn Tagen war er zum Heiligen geworden. Ich weiß nicht, ob Ihnen das klar ist. Im Westen wird ein Mann, der ein bisschen spinnt, in die Psychiatrie geschickt. Hier wird er zum Heiligen. Ich bin nicht zynisch, nicht ausfallend, aber genau das geschieht doch. Ein Sannyasin ist nicht länger ein Sannyasin, er folgt einfach nur einer Tradition. Und haben all die Heiligen vielleicht eine bessere Welt geschaffen, eine harmonische Gesellschaft, haben sie mit ihren Geschichten, Idolen und Idealen erreicht, dass die

Menschheit gut geworden ist? Sie sind das Ergebnis all dieser Bemühungen. Sind wir gute Menschen, gut in dem Sinne, dass wir heil und ganz sind, innerlich nicht gespalten sind? Ich meine nicht anständiges Verhalten, Freundlichkeit, das ist nur ein Teil davon. Gut zu sein bedeutet, ein ganzes, innerlich nicht zerrissenes, harmonisches menschliches Wesen zu sein. Sind wir das, nach Tausenden von Jahren mit Heiligen und Upanishaden und Gitas? Oder sind wir einfach wie alle anderen? Wir sind die Menschheit. Gut zu sein heißt, niemandem zu folgen. Gut zu sein heißt, das Leben in seiner Ganzheit zu verstehen.

Fragesteller: *Sie behaupten, dass ein Individuum, das sich ändert, die ganze Welt transformieren kann. Darf ich einwenden, dass trotz Ihrer Aufrichtigkeit und Liebe, trotz Ihrer wahren Äußerungen und dieser Kraft, die man nicht beschreiben kann, die Welt immer schlechter geworden ist? Gibt es so etwas wie Bestimmung?*

Krishnamurti: Was ist die Welt? Was ist das Individuum? Was haben Individuen auf dieser Erde getan, das die Welt beeinflusst hat? Hitler hat die Welt beeinflusst, Mao Tse Tung hat die Welt beeinflusst, Stalin hat die Welt beeinflusst und Lenin und all die anderen Kriegstreiber ebenfalls. Das ist offensichtlich. Die Geschichte des Menschen ist von Kriegen geprägt. Die geschichtlichen Aufzeichnungen der vergangenen fünftausend Jahre zeigen, dass Jahr für Jahr in irgendeinem Teil der Welt eine kriegerische Auseinandersetzung stattfand. Das hat Millionen von Menschen beeinflusst. Aber auch das Gute hat die Welt beeinflusst. Auf der einen Seite haben Sie Buddha, auch er hat den menschlichen Geist, das menschliche Denken überall im Osten beeinflusst. Wenn wir also über individuelle Veränderung sprechen und uns fragen, ob diese eine Transformation innerhalb der Gesellschaft bewirkt, dann halte ich das für die falsche Frage. Geht es uns wirklich um die Transformation der Gesellschaft – dieser korrupten, unmoralischen, auf Konkurrenz und Rücksichtslosigkeit basierenden Gesellschaft? Das ist die Gesellschaft, in der wir leben. Sind Sie wirklich zutiefst daran interessiert, das zu ändern – sogar als einzelner Mensch? Wenn ja, müssen Sie sich zunächst mit der Frage beschäftigen, was die Gesellschaft ist. Ist die Gesellschaft ein Wort, eine Abstraktion oder eine Realität? Ist sie eine Realität, oder ist sie eine Abstraktion zwischenmenschlicher Beziehungen? Die Gesellschaft besteht aus zwischenmenschlichen Beziehungen. Können Sie diese Beziehungen mit all ihren Verstrickungen, ihren Bedingungen, dem ganzen Hass – können Sie diese Beziehungen verändern? Ja, das können Sie. Sie können aufhören, grausam zu sein. So wie Ihre Beziehungen sind, so ist Ihr Umfeld. Sind Sie in Ihren Beziehungen besitzergreifend und egoistisch, dann schaffen Sie eine Atmosphäre um sich herum, die ebenso destruktiv ist. Sie sind das Individuum, und Sie sind auch der Rest der Menschheit. Ich weiß nicht, ob Ihnen das klar ist.

Fragesteller: *Manchmal sprechen Sie vom Geist, manchmal vom Gehirn. Besteht da ein Unterschied? Wenn ja, was ist der Geist?*

Krishnamurti: Ich fürchte, das ist ein Versprecher. Ich spreche nur vom Gehirn. Der Fragesteller möchte wissen, was der Geist ist. Unterscheidet sich der Geist vom Gehirn? Ist der Geist etwas, das vom Gehirn nicht berührt wird? Ist der Geist nicht das Produkt der Zeit? Um zu verstehen, was der Geist ist, müssen wir uns zunächst einmal ganz klar darüber werden, wie unser Gehirn funktioniert – aber nicht im Sinne der Gehirnspezialisten, der Neurologen, der Leute, die eine Menge Ratten- und Meerschweinchengehirne untersucht haben. Wir studieren – jeder Einzelne von uns – die Beschaffenheit unseres eigenen Gehirns: wie wir denken, was wir denken, wie wir handeln, wie wir uns verhalten, wie wir spontan auf Situationen reagieren. Sind wir uns dessen bewusst? Sind wir uns bewusst, dass unser Denken in einer engen Schablone verläuft, dass es sich mechanisch entlang bestimmter vorgegebener Muster bewegt, dass unsere Ausbildung uns darauf konditioniert, auf irgendeine Karriere hinzuarbeiten? Heutzutage behaupten die Wissenschaftler, das Denken sei die Essenz des Gehirns, das heißt, Erfahrung, Wissen, Erinnerung, Aktivität. Sie kommen tatsächlich zu diesem Schluss! Wir haben unaufhörlich darauf hingewiesen, dass das Denken ein materieller Prozess ist. Mit dem Denken hat es nichts Besonderes auf sich, es ist nichts Heiliges; und was auch immer die Gedanken hervorbringen – ob es sich nun um mechanische oder idealistische Gedanken oder um Zukunftsprojektionen in der Hoffnung auf Glück und Frieden handelt –, es bleibt im Bereich des Denkens. Sind wir uns dessen bewusst, ist uns klar, dass es sich um einen rein materiellen Prozess handelt, wenn wir in einen Tempel gehen? Vielleicht hören Sie das nicht gern, aber es ist eine Tatsache. Die Architektur des Tempels, der Moschee, der Kirche und alles, was sich innerhalb dieser Gebäude befindet und abspielt, ist ein Produkt der Gedanken. Sind wir uns dessen wirklich bewusst und bewegen uns deshalb in eine völlig andere Richtung?

Wenn Sie Traditionen einfach übernehmen, wird der Geist äußerst abgestumpft, stupide, da können Sie so oft in der Gita lesen, wie Sie wollen. Sie halten an Traditionen fest, und das ist im Westen nicht anders als im Osten. Können Sie all das loslassen, können Sie sich innerlich davon freimachen, oder sind Sie zu abgestumpft, zu sehr an die Verwirrung, an das Elend gewöhnt? Wir müssen also die Aktivität unseres Gehirns klar verstehen, das heißt, die Aktivität unseres Bewusstseins, die die Beschaffenheit unserer psychischen Welt bestimmt. Das Gehirn, das Bewusstsein und unsere psychische Welt sind eins. Würden Sie das in Frage stellen? Sie haben wahrscheinlich noch nicht einmal darüber nachgedacht. Es ist sehr wichtig, zu verstehen, was der Geist ist, und die Gedankenaktivitäten zu verstehen, die den Inhalt unseres Bewusstseins und die psychische Welt, in der wir leben, erschaffen haben. Er ist Teil unserer Gedankenwelt – jener Struktur, die das Denken im Menschen errichtet hat, das »Ich« und das »Nicht-Ich«, die Trennung zwischen »uns« und »ihnen«, die Auseinandersetzungen und Kämpfe zwischen den Menschen. Und das Gehirn hat sich im Laufe der Zeit weiterentwickelt, hat innerhalb von Millionen von Jahren Wissen, Erfahrungen, Erinnerungen und so weiter angesammelt. Es ist ein Produkt der Zeit. Das ist keine Frage. Aber ist Liebe, ist mitfühlende Liebe mit ihrer Intelligenz ein Produkt des Denkens? Verstehen Sie meine Frage? Können Sie Liebe kultivieren?

Fragesteller: *Ich erlerne den Beruf des Wirtschaftsprüfers. Obwohl ich jedes einzelne Wort verstehe, das J. K. sagt, bleibt die Botschaft für mich verschwommen. Was soll ich tun, um seine Botschaft ganz zu verstehen?*

Krishnamurti: Sie sollen seine Botschaft überhaupt nicht verstehen! Er überbringt keine Botschaft. Er weist Sie auf Ihr Leben hin, nicht seines; er bringt keine Botschaft. Er weist Sie darauf hin, wie Sie leben, woraus Ihr tägliches Leben besteht, und das wollen Sie nicht sehen. Wir schauen uns nicht gern unser Leid an, unsere Qualen, unsere Angst, unsere Einsamkeit, unsere Depressionen, unseren Wunsch, etwas zu erreichen, jemand zu werden. Wir sind nicht bereit, uns damit zu konfrontieren, und wollen von jemandem geführt werden, auch vom Redner, wollen die Botschaft der Gita oder irgendwelcher anderer unsinniger Schriften verstehen. Der Redner betont immer wieder, dass er ein Spiegel ist, in dem Sie sich selbst sehen können. Und um sich genau sehen zu können, müssen Sie sehr aufmerksam sein. Sie müssen genau zuhören, falls Sie daran interessiert sind; Sie müssen die Kunst des Hörens, des Lernens, des Sehens erlernen. Alles liegt vor Ihnen wie ein offenes Buch, und dieses Buch sind Sie selbst. Sie sind das Buch der Menschheit. Bitte erkennen Sie diese Wahrheit. Sie sind nicht bereit, dieses Buch zu lesen. Sie wollen, dass jemand anders Ihnen etwas über das Buch erzählt oder Ihnen hilft, den Text zu analysieren und zu verstehen. Also erfinden Sie einen Priester, einen Guru, einen Yogi, einen Sannyasin, der Ihnen alles darüber erzählen wird, und so können Sie vor sich selbst davonlaufen. Können Sie dieses uralte Buch lesen, in dem die gesamte Geschichte der Menschheit aufgezeichnet ist – der Menschheit, die Sie sind? Können Sie dieses Buch sorgfältig lesen, Wort für Wort, ohne das Gelesene zu verfälschen, ohne das eine oder andere Kapitel zu überspringen, ohne nur einen bestimmten Satz herauszugreifen und darüber zu meditieren? Können Sie das ganze Buch lesen? Entweder Sie lesen das ganze Buch, Kapitel für Kapitel, Seite für Seite, was allerdings sehr viel Zeit erfordert, Ihr gesamtes Leben – oder gibt es vielleicht eine Möglichkeit, das ganze Buch auf einen Blick zu lesen? Verstehen Sie meine Frage? Wie kann man dieses Buch lesen, das das »Ich« und das »Du« repräsentiert, das die ganze Menschheit mit ihrem Elend, ihrem Leiden, ihrer Verwirrung, ihrem Mangel an Integrität repräsentiert? Wie können Sie es auf einen Blick lesen, ohne Monat um Monat, Jahr um Jahr damit zuzubringen? Dieses Buch sind Sie, und wenn Sie Zeit brauchen, um es zu lesen, wird die Zeit es zerstören, die Zeit selbst wird das Buch zerstören, weil unser Gehirn innerhalb der Grenzen der Zeit funktioniert. Man muss also fähig sein zu hören, was das Buch, das ganze Buch, einem sagt, man muss fähig sein, klar zu sehen, und das bedeutet, dass das Gehirn so wach, so ungeheuer aktiv ist, dass es als Ganzes funktioniert. Können Sie sich selbst in diesem Spiegel, in diesem Buch, das Sie sind, unmittelbar und vollständig erkennen? Dann werden Sie erkennen, dass das Buch nichts ist. Ich frage mich, ob Sie das verstehen. Vielleicht lesen Sie das Buch von der ersten bis zur letzten Seite und finden heraus, dass überhaupt nichts darin steht. Verstehen Sie, was ich sage? Das soll heißen: Seien Sie nichts, streben Sie nach nichts. Dieses Buch enthält die Geschichte des Strebens, des Werdens. Was sind Sie also, wenn Sie sich selbst genau betrachten? Eine physische Erscheinung –

klein, groß, mit oder ohne Bart, ein Mann oder eine Frau, gebildet, kompetent, den trivialen Dingen zugewandt. Es geht um nichts anderes als darum, etwas zu werden, nicht wahr? Was zu werden – ein Geschäftsführer, der mehr Geld verdient, oder ein Heiliger? Ein Mann, der versucht, ein Heiliger zu werden, hat nichts mit einem Heiligen zu tun; er ist einfach nur in der Falle der Tradition gefangen. Sie können also einen Blick auf das Buch werfen und sehen, dass es absolut nichts ist, und Sie können in dieser Welt leben und nichts sein. Verstehen Sie das? Nein, Sie verstehen es nicht. Meine Damen und Herren, Sie hören all das, und falls Sie vorhaben, mit dem Redner zu reisen, werden Sie es bei jedem Vortrag in anderen Worten, anderen Zusammenhängen, anderen Sätzen hören, aber in sich selbst ein vollkommenes Verstehen wachzurufen ist wichtiger als alles andere im Leben, denn wir zerstören die Welt, wir empfinden keine Liebe, keine Fürsorge. Der Redner hat also keine Botschaft für Sie – Sie sind die Botschaft. Der Redner weist Sie nur auf etwas hin.

Aus: Bulletin Nr. 42, 1982

Wie soll man dem Leben begegnen?

Brockwood Park, England, 3. September 1981

Fragesteller: *Wir leben in Angst vor einem Krieg, haben Angst, unseren Arbeitsplatz zu verlieren, sofern wir einen haben, fürchten uns vor Terroristen, vor der Gewalt unserer Kinder und davor, unfähigen Politikern auf Gedeih und Verderb ausgeliefert zu sein. Wie kann man dem Leben, so wie es heute ist, begegnen?*

Krishnamurti: Wie Sie ihm begegnen können? Man muss davon ausgehen, dass die Welt immer gewalttätiger wird – das ist offensichtlich. Auch die Kriegsgefahr ist offensichtlich sowie das seltsame Phänomen, dass unsere Kinder gewalttätig werden. Ich erinnere mich an eine Mutter, die mich vor einiger Zeit in Indien aufsuchte. In der indischen Tradition sind Mütter hoch geachtet, und diese Mutter war entsetzt; sie erzählte, ihre Kinder hätten sie geschlagen – das ist in Indien fast unvorstellbar. Diese Gewalttätigkeit verbreitet sich also in der ganzen Welt. Und viele Menschen haben Angst, ihre Arbeit zu verlieren, wie der Fragesteller sagt. In Anbetracht all dessen, im Wissen um all diese Dinge fragen Sie sich, wie Sie das Leben bewältigen können.

Ich weiß es nicht. Ich weiß, wie ich das Leben bewältigen kann, aber ich weiß nicht, wie Sie es bewältigen werden. Zunächst einmal – was ist Leben, was ist das, was wir Existenz nennen, mit all dem Schmerz, der Überbevölkerung, den unfähigen Politikern, all den Betrügereien, der Unehrlichkeit, der überall in der Welt existierenden Korruption? Wie bewältigt man es? Man muss auf jeden Fall zunächst einmal untersuchen, was es bedeutet, zu leben. Was bedeutet es, in dieser Welt, so wie sie jetzt ist, zu leben? Wie leben wir unser tägliches Leben – ich meine wirklich, nicht theoretisch, nicht philosophisch oder idealistisch, sondern wirklich –, wie leben wir unser tägliches Leben? Wenn wir das untersuchen oder uns dessen wirklich bewusst sind, ist es ein ständiger Kampf, eine endlose Reihe von Anstrengungen. Schon das morgendliche Aufstehen ist eine Anstrengung. Was sollen wir tun? Wir können dem nicht entfliehen. Ich kannte mehrere Leute, die behaupteten, es sei unmöglich, in dieser Welt zu leben. Sie zogen sich in irgendwelche Höhlen im Himalaja zurück und verschwanden von der Bildfläche. Aber das ist nur eine Vermeidung, eine Flucht vor der Realität, genauso wie das Sich-Verlieren in einer Kommune, bei irgendeinem Guru, der riesige Ländereien besitzt. Diese Leute lösen ganz offensichtlich weder die Probleme des täglichen Lebens, noch beschäftigen sie sich mit der Veränderung der Gesellschaft, der psychischen Transformation einer Gesellschaft. Sie flüchten einfach. Und wir, die wir nicht flüchten und Tag für Tag in dieser Welt leben – was sollen wir tun? Können wir unser Leben ändern? Können wir völlig konfliktfrei leben, denn Konflikte haben ja auch etwas mit Gewalt zu tun? Ist das möglich? Dieses ständige Ringen darum, jemand zu sein oder zu werden, ist die Basis unseres Lebens, es ist ein unaufhörlicher Kampf. Können wir als menschliche Wesen in dieser Welt leben, uns selbst ändern? Das ist wirklich die Frage: Können wir uns radikal psychisch transformieren, und nicht allmählich, nicht im Laufe der Zeit? Für einen ernsthaften Menschen, einen religiösen Menschen gibt es kein Morgen. Es hört sich ziemlich hart an, wenn man sagt, es gibt kein Morgen, aber so ist es; es gibt nur die reiche Fülle des Heute. Können wir dieses Leben wirklich täglich in seiner Ganzheit leben, unsere Beziehungen zueinander transformieren? Darum geht es in Wirklichkeit, nicht darum, wie die Welt ist, denn wir sind die Welt. Bitte erkennen Sie das: Die Welt sind wir, und wir sind die Welt. Das ist eine offensichtliche, erschreckende Tatsache, eine Herausforderung, die man total annehmen muss – das heißt, wir müssen erkennen, dass wir selbst die Welt mit all ihrer Hässlichkeit sind, dass wir zu diesem ganzen Elend beigetragen haben, dass wir verantwortlich für alles sind, was vor sich geht, für alles, was im Mittleren Osten, in Afrika und an vielen anderen Orten dieser Erde geschieht; für diesen ganzen Wahnsinn sind wir verantwortlich. Wir sind vielleicht nicht verantwortlich für die Taten unserer Großväter und Urgroßväter – für die Sklaverei, die unzähligen Kriege, die Brutalität der Königreiche –, aber wir sind Teil davon. Wenn wir unsere Verantwortung nicht erkennen, das heißt erkennen, dass wir absolut verantwortlich für uns selbst sind, für alles, was wir tun, was wir denken, für unser gesamtes Verhalten, dann wird alles ziemlich hoffnungslos, wenn man weiß, wie die Welt ist, wenn man weiß, dass man diese Probleme nicht individuell, separat lösen kann. Es ist Sache der Regierungen, für die Sicherheit ihrer Bürger zu sorgen, sie zu schützen, aber den Politikern scheint das gleichgültig zu sein. Wenn den Regierungen wirklich etwas daran läge, die Leute zu schützen, gäbe es keine Kriege. Aber die Regierungen sind offenbar auch verrückt geworden, sie sind offenbar nur an Parteipolitik, an ihrer eigenen Macht und ihrem Status interessiert – Sie wissen, wovon ich spreche, Sie kennen das ganze Spiel.

Können wir also, ohne die Zeit ins Spiel zu bringen, das heißt, ohne ein Morgen, ohne die Zukunft so leben, dass allein das Heute zählt? Das bedeutet, dass wir außerordentlich wach sein müssen, dass wir uns unserer Reaktionen und unserer Verwirrung absolut bewusst sein und äußerst intensiv an uns arbeiten müssen. Das ist das einzige, was wir tun können. Und wenn wir es nicht tun, hat der Mensch wirklich keine Zukunft. Ich weiß nicht, ob Sie einige der Schlagzeilen in den Zeitungen verfolgt haben – diese ganzen Kriegsvorbereitungen. Und wenn man etwas vorbereitet, dann ist es irgendwann fertig – wie eine gute Mahlzeit, die man zubereitet. Die Masse der Menschen auf dieser Welt scheint sich überhaupt nicht darum zu kümmern. Und auch denen, die auf der intellektuellen, wissenschaftlichen Ebene mit der Produktion von Waffen zu tun haben, scheint es egal zu sein. Sie sind nur an ihrer Karriere, ihrem Job, ihren Forschungsvorhaben interessiert, und wenn es auch uns ganz gewöhnlichen Menschen der so genannten Mittelklasse gleichgültig ist, dann können wir wirklich aufgeben. Die Tragödie liegt darin, dass es uns anscheinend tatsächlich gleichgültig ist. Wir kommen nicht zusammen, arbeiten nicht zusammen. Wir sind bereit, uns Institutionen und Organisationen anzuschließen, in der Hoffnung, dass sie die Kriege beenden und die Entstehung neuer Kriege verhindern werden, dass sie dem gegenseitigen Abschlachten ein Ende machen. Aber keine Institution und keine Organisation werden diesen Dingen jemals ein Ende setzen. Das kann nur im Herzen und im Geist des Menschen geschehen. Bitte begreifen Sie: Das sind keine rhetorischen Ausführungen; wir sind wirklich mit einer ungeheuren Gefahr konfrontiert. Ich habe einige Prominente getroffen, die mit diesen Dingen zu tun haben, und ich habe festgestellt, dass es ihnen ebenfalls gleichgültig ist. Aber wenn wir Verantwortung übernehmen und in unserem Alltag gut und richtig leben, wenn jeder Einzelne von uns sich dessen, was er täglich tut, bewusst ist, dann gibt es, so meine ich, doch noch Hoffnung für die Zukunft.

Aus: Bulletin Nr. 46, 1984

Die Anforderungen der Gesellschaft

Saanen, Schweiz, Juli 1984

Fragesteller: *Wie kann man die Anforderungen der Gesellschaft mit einem Leben in völliger Freiheit in Einklang bringen?*

Krishnamurti: Was sind die Anforderungen der Gesellschaft? Sagen Sie mir das bitte. Dass Sie von neun bis fünf ins Büro oder in die Fabrik gehen, dass Sie nach dem langweiligen Arbeitstag einen Nachtklub besuchen, um sich zu zerstreuen, dass Sie einmal im Jahr vierzehn Tage oder drei Wochen Urlaub im sonnigen Spanien oder in Italien machen? Was sind die Anforderungen der Gesellschaft? Dass Sie Ihren Lebensunterhalt verdienen, Ihr ganzes Leben in diesem bestimmten Teil des Landes zubringen, als Rechtsanwalt oder Arzt praktizieren oder in der Fabrik als Gewerkschaftsführer agieren müssen? Das sind sie doch, nicht wahr? Deshalb muss man auch folgende Frage stellen: Was ist diese Gesellschaft, die so viel fordert, und wer hat diese schreckliche Sache erfunden? Wer ist dafür verantwortlich? Für die Kirchen, Tempel und Moscheen und den ganzen Zirkus, der darin stattfindet? Wer ist für all das verantwortlich? Ist die Gesellschaft etwas von uns Getrenntes, oder haben wir die Gesellschaft erschaffen – jeder Einzelne von uns – durch unseren Ehrgeiz, unere Gier, unseren Neid, unsere Gewalttätigkeit, unsere Korruption und unsere Angst, die uns Sicherheit in der Gemeinschaft, in der Nation suchen lässt? Können Sie mir folgen? Wir haben diese Gesellschaft geschaffen, und dann geben wir ihr die Schuld an ihren Anforderungen. Deshalb fragen Sie: Kann ich in absoluter Freiheit leben, oder eher: Kann ich mit der Gesellschaft in Einklang sein und dennoch nach persönlicher Freiheit streben? Das ist wirklich eine absurde Frage. Verzeihen Sie, ich möchte Sie nicht vor den Kopf stoßen. Aber die Frage ist tatsächlich absurd, weil Sie die Gesellschaft *sind.* Begreifen wir das wirklich, oder ist es nur eine Vorstellung, eine abstrakte Idee oder etwas, das man akzeptieren muss? Wir, jeder von uns, der im Laufe der vergangenen vierzigtausend Jahre auf dieser Erde gelebt hat, hat an der Erschaffung der Gesellschaft, in der wir heute leben, mitgewirkt: hat zur Dummheit der Religionen beigetragen, zur Dummheit der Nationen, die mehr und mehr Waffen produzieren. Mein Gott, wir haben das erschaffen, weil wir darauf bestehen, Amerikaner oder Franzosen oder Russen zu sein. Wir bestehen darauf, uns Katholiken, Protestanten, Hindus, Buddhisten, Muslime zu nennen, das gibt uns ein Gefühl der Sicherheit. Aber genau diese Trennungen verhindern, dass wir Sicherheit finden. Das ist so offensichtlich.

Die Gesellschaft mit ihren Anforderungen und Ihr persönlicher Wunsch nach Freiheit können also nicht in Einklang gebracht werden. Die Erfordernisse der Gesellschaft entspringen Ihrer eigenen Gewalttätigkeit, Ihrem eigenen hässlichen, einschränkenden Egoismus. Es ist eines der schwierigsten Unterfangen, für sich selbst herauszufinden, wo der Egoismus sitzt, in welchem Winkel das Ego sich versteckt. In der Politik kann es sich hinter dem Slogan »Das Beste für unser Land« verstecken. Auch in der Religion kann es sich wunderbar verstecken: »Ich glaube an Gott; ich diene Gott.« Und die Sozialarbeit dient ihm ebenfalls als gutes Versteck. Ziehen Sie jetzt bitte nicht den voreiligen Schluss, ich sei gegen soziales Engagement oder Wohltätigkeit – aber auch dort kann sich das Ego verstecken. Es erfordert große Achtsamkeit – kein intellektuelles Analysieren, sondern die Fähigkeit des Beobachtens –, um zu erkennen, wie subtil das Ego arbeiten kann, in welchen Winkeln sich der Egoismus verstecken kann. Wenn kein Selbst oder Ego existiert, existiert auch keine Gesellschaft; dann brauchen Sie nicht zu versuchen, damit in Einklang zu kommen. Nur der Unaufmerksame, Unachtsame sagt: »Wie soll ich mich in der Gesellschaft verhalten, wenn ich darauf hinarbeite, frei zu sein?« Verstehen Sie?

Es bedarf einer Umerziehung, das möchte ich einmal deutlich sagen, aber nicht durch die Schule, die Universität – die ja das Gehirn auch nur konditionieren –, und auch nicht durch die Arbeitswelt. Wir müssen uns selbst umerziehen, indem wir wach und bewusst sind und erkennen, auf welche Art Worte uns gefangen halten. Sind wir dazu fähig? Wenn nicht, werden sich die Kriege fortsetzen, der Schmerz und das Leid werden sich fortsetzen, und wir werden immer weiter in Elend und Chaos leben. Der Redner ist weder pessimistisch noch optimistisch. Das sind die Fakten. Wenn Sie mit den Tatsachen leben, wie sie sind, nicht mit Daten, die der Computer hervorbringt, sondern wenn Sie die Fakten beobachten, Ihre eigenen Aktivitäten beobachten, Ihre eigenen egoistischen Bestrebungen, dann erwächst Ihnen daraus diese wunderbare Freiheit mit all ihrer Schönheit und Kraft.

Aus: Bulletin Nr. 48, 1985

Teil III

Vorträge

Was ist religiöses Bewusstsein?

Saanen, Schweiz, 13. August 1961

Ich glaube, heute morgen sollten wir uns mit der Frage beschäftigen, was religiöses Bewusstsein ist. Ich möchte diese Frage sehr eingehend erörtern, weil ich das Gefühl habe, dass nur ein solcher Geist, ein religiöser Geist, all unsere Probleme lösen kann, und zwar nicht nur die politischen und wirtschaftlichen, sondern auch die viel grundlegenderen Probleme der menschlichen Existenz. Bevor wir uns damit nun eingehender befassen, sollten wir zunächst einmal wiederholen, was wir bereits gesagt haben, nämlich, dass ein ernsthaft forschender Geist bereit ist, den Dingen auf den Grund zu gehen, um herauszufinden, was wahr und was unwahr ist. Es gibt Menschen, die nicht auf halbem Wege stehen bleiben und sich durch keinerlei andere Betrachtungen ablenken lassen. Ich hoffe, dass hier zumindest einige unter uns sind, die dazu fähig und auch ernsthaft genug sind.

Ich glaube, wir alle sind mit der gegenwärtigen Weltlage vertraut. Man braucht uns nichts über die Irreführungen, die Korruption, die sozialen und wirtschaftlichen Ungerechtigkeiten, die kriegerischen Auseinandersetzungen und die ständigen Bedrohungen zu erzählen, wir wissen all das. Um dieses ganze Chaos zu durchschauen und Klarheit zu schaffen, muss, so scheint mir, ein radikaler Wandel auf der geistigen Ebene stattfinden – mit einer kleinen Reform hier und da oder mit Anpassung an die Verhältnisse ist es nicht getan. Um seinen Weg durch diese ganze Verwirrung zu finden, die ja nicht nur in der Außenwelt, sondern auch in unserem Innern herrscht, um mit den zunehmenden Spannungen und Anforderungen fertig zu werden, muss ein radikaler Umschwung in der Psyche selbst stattfinden, das heißt, man braucht ein völlig anderes Bewusstsein.

Für mich ist Revolution gleichbedeutend mit Religion. Doch mit dem Wort »Revolution« meine ich nicht den ökonomischen oder sozialen Wandel – ich meine eine Revolution im menschlichen Bewusstsein. Alle anderen Formen der Revolution, seien sie kommunistisch oder kapitalistisch, sind einfach nur reaktionär. Eine Revolution des Geistes, das heißt die vollständige Zerstörung der bisherigen geistigen Struktur, die es dem Menschen ermöglicht, die Wahrheit ohne Verfälschung, ohne Illusion zu sehen, ist wahrhaftig religiös. Ich glaube, dass das echte, das wahre religiöse Bewusstsein existieren kann und existiert.

Und ich glaube, dass man dieses Bewusstsein für sich selbst entdecken kann, wenn man sehr tief in diese Dinge hineingeht. Ein wahrhaft religiöser Mensch ist einer, der alle Barrieren niedergerissen hat, der über alle Lügen, die die Gesellschaft, die organisierte Religion mit ihren Dogmen und Glaubenssystemen ihm aufgezwungen haben, hinausgegangen ist, um die Wahrheit zu finden.

Beschäftigen wir uns nun zunächst einmal mit der Frage, was Erfahrung ist. Unser Gehirn ist das Produkt der angesammelten Erfahrungen von Jahrtausenden; es ist ein Speicher, in dem alle unsere Erinnerungen aufbewahrt werden. Ohne dieses Gedächtnis, ohne die Erfahrungen und das angesammelte Wissen wären wir nicht in der Lage, als Menschen auf dieser Erde zu funktionieren. Erfahrung – Gedächtnis – ist auf einer bestimmten Ebene ganz offensichtlich notwendig, aber ich glaube, es ist ebenso offensichtlich, dass jegliche Erfahrung, die auf der Konditionierung durch Wissen, durch das Gedächtnis basiert, eingeschränkt sein muss. Und deshalb können Erfahrungen nicht zu unserer Befreiung beitragen. Ich weiß nicht, ob Sie je über diese Dinge nachgedacht haben.

Jede Erfahrung ist durch vergangene Erfahrungen konditioniert. Es gibt also keine neuen Erfahrungen, denn alles, was wir erfahren, ist von der Vergangenheit gefärbt. Bereits im Prozess des Erfahrens geschieht die Verfälschung durch die Vergangenheit – die Vergangenheit in Form von Wissen und Erinnerung, von verschiedenen angesammelten Erfahrungen, und zwar nicht nur individuellen, sondern auch kollektiven. Ist es möglich, all diese Erfahrungen zu verneinen, zurückzuweisen?

Ich weiß nicht, ob Sie sich schon einmal mit der Frage beschäftigt haben, was es bedeutet, etwas zu verneinen. Es ist die Fähigkeit, die Autorität des Wissens, der Erfahrung, des Gedächtnisses, die Autorität der Priester und der Kirche zurückzuweisen, alles zurückzuweisen, was der Psyche aufgezwungen wurde. Die meisten von uns kennen nur zwei Formen der Verneinung – entweder durch Wissen oder durch Reaktion. Sie weisen die Autorität des Priesters, der Kirche, der Schriften entweder deshalb zurück, weil sie studiert, geforscht und anderes Wissen angesammelt haben, oder weil sie die Autorität der Kirche nicht mögen und gegen sie rebellieren. Wahre Verneinung bedeutet aber, dass man etwas zurückweist, ohne zu wissen, was dann geschieht, ohne Hoffnung auf die Zukunft. Ist es nicht so? Eine echte Verneinung ist nur möglich, wenn man sagt: »Ich weiß nicht, was wahr ist, aber das hier ist unwahr«, denn diese Verneinung entspringt nicht der Berechnung, nicht dem Wissen, nicht der Reaktion. Wenn Sie wissen, wohin Ihre Verneinung führt, dann tauschen Sie nur eine Sache gegen eine andere aus, dann ist Ihre Verneinung nur ein Geschäft und deshalb gar keine echte Verneinung.

Ich glaube, man muss das ziemlich eingehend untersuchen, um es zu verstehen, denn ich will durch Verneinung herausfinden, was religiöses Bewusstsein ist. Ich glaube, dass man durch Verneinung herausfinden kann, was wahr ist. Durch Bejahung kann man es nicht herausfinden. Zuerst muss man alles Bekannte auslöschen, bevor man es herausfinden kann.

Wir werden also durch Verneinung untersuchen, was religiöses Bewusstsein ist – das heißt, durch Negierung, durch negatives Denken. Es ist klar, dass dies nicht möglich ist, wenn die Verneinung auf Wissen, auf Reaktion beruht. Ich hoffe zumindest, dass das ziemlich klar ist. Wenn ich die Autorität des Priesters, der heiligen Schriften oder der Tradition verneine, weil ich diese Dinge nicht mag, ist das eine bloße Reaktion, denn ich ersetze das Zurückgewiesene durch irgend etwas anderes. Und wenn ich verneine, weil ich genügend Wissen, Fakten, Informationen gesammelt habe, wird mein Wissen zu meinem Zufluchtsort. Aber es gibt auch eine Verneinung, die nicht auf Reaktion oder Wissen, sondern auf Beobachtung basiert, darauf, dass man eine Sache sieht, wie sie ist, dass man die Tatsachen sieht. Das ist echte Verneinung, weil dadurch der Geist von allen Vermutungen, Illusionen, Autoritäten und Wünschen gereinigt wird.

Ist es also möglich, Autorität zu verneinen? Ich meine damit nicht, dass man die Autorität des Polizisten oder die Gesetze des Landes missachten soll, denn das wäre töricht und unreif und würde uns schließlich ins Gefängnis bringen. Ich spreche von der Verneinung jener Autorität, die die Gesellschaft der Psyche, dem Bewusstsein ganz subtil aufzwingt. Es geht darum, die Autorität jeglicher Erfahrung, jeglichen Wissens zu verneinen, damit der Geist in einen Zustand versetzt wird, in dem er nicht weiß, was sein wird, sondern nur, was nicht wahr ist. Wenn Sie so weit gegangen sind, entsteht in Ihnen ein Gefühl der Einheit; Sie sind nicht mehr zwischen widerstreitenden Wünschen hin und her gerissen, Sie sehen, was wahr und was unwahr ist, sehen das Wahre im Unwahren, und das gibt Ihnen ein Gefühl der Klarheit, der realen Wahrnehmung. Wenn der Geist alle Sicherheiten zerstört hat, alle Ängste, ehrgeizigen Ziele, Eitelkeiten, Visionen, einfach alles hinter sich gelassen hat, befindet er sich in einem Zustand, in dem er völlig unberührt, völlig unbeeinflusst ist.

Um die Wirklichkeit zu sehen, um »Gott«, oder wie Sie es auch nennen wollen, zu finden, muss der Geist natürlich unbeeinflusst sein, denn nur ein solcher Geist ist rein und klar, und ein klarer Geist kann weiter gehen. Wenn alle Hoffnungen, alle Sicherheiten sowie der Widerstand gegen die Hoffnung, der ja Verzweiflung ist, zerschlagen wurden, entsteht ein Zustand der Furchtlosigkeit, in dem kein Tod existiert. Ein völlig freier, unbeeinflusster Geist lebt total, und in dieser Totalität stirbt er in jedem Augenblick; deshalb gibt es für ihn keinen Tod. Das ist wirklich etwas ganz Außergewöhnliches. Wenn Sie sich da hineinbegeben haben, entdecken Sie selbst, dass der Tod überhaupt nicht existiert, sondern nur dieser Zustand reinen Alleinseins. Dieses Alleinsein ist nicht gleichbedeutend mit Isolation, es ist keine Flucht in einen Elfenbeinturm, es hat nichts mit Einsamkeit zu tun. All das hat man hinter sich gelassen, vergessen, aufgelöst, zerstört. Ein solches Bewusstsein kennt Zerstörung, und das ist auch notwendig, denn sonst können wir nichts Neues entdecken. Aber wie viel Angst wir doch davor haben, das Alte zu zerstören!

Im Sanskrit gibt es folgenden Spruch: »Vorstellungen sind die Kinder unfruchtbarer Frauen.« Ich glaube, dass die meisten von uns in Vorstellungen leben. Vielleicht betrachten Sie unsere Gespräche als Möglichkeit, Vorstellungen und Ideen auszutauschen, als eine Gelegenheit, bei der Sie neue Ideen aufnehmen und alte verwerfen oder neue zurückweisen und an den alten festhalten. Doch es geht uns hier überhaupt nicht um Ideen und Vorstellungen. Wir beschäftigen uns mit den Tatsachen. Und wenn man an den Tatsachen interessiert ist, ist keine Anpassung möglich – entweder man sieht der Tatsache ins Auge oder nicht. Sie können sagen: »Ich mag diese Ideen nicht, ich ziehe es vor, an meinen bisherigen Vorstellungen festzuhalten, ich werde weiterhin in meinem eigenen Chaos leben« – oder Sie können den Tatsachen ins Auge sehen. Sie können hier keine Kompromisse machen, Sie können sich nicht anpassen. Zerstörung hat nichts mit Anpassung zu tun. Wenn Sie sich anpassen, wenn Sie sagen: »Ich muss weniger ehrgeizig, weniger neidisch sein«, so zerstören Sie das alte Muster nicht. Man muss der Wahrheit ins Auge blicken, dass Ehrgeiz und Neid hässlich und dumm sind, und deshalb muss man sie mit der Wurzel ausreißen. Liebe passt sich niemals an. Nur Verlangen, Angst und Hoffnung passen sich an. Deshalb ist Liebe auch zerstörerisch, denn sie weigert sich, sich an ein Muster anzupassen.

Wir beginnen also zu entdecken, dass die Zerstörung jeglicher Autoritäten, die der Mensch für sich selbst in seinem Wunsch nach innerer Sicherheit geschaffen hat, Raum für die Kreativität schafft. Zerstörung ist Schöpfung.

Wenn Sie Ihre Vorstellungen losgelassen haben und sich weder an Ihr eigenes vorgegebenes Muster anpassen noch an ein neues, welches der Redner Ihrer Meinung nach geschaffen hat, wenn Sie so weit gegangen sind, werden Sie feststellen, dass das Gehirn nur noch in Bezug auf äußere Angelegenheiten funktionieren muss, auf äußere Erfordernisse antworten muss. Deshalb wird der Geist absolut still. Das bedeutet, dass die Autorität seiner Erfahrungen für ihn nicht mehr existiert und er deshalb gar nicht mehr fähig ist, Illusionen zu erschaffen. Damit man herausfinden kann, was wahr ist, muss jene Kraft, die all unsere Illusionen erschafft, versiegen. Die Kraft, Illusionen zu erzeugen, ist die Macht des Verlangens, die Macht des Ehrgeizes, dies zu sein, und jenes nicht zu sein.

Das Gehirn muss in der Außenwelt also vernünftig und klar funktionieren, aber innerlich muss es völlig still sein.

Die Biologen sagen, dass es Millionen von Jahren dauerte, bis das Gehirn sich zu seiner jetzigen Form entwickelt hat, und dass es wiederum Millionen von Jahren dauern wird, bis es sich weiterentwickelt hat. Die Entwicklung des religiösen Bewusstseins ist allerdings nicht zeitabhängig. Damit will ich sagen, dass das Gehirn, das vernünftig auf die Außenwelt reagieren muss, wenn es innerlich still wird, nicht mehr automatisch Erfahrungen und Wissen ansammelt. Es ist also innerlich vollkommen still und dennoch absolut wach und lebendig – und dann kann es Jahrmillionen überspringen. Für das religiöse Bewusstsein gibt es also keine Zeit. Zeit existiert nur in jenem Zustand, in welchem sich etwas kontinuierlich auf ein Ziel zubewegt. Wenn das religiöse Bewusstsein die Autoritäten der Vergangenheit, die Traditionen, die aufgezwungenen Werte zerstört hat, existiert es jenseits der Zeit. Dann ist es vollkommen entwickelt. Denn wenn man die Zeit verneint hat, hat man ja schließlich jegliche Entwicklung in Zeit und Raum verneint. Das ist keine abstrakte Idee, nichts, womit Sie in Gedanken herumspielen sollen. Wenn Sie da hindurchgegangen sind, wissen Sie, was es ist, denn dann befinden Sie sich in diesem Zustand, aber wenn Sie nicht hindurchgehen, können Sie das Gesagte nicht einfach als Idee aufgreifen und damit herumspielen.

Sie stellen also fest, dass Zerstörung Schöpfung ist und dass diese jenseits der Zeit stattfindet. Wenn das Gehirn in einem schöpferischen Zustand ist, hat es die gesamte Vergangenheit zerstört, ist absolut still und deshalb in einem Zustand jenseits von Raum und Zeit, in dem kein Wachsen und Werden stattfindet. Dieser schöpferische Zustand ist nicht den wenigen begabten Menschen vorbehalten – den Malern, Musikern, Schriftstellern und Architekten. Nur das religiöse Bewusstsein ist in einem schöpferischen Zustand, und dieses religiöse Bewusstsein hat nichts mit irgendeiner Kirche, einem Glaubenssystem oder Dogma zu tun; diese Dinge konditionieren den Geist nur. Wenn Sie jeden Morgen in die Kirche gehen und dieses oder jenes anbeten, sind Sie noch lange kein religiöser Mensch, auch wenn die Gesellschaft Sie vielleicht als solchen betrachtet. Erst die völlige Zerstörung des Alten und Bekannten macht einen Menschen zu einem religiösen Menschen.

In dieser Schöpfung liegt eine Schönheit, die nicht vom Menschen geschaffen wurde, eine Schönheit jenseits jeglicher

Gedanken und Gefühle. Denn Gedanken und Gefühle sind einfach nur Reaktionen, und Schönheit ist keine Reaktion. Ein religiöses Bewusstsein hat Zugang zu dieser Schönheit, wobei es nicht um die bloße Würdigung der Schönheit der Natur geht, der majestätischen Berge und des reißenden Flusses – es nimmt Schönheit ganz anders wahr, und diese Schönheit ist mit Liebe verbunden. Ich glaube nicht, dass man Schönheit und Liebe trennen kann. Für die meisten von uns ist, wie Sie wissen, Liebe eine schmerzhafte Angelegenheit, weil sie immer mit Eifersucht, Hass und Besitzdenken einhergeht. Aber diese Liebe, von der wir hier sprechen, ist eine Flamme ohne Rauch.

Das religiöse Bewusstsein weiß also, was vollständige, totale Zerstörung ist und was es bedeutet, in einem nicht mit Worten zu beschreibenden schöpferischen Zustand zu sein, der mit Schönheit und Liebe einhergeht, die untrennbar miteinander verbunden sind. Man kann Liebe nicht in göttliche Liebe und physische Liebe trennen. Es ist einfach Liebe, und diese Liebe ist natürlich mit Leidenschaft verbunden. Ohne Leidenschaft kann man nicht sehr weit gehen – ohne Leidenschaft im Sinne von Intensität. Aber damit meine ich nicht den intensiven Wunsch, etwas zu ändern, etwas Bestimmtes zu tun; ich meine nicht die Intensität, die mit einem Motiv verbunden ist und die verschwindet, wenn das Motiv nicht mehr da ist. Ich spreche nicht von einem Zustand der Begeisterung. Wahre Schönheit kann nur existieren, wenn die Leidenschaft ganz rein, ganz frei von Beweggründen ist. Das religiöse Bewusstsein, das diesen Zustand repräsentiert, geht mit einer besonderen Kraft einher.

Für uns ist Kraft normalerweise das Produkt des Willens, der vielen Wünsche, die mit dem Willen verflochten sind. Und bei den meisten von uns äußert sich dieser Wille in Form von Widerstand. Wenn wir Widerstand gegen etwas leisten oder ein Ziel verfolgen, wird unser Wille stärker und entwickelt eine Qualität, die wir im Allgemeinen als »Kraft« bezeichnen. Aber die Kraft, von der wir hier sprechen, hat absolut nichts mit dem Willen zu tun. Es ist eine Kraft, die keine Ursache hat. Man kann sie nicht benutzen oder einsetzen, aber ohne sie kann nichts existieren.

Wenn man also auf dieser Entdeckungsreise so weit gegangen ist, existiert das religiöse Bewusstsein. Und es gehört niemandem; kein Individuum kann es besitzen. Es ist der allumfassende Geist, das religiöse Bewusstsein jenseits jeglicher menschlichen Bestrebungen, Erfordernisse, individuellen Zwänge. Wir haben nur die Totalität des Geistes beschrieben, doch bei dieser Beschreibung ist vielleicht durch den Gebrauch verschiedener Begriffe der Eindruck entstanden, es handle sich um getrennte geistige Bereiche; aber es ist ein allumfassender Geist, in dem alles enthalten ist. Deshalb hat das religiöse Bewusstsein Zugang zu den Dingen, die der Verstand nicht erfassen kann. Man kann es nicht in Worte fassen, kein Tempel, kein Priester, keine Kirche, kein Dogma kann es erfassen. All diese Dinge zu verneinen und in jenem Zustand zu leben ist religiöses Bewusstsein.

Aus: Bulletin Nr. 52, 1987

Die Probleme der Jugend

Saanen, Schweiz, August 1967

Ich glaube nicht, dass man die Probleme der Jugend, des mittleren Alters und des Alters trennen kann; die Jugend hat kein spezielles Problem. Vielleicht scheint das so, weil die jungen Leute gerade erst anfangen, ihr Leben zu leben. Entweder macht man gleich am Anfang ein Chaos aus seinem Leben und versinkt in einem Morast aus Problemen, Unsicherheiten, Unzufriedenheit und Verzweiflung, oder man legt bereits in jungen Jahren – und ich glaube, das ist die einzige Zeit, in der das möglich ist – ein gutes Fundament. Ich will damit nicht sagen, dass ältere Leute sich nicht aus der Falle, in der sie gefangen sind, völlig befreien können, aber mir scheint, dass es den jungen Menschen viel leichter fällt zu verstehen, was für eine außergewöhnliche Sache das Leben ist. Das Leben besteht nicht nur aus Sex und Drogen, aber auch nicht nur darin, regelmäßig zur Kirche zu gehen, sich einen Namen in der Geschäftswelt zu machen, und auch nicht darin, sein ganzes bürgerliches Dasein zu sprengen und die unsichere Existenz eines rebellierenden Bohemiens zu führen. Ich glaube, dass es im Leben etwas viel Wichtigeres gibt, eine viel tiefere Dimension, die große Ernsthaftigkeit voraussetzt. Und nur wenn man jung ist, kann man die Saat der Ernsthaftigkeit säen, die dann im Laufe des Lebens aufgehen und blühen wird. Doch um diese Saat der Klarheit, der Ernsthaftigkeit, des richtigen Verhaltens säen zu können, muss man die Dinge sorgfältig beobachten, muss äußerst achtsam sein.

Wenn man jung ist, muss man ein *Revolutionär* sein, und das ist etwas anderes als bloße Rebellion. Rebellieren ist einfach, das tun alle. Aber ein echter Revolutionär zu sein, im richtigen Sinne des Wortes, nicht im chinesischen oder russischen Sinne, sondern ein Revolutionär auf der *geistigen* Ebene zu sein, heißt, alle selbst geschaffenen oder von anderen aufgezwungenen Muster zu verneinen, jegliche Konformität und alle Autoritäten zurückzuweisen. Das bedeutet absolute Freiheit von Angst. Und aus dieser Freiheit heraus kann man ein völlig anderes Leben führen, kann völlig anders leben als die ältere Generation mit ihren Kriegen, ihrem Konkurrenzdenken, ihren Göttern, Religionen, Erlösern und Priestern. Das ist alles aus und vorbei.

Mir scheint also, dass man, wenn man jung ist, wenn man noch keinen Belastungen durch Familie und Beruf ausgesetzt ist, eine Saat säen kann, die aufgehen und das ganze Leben lang blühen kann, anstatt sich in all den bedeutungslosen und absurden Aktivitäten unserer täglichen Existenz zu verlieren. Aber das bedeutet kontinuierliche Arbeit, die man nur mit Leidenschaft, mit einer inneren Dringlichkeit tun kann. Mit Dringlichkeit meine ich nicht den oberflächlichen Drang nach sexueller Befriedigung oder Befriedigung durch Drogen oder ähnliche Dinge. Diese verschiedenen Formen des Missbrauchs und der Schwelgerei zerstören die Klarheit des Geistes, und diese geistigen Verzerrungen verschlimmern sich, je älter man wird. Deshalb sollte man sich nicht nur der äußeren Dinge bewusst sein, sondern auch der tiefen inneren Impulse, der eigenen Wünsche, Bestrebungen, Motive und Ängste.

Es ist wie Feldarbeit: Zuerst pflügt man, dann sät man; doch leider kommen die meisten von uns nie über das Pflügen und Umgraben hinaus, wir scheinen nie zu säen. Säen ist Handeln, aber wenn dieses Handeln einem bestimmten Muster entspringt, ist es nicht nur fragmentarisch, sondern bringt alle möglichen Probleme und Spannungen mit sich. Ich weiß nicht, ob Sie jemals bemerkt haben, dass etwas, das Sie *ganz* tun, nicht mit dem Intellekt, sondern mit ganzem Herzen tun, keine Vergangenheit und keine Zukunft hat. Es ist ein vollständiges Handeln, und dieses ganzheitliche Handeln ist mit Schönheit und Liebe verbunden. Das ist es, was in unserem Leben fehlt. Wir kennen dieses vollständige Handeln nicht, das weder vom Schatten der Vergangenheit noch der Zukunft berührt wird. Dieses Handeln ist in sich vollständig, unmittelbar. In solchem Handeln lodert eine Flamme; es kann eine ungeheure äußere und innere Veränderung bewirken. Sie haben bestimmt schon gesehen, wie ein Fluss seinen Kurs ändert, wenn er von einem großen Felsen blockiert wird. Der ganze Fluss fließt plötzlich in eine völlig andere Richtung. Auf die gleiche Weise ändert sich auch die Richtung unseres Lebens, wenn unser Handeln ganz ist, vollständig, unberührt von unserer Umgebung und unseren persönlichen Neigungen. Und darum geht es uns schließlich bei diesen Gesprächen: um unser reales tägliches Leben und die inneren Gespräche, die man morgen oder nächsten Monat führt. In unserem Leben ist so wenig Schönheit, unser Handeln ist nie vollständig, und deshalb können wir auch nie jenen Duft wahrnehmen, den man Liebe nennen kann. Die meisten von uns sind absolut egozentrisch. Unsere gesamten Aktivitäten drehen sich um dieses gierige innere Zentrum unserer Existenz, das wir »Ich« nennen.

Ich glaube, es ist sehr wichtig, dass wir lernen, schlicht und einfach zu sein – und das ist eine der schwierigsten Aufgaben. Wir sind nie *einfach*. Unser Verstand ist so komplex, unser Intellekt so spitzfindig, er findet unzählige Gründe dafür, etwas zu tun oder zu unterlassen. Wenn wir von Einfachheit sprechen, meinen wir nicht die Rückkehr zu einem Leben in Armut und Schmutz, sondern die Einfachheit direkter Wahrnehmung: Es geht darum, die Dinge klar zu sehen, und dieses Sehen ist Handeln. Dieses direkte

Sehen führt zu einer außerordentlichen Einfachheit im Handeln. Wenn Sie etwas tun, ohne groß darüber nachzudenken, weil Sie die Dinge ganz klar und unverfälscht sehen können, dann ist es da, das, »was ist«. Diese Art des Sehens und Handelns bringt eine große Freiheit mit sich. Ohne diese Freiheit – ich meine nicht Freiheit als Idee, sondern echte innere Freiheit – kann man das Leben mit seinem komplexen Geflecht aus Problemen, Anforderungen, Aktivitäten und Bestrebungen meiner Meinung nach nicht verstehen. Doch unglücklicherweise wollen die meisten von uns gar nicht frei sein; sie empfinden Freiheit als etwas Bedrohliches, etwas, das man vermeiden muss, oder, wenn es da ist, kontrollieren und einschränken muss. Wenn es um das Einschränken der Freiheit geht, leistet der Verstand wirklich außerordentlich gute Arbeit.

Wir haben so viele Fragen. Was kann ich tun, wie kann ich in dieser gewalttätigen, wahnsinnigen, brutalen und grausamen Welt leben? Welche Beziehung habe ich zur Welt? Wie soll ich mich innerhalb dieser Beziehung verhalten? Das sind sehr ernste Fragen. Die meisten von uns versuchen, oberflächlich etwas zu ändern; wir wollen die Welt reformieren oder in Ordnung bringen. Wir sagen: »Ich sehe ganz klar, wie notwendig Gewaltlosigkeit ist, also muss ich irgendetwas tun, muss die Welt irgendwie beeinflussen.« Ich glaube, dass man die Welt ungeheuer stark beeinflusst, wenn man im eigenen Innern gewaltlos ist, aber das darf keine abstrakte Idee sein. Es geht darum, jeden Tag wirklich in Frieden mit sich selbst zu sein, ein Leben zu führen, in dem Konkurrenzdenken, Ehrgeiz oder Neid keinen Platz haben, ein Leben, das keine Feindseligkeit heraufbeschwört. Dann habe ich eine Beziehung zu dieser Welt, in der ich lebe.

Sie sehen also, dass das, *was ich bin,* eine außerordentlich große Rolle spielt, denn ich habe diese Gesellschaft geschaffen; ich habe sie aus meinen Forderungen, Vorurteilen, meinem Hass, meiner Religion und meinem Nationalismus erschaffen. Ich habe die Welt in Bruchstücke aufgespalten, und wenn ich in mir selbst gespalten bin, ist auch meine Beziehung zur Welt fragmentarisch; sie wird dann nur von geringer Bedeutung sein. Wenn ich aber als Ganzes funktioniere, ganzheitlich handle, total bin, ist meine Beziehung zur Welt von ganz anderer Qualität. Doch wir wollen, dass man uns über Worte, Bilder, Symbole sagt, wie diese Beziehung zu sein hat, wir wollen, dass man uns ein Muster für diese Beziehung gibt, diese Beziehung eines freien, ganzheitlich handelnden Individuums zur Welt. Aber das Wort, das Symbol ist nicht das Reale, und doch geben wir uns mit Worten und Erklärungen zufrieden. Könnten wir als menschliche Wesen aber in uns selbst ganz sein, wäre unsere Innenwelt frei von Spaltung, dann, so meine ich, fände in all unseren Beziehungen eine kolossale Veränderung statt. Schließlich müssen alle tiefer greifenden Prozesse im eigenen Innern beginnen, in jedem Einzelnen von uns. Zuerst muss ich mich selbst ändern. Ich muss erkennen, wie meine Beziehung zur Welt beschaffen ist, und dieses Sehen ist schon das Tun. So verändere ich als Mensch, der in dieser Welt lebt, die Qualität dieser Beziehung, und diese neue Qualität ist, so scheint mir, religiöses Bewusstsein.

Ich weiß nicht, ob Sie schon einmal tief im Innern *gefühlt* haben, was das Wort »religiös« bedeutet. Es hat ganz gewiss nichts mit organisierter Religion, mit Glaubenssystemen, Zeremonien, Ritualen und der Propaganda der Kirchen und Priester zu tun. Das ist nicht Religion. Für mich ist Religion etwas ganz anderes. Sie hat nicht das Geringste mit all diesen Dingen zu tun, die der Mensch aufgrund seiner Angst erfunden hat. Diese so genannte Religion ist etwas, das der Mensch gesucht und dann in den Käfig der organisierten Institutionen gesteckt hat. Doch wir sprechen hier vom religiösen Bewusstsein, das unglaublich schwer zu erklären ist, weil es mit so vielen Dingen verbunden ist. Ein religiöses Bewusstsein setzt auf jeden Fall zunächst einmal einen geistigen Zustand voraus, in welchem absolut keine Angst existiert und es somit zu keiner Zeit Sicherheit gibt. Ein solcher Geist ist durch keinerlei Glaubensinhalte belastet, er kennt nur das, *was ist,* was tatsächlich ist. In einem solchen Geist herrscht eine Stille, die nicht durch das Denken erzeugt werden kann, sondern das natürliche Ergebnis äußerster Achtsamkeit ist. Sie ist das Resultat der Meditation, in welcher der oder die Meditierende völlig abwesend ist, denn daraus entsteht diese Stille, in der weder der Beobachter noch das Beobachtete existieren. In dieser Stille beginnt man für sich selbst den Ursprung und Beginn des Denkens zu entdecken. Dann erkennt man, dass das Denken immer alt ist und deshalb niemals irgendetwas Neues entdecken kann. Indem man all das durch diese Stille herausfindet – die Teil des religiösen Bewusstseins ist –, kommt man mit einem Energiezustand in Kontakt, der völlig konfliktfrei ist, aber auch frei von Streben, Ehrgeiz, Gier und Neid. Es ist ein Energiezustand jenseits jeglicher Konflikte. Und mir scheint, dass das der Zustand ist, den wir als religiöses Bewusstsein bezeichnen können.

Wenn Sie diesen Zustand nicht erfahren, können Sie so viel LSD nehmen, wie Sie wollen, können unzählige Visionen oder »spirituelle Erfahrungen« haben, sich in einem Zustand erhöhter Wahrnehmung befinden oder sich durch das Wiederholen der verschiedensten Glaubenssätze selbst hypnotisieren, doch diese Erfahrungen und Empfindungen haben nicht die Qualität des religiösen Bewusstseins. Es ist also, ob man nun sehr jung oder sehr alt ist, äußerst wichtig, dass man den gesamten Prozess des eigenen Lebens auf eine andere Ebene, in eine andere Dimension bringt – jetzt, in der Gegenwart, in diesem Augenblick.

Aus: Bulletin Nr. 12, 1971/72

Die Qualität eines Bewusstseins, das keine Trennung kennt

Bombay, Indien, Januar 1968

Mir scheint, dass man in dieser chaotischen und ziemlich verrückten Welt zuallererst einmal lernen muss, richtig hinzuhören. Man muss wirklich zuhören, wenn die verschiedensten Leute ihre Schlussfolgerungen, Beschreibungen und Analysen in Bezug auf die Probleme dieser Welt anbieten. Wir haben so viele Probleme. Nicht nur in diesem Land, das immer mehr herunterkommt, sondern überall auf der Welt sind die Menschen mit außerordentlich vielschichtigen Problemen konfrontiert. Die Experten, die Intellektuellen, die Gurus, die Theologen, die Priester bieten uns Erklärungen an, die ihrer jeweiligen Konditionierung, ihrem speziellen Glaubenssystem entsprechen. Und je verwirrter man ist, je mehr man leidet, desto intensiver sucht man, desto mehr wünscht man sich Trost, Sicherheit oder Klarheit. Es gibt Menschen, die Sicherheit und Klarheit anbieten, und ich glaube, dass es ratsam ist zu lernen, diesen Leuten richtig zuzuhören, zu lernen, wirklich zu hören, was diese Leute anbieten (aber Sie sollten nicht nur lernen, diesen Menschen genau zuzuhören, sondern auch dem Redner), denn wir sind so leichtgläubig, wir wollen zustimmen, wir wollen betrogen werden, wir wollen mit Worten hypnotisiert werden, denn wir suchen einen einfachen Weg aus unserer Verwirrung und unserem Leid heraus. Unglücklicherweise lassen wir uns besonders gern von den Leuten beeindrucken, die uns fertige Lösungsformeln für die globale Krise anbieten, aber diese Formeln variieren abhängig von der Konditionierung dessen, der sie anbietet, oder der Kultur, in der er aufwuchs.

Überall auf der Welt werden die Menschen seit Jahrtausenden auf bestimmte Glaubenssysteme und Vorstellungen konditioniert, und wenn das Leben – das ja ständig in Bewegung ist – Ihre totale Aufmerksamkeit erfordert, können Sie sie nicht aufbringen, weil Sie innerhalb des eingeschränkten Rahmens vorgegebener Konzepte funktionieren. Dabei spielt es keine Rolle, ob Sie diese Konzepte von Shankara, Marx oder Lenin oder dem neuesten Guru übernommen haben. Man muss sich also fragen: Warum leben die Menschen überall auf der Welt nach vorgegebenen Formeln und Konzepten? Ich weiß nicht, ob Sie sich jemals gefragt haben, warum Sie immer auf der begrifflichen Ebene leben, warum Sie immer irgendwelche Ideologien formulieren und versuchen, auf dieser Ebene zu leben, *während doch die Wirklichkeit etwas ganz anderes ist.* Die Wirklichkeit ist das tägliche Leben, das nicht das Geringste mit Vorstellungen und Begriffen zu tun hat. Das ist das erste, was man klar sehen muss. Man muss all diese Formeln, Vorstellungen und Methoden über Bord werfen, man muss alles ganz neu überdenken, man kann nicht länger ein Hindu, ein Christ, ein Buddhist oder ein Moslem sein. Wenn man als menschliches Wesen in diesem Land, in dieser schrecklichen Stadt mit all ihrem Schmutz und Elend lebt, kann man nicht länger formelhaft denken, wenn man sein Leben in jedem Augenblick ganz, total leben will.

Leben ist Beziehung. Sie können kein Konzept für eine Beziehung zu einem anderen Menschen haben, verstehen Sie? Das ist ganz einfach. Sie müssen leben, Sie müssen ins Büro oder in die Fabrik gehen und arbeiten, Sie müssen sich anstrengen, aber wenn Sie versuchen, nach vorgegebenen Mustern zu leben, die in alter Zeit von irgendwelchen Lehrern geschaffen wurden, haben Sie überhaupt keine Beziehung zur wirklichen Welt, sondern leben nur in Ihrer Ideenwelt. So ist es beispielsweise in kommunistischen Ländern, in denen die Herrschenden durch ihre Tyrannei, durch Gehirnwäsche eine Ideologie etabliert haben, so wie es auch die Christen und die Hindus taten – sie konditionierten die Menschen durch Worte, durch Propaganda, durch unablässige Wiederholung.

Ihr Geist funktioniert auf einer ideologischen Ebene, auf einer begrifflichen, abstrakten Ebene, während das Leben aus täglichen realen Kontakten besteht. Wir müssen unseren täglichen Schmerz, unser Elend, unsere Einsamkeit und Verzweiflung verstehen, nicht die Abstraktionen, nicht die brillanten Artikel von klugen Autoren. Wenn unser tägliches Leben so stark von Ideologien überlagert ist, wird es schäbig, verwirrend, bedeutungslos.

Man muss sich also seiner Konditionierung bewusst sein – man muss einfach wissen, dass man konditioniert ist, dass man die Konditionierungen von Jahrtausenden in sich trägt. Wenn Sie das nicht erkennen, werden Sie in Ihrem eigenen Leben und im Leben anderer immer weiter Verwirrung stiften und Leid anrichten. Wir wissen nicht, was Liebe ist; wir lieben nicht, wir sind brutal, abgebrüht, gleichgültig, rücksichtslos geworden. Doch ohne Liebe können Sie überhaupt nichts lösen. Haben Sie sich je gefragt, warum Sie nicht lieben können? Wissen Sie, was ich mit Liebe meine? Einfach ohne jeden Grund freundlich zu sein, großzügig zu sein, mitfühlend zu sein – die Hässlichkeit einer schmutzigen Straße zu fühlen, die Armut der Menschen zu fühlen, die Bevölkerungsexplosion auf diesem Planeten zu sehen, zu fühlen und darüber zu weinen, nicht über Ihre eigene kleine bedauernswerte Familie oder den Tod eines Menschen, den Sie mochten, sondern über das ganze Chaos dieser Welt zu weinen.

Das Fühlen ging verloren, weil wir so schlau und gerissen geworden sind. Schläue ist Weltlichkeit – bitte machen Sie sich das klar. Wenn wir schlau sind, sind wir wirklich weltlich. Unsere Ausbildung hat uns schlau gemacht, die Überbevölkerung zwingt uns, ums Überleben zu kämpfen, also sind wir gerissen geworden – wir konkurrieren, verdrängen andere, indem wir unser Examen machen und einen Job ergattern. Unser Verlangen nach schierem Überleben hat uns schlau werden lassen – beobachten Sie sich selbst. Wir sprechen nie über die Realitäten: wie man den Krieg beenden kann, wie man freundlich und großzügig sein kann – aber wir sind stets bereit, über abstrakte Dinge zu diskutieren.

Mit Liebe meine ich eine geistige Qualität, die keine Trennung kennt, verstehen Sie? Denn überall, wo Trennung herrscht, entstehen Konflikte, Neid, Eifersucht, Feindschaft, der Wunsch nach Macht, Status – das sind die Resultate unserer gerissenen Weltlichkeit. Wenn zwischen Ihnen und einem anderen Menschen eine Trennung besteht, existiert keine Beziehung, obwohl Sie vielleicht verheiratet sind, Kinder haben, Sex haben – und wenn Sie sich von einem anderen Menschen getrennt fühlen, empfinden Sie keine Liebe. Aber ohne Liebe werden Sie niemals in der Lage sein, die Probleme dieser Welt oder irgendein Problem, mit dem Sie konfrontiert sind, zu lösen. Bitte erkennen Sie diese grundlegende Tatsache: Sie empfinden keine Liebe. Und warum nicht? Warum fließt die Liebe in Ihnen nicht über, wenn Sie die Schönheit eines Sonnenuntergangs oder eines Baumes sehen, wenn Sie den Schmerz, das Elend, die Verwirrung, die Qual der Menschen sehen? Warum empfinden Sie keine Liebe? Das ist die fundamentale Frage – und nicht, ob Gott existiert oder was mit Ihnen nach dem Tode geschieht, sondern warum Sie als Menschen nicht diese geistige Qualität besitzen, die Sie über alles Trennende erhebt, die über jeglichen Nationalismus, über alle Religionen, Glaubenssysteme und Dogmen hinausgeht, über alles, was der Mensch erfunden hat, um sich zu schützen. Warum? Bitte fragen Sie sich das. Das ist wirklich eine sehr wichtige Frage – schieben Sie sie nicht beiseite.

Warum besitzen Sie als menschliches Wesen – das so kompetent ist, so klug, so schlau, das auf technologischem Gebiet so viel erreicht hat, das zum Mond fliegen oder wochenlang unter Wasser leben kann, das ein außerordentlich komplexes Elektronengehirn entwickelt hat –, warum besitzen Sie nicht diese eine Qualität, auf die es wirklich ankommt? Ohne Liebe werden Sie bitter, leben in Angst, in Beziehungen, die ständig von Konflikten erschüttert werden. Ich weiß nicht, ob Sie sich jemals ernsthaft mit der Frage auseinander gesetzt haben, warum Ihre Herzen leer sind.

Dies ist keine emotionale, sentimentale Zusammenkunft. *Liebe ist nicht sentimental oder emotional, sie hat nicht das Geringste mit Aufopferung oder Treue zu tun.* Man muss herausfinden, warum man keine Liebe empfindet, aber vielleicht stößt man auf sie, während man dies versucht. Man kann Liebe nicht kultivieren, kann sie weder durch das Praktizieren einer Methode herbeizaubern, noch in einer Schule erlernen. Doch ohne Liebe werden Sie weiterhin in Verwirrung und Leid leben, ganz gleich, ob Sie alle Tempel der Welt besuchen und alle heiligen Schriften lesen.

Ihre Gesellschaft ist so, wie Ihr tägliches Leben ist. Verstehen Sie das? Die Gesellschaft ist nichts anderes als Sie, sie unterscheidet sich nicht von dem, was Sie sind und was Sie waren, das heißt, die Gemeinschaft, in der Sie leben. Das gesellschaftliche Chaos existiert, weil in Ihrem eigenen Leben Chaos herrscht. Aber es ist nicht möglich, durch intellektuelles Analysieren und Organisieren Ordnung zu schaffen. Das haben wir seit Tausenden von Jahren versucht, so viele Menschen haben sich bemüht, eine neue Gesellschaft, eine neue menschliche Gemeinschaft aufzubauen, und alle sind gescheitert; sie müssen scheitern, weil sie diese Gesellschaft auf einer Idee, einer Vorstellung, einer Ideologie aufbauen wollen.

Wir werden also versuchen herauszufinden, ob wir mit ganzem Herzen bei der Sache sein können, um dieses Problem unserer Existenz zu lösen – das Problem der täglichen Qual unseres Lebens, des täglichen Elends, der täglichen Verwirrung, der flüchtigen Freuden und Genüsse, die wir Leben nennen. Sie können es nicht lösen, ohne es zu verstehen, und das heißt, nicht ohne es zu lieben. Und Sie können nicht lieben, wenn Sie nicht wissen, was Trennung ist und was Beziehung bedeutet. Wir werden das untersuchen, nicht intellektuell, nicht verbal, sondern wirklich. Wir tun das, indem wir genau hinschauen, indem wir uns unsere gegenwärtigen Beziehungen betrachten – die alltägliche Beziehung zu unserer Frau, unserer Familie, unserem Chef, unserem Nachbarn – und schauen, ob es überhaupt möglich ist, über diese trennende, eingeschränkte Existenz hinauszugehen.

Zuallererst müssen Sie darauf achten, sich nicht in Worten zu verfangen, verstehen Sie? Das Wort ist nicht das Reale, das Wort »Baum« ist nicht der leibhaftige Baum – das ist einfach. Das Wort wird Ihnen nicht helfen, den Baum zu berühren, Sie müssen mit ihm in Kontakt kommen, müssen Ihre Hand auf seinen Stamm legen. Wir sind Sklaven der Worte, Sklaven von Ideen, Bildern und Symbolen. Wollen wir mit einer Sache direkt in Kontakt kommen, darf das Wort nicht dazwischenstehen. Man muss also die Kunst des *Sehens* und des *Hörens* erlernen und herausfinden, wie man schauen muss; wie man sich die Welt, in der man lebt, anschauen muss, einen Baum, eine Wolke, die Schönheit eines Sonnenuntergangs. Um etwas ganz klar sehen zu können, muss man empfänglich und sensibel sein – verstehen Sie? Wenn Ihre Hände hart und brutal sind, können sie den Baum nicht berühren. Wenn Ihre Augen blind sind, weil Sie nur mit Ihren Sorgen, Ihren Göttern, Ihrer Frau, Ihrem Sex und Ihren Ängsten beschäftigt sind, können Sie die Wolken am Himmel und die Schönheit des Sonnenuntergangs nicht sehen.

Man muss das Sehen, das Schauen lernen, und diese Kunst kann einem niemand beibringen. Man muss sie für sich selbst lernen. Wenn der Redner Ihnen diese Dinge erklärt, dürfen Sie sich nicht durch die Erklärung hinreißen lassen, Sie müssen es wirklich selbst tun. Sagen Sie nicht: »Ich werde es später versuchen.« Das ist die schlimmste Ausrede, die Sie gebrauchen können. Entweder Sie tun es, oder Sie tun es nicht – es geht nicht darum, es zu versuchen oder sein Bestes zu tun.

Wenn Sie ein Blatt anschauen – wie betrachten Sie es? Natürlich schauen Sie es mit Ihren Augen an, aber Sie betrachten es auch mit Ihrem Geist – jenem Geist, der Informationen über dieses Blatt gespeichert hat, beispielsweise seinen botanischen Namen. Sie schauen also mit Ihren Augen, aber Sie schauen auch durch die Brille Ihrer Assoziationen und Erinnerungen, nicht wahr? Hier laufen zwei Prozesse parallel ab. Sie sehen mit Ihren Augen, und Sie sehen durch den Filter Ihres Gedächtnisses, durch das innere Bild, das Sie von diesem Blatt oder von Ihrer Frau oder Ihrem Mann oder jener Wolke dort haben.

Wenn Sie Ihren Mann oder Ihre Frau anschauen, betrachten Sie ihn oder sie durch das innere Bild, das Sie sich im Laufe der Jahre von diesem Menschen gemacht haben; Ihr Blick ist getrübt durch all die Erinnerungen an den Sex, das gemeinsame Vergnügen, die Gereiztheit, die Nörgeleien, die wütenden Auseinandersetzungen und so weiter. Jeder von Ihnen hat sich ein Bild vom anderen gemacht – das ist eine Tatsache. Die Beziehung besteht also eigentlich nur zwischen diesen beiden Bildern, und deshalb haben Sie überhaupt keine direkte Beziehung zueinander, Sie sind voneinander getrennt – zwangsläufig –, und daraus entstehen die ganzen Konflikte, das ist der Grund dafür, dass überhaupt keine Liebe da ist. Solange Sie sich dieses Mechanismus, der Struktur und Beschaffenheit des Bildes nicht bewusst sind, können Sie niemals frei davon sein und werden ständig im Konflikt sein.

Was wir auf dieser Welt brauchen, ist Zusammenarbeit – ganz besonders in diesem Land. Dieses Land, das sich durch sprachliche Trennung und nationalistisches Denken so katastrophal spaltet, braucht die Zusammenarbeit der Menschen, um überhaupt überleben zu können. Wie können Sie mit einem anderen Menschen kooperieren, wenn Sie keine Liebe empfinden? Wie können Sie das Wort »Kooperation« in den Mund nehmen, wenn Sie ehrgeizig und separatistisch sind, wenn Sie konkurrieren und sich durch Worte, Glaubenssysteme und Dogmen voneinander abgrenzen? Doch wenn Sie wissen, wie Sie wirklich kooperieren können, werden Sie auch wissen, wie Sie Kooperation verweigern können – und Sie müssen beides wissen. Wenn Sie die tiefere Bedeutung von Kooperation verstehen, werden Sie auch den Moment erkennen, in dem es richtig ist, nicht zu kooperieren. Doch zuerst muss man wissen, wie man kooperieren kann, dann kann man die Kooperation in Bezug auf alles Trennende verweigern. Die Trennung wird so lange bestehen bleiben – auch wenn man in einer Familie lebt, mit seiner Frau oder seinem Mann schläft –, solange man ein inneres Bild aufrechterhält. Erkennen Sie zunächst einmal, dass Sie aufgrund Ihres von Ehrgeiz, Gier, Neid und Erfolgsstreben geprägten Bildes voneinander getrennt sind; Sie kooperieren nicht, obwohl Sie vielleicht im selben Haus leben, gemeinsame Kinder haben. Zusammenarbeit ist nur möglich, wenn Liebe da ist. Liebe ist nicht sentimental, hat nichts mit Emotionalität zu tun, ist nicht Lust oder Verlangen. Um auf dieses außergewöhnliche Phänomen zu stoßen, diese Schönheit zu empfinden, müssen Sie lernen, wirklich zu schauen. Sie müssen lernen, den Baum, Ihre Frau und Ihre Kinder wirklich zu sehen.

Wie sind die Menschen in diese große Krise geraten, wie ist dieses totale Chaos, diese Unordnung, diese Verwirrung in ihnen entstanden, die sich äußerlich im Zustand der Gesellschaft widerspiegelt? Warum ist der Mensch, der seit Jahrtausenden auf dieser Erde lebt, in ein solches Elend, in solche Schwierigkeiten geraten? Warum? Dieses Chaos hat ein so erschreckendes Ausmaß angenommen. Was ist der Grund dafür? Sie werden sagen: »Es ist die Überbevölkerung – jedes Jahr werden in Indien, das bereits überbevölkert ist, zwölfeinhalb Millionen Menschen geboren.« Sie werden sagen: »Es ist die Gesellschaftsmoral, die mit dem technologischen Fortschritt einhergeht.« Sie werden sagen: »Es ist der Mangel an Kommunikation.« Das sind schlaue Antworten, die leicht über die Lippen kommen. Aber mit so einfachen Antworten werden Sie das Problem nicht in seiner Tiefe berühren und die Wahrheit nicht finden. Warum finden Sie sich in diesem Land, in dem Sie seit so langer Zeit mit Ihren Lehrern, Ihren Shankaras, Gitas, Gurus und unreifen Heiligen leben – warum finden Sie sich *jetzt* und *heute* in diesem Chaos, in dieser Verwirrung wieder? Warum? Wenn Sie die oberflächlichen Erklärungen wie Überbevölkerung, mangelnde Moral aufgrund von technologischem Fortschritt oder Mangel an direkter Kommunikation – was vielleicht alles stimmt – einmal beiseite lassen, müssen Sie sich fragen, was der tiefere Grund, die tiefere Ursache für dieses Elend ist. Wie kommt es, dass in einem Land, in dem traditionell die Ideale Mitgefühl, Freundlichkeit, Achtung vor dem Leben und Gewaltlosigkeit hochgehalten wurden – was nicht heißt, dass Sie nach diesen Idealen gelebt hätten –, wie kommt es, dass in einem Land, das so viele spirituelle Lehrer hervorgebracht hat, so viel schief laufen konnte?

Um das tiefer zu erforschen, müssen Sie sehr genau hinschauen. Wenn Sie etwas untersuchen wollen, dürfen Sie keine vorgefassten Meinungen haben, und um etwas entdecken zu können, müssen Sie frei und furchtlos sein. Wir werden die Ursache herausfinden, aber das wird Sie nicht von der Ursache befreien – bitte begreifen Sie das. Vielleicht wissen Sie, dass Sie sich krank fühlen, weil Sie Krebs haben, aber das Wissen um Ihre Krebserkrankung befreit Sie nicht von dieser Krankheit, es kann sein, dass Sie sich einer Operation unterziehen müssen. Vielleicht finden Sie heraus, was die Ursache Ihres Schmerzes ist, aber das befreit Sie nicht von seiner Auswirkung; nur das unmittelbare Verstehen der Ursache – der chirurgische Eingriff – kann Sie von Ihrem Leid befreien. Sie müssen hinschauen, Sie müssen die Ursachen untersuchen, und dazu müssen Sie frei sein. Das erschreckt Sie vielleicht, denn Freiheit setzt totale Verneinung der Vergangenheit, totale Verneinung Ihrer Götter, Ihrer Glaubenssysteme und Rituale voraus – die totale Verneinung all dieser Dinge. Die meisten Menschen haben Angst vor der Freiheit, aber nur ein freier Geist, ein wacher Geist kann wirklich herausfinden, wie der Mensch in diese Sackgasse geraten ist, wie dieses ungeheure Leid über die Menschheit kam.

Um diese Reise antreten zu können, müssen Sie also als erstes dafür sorgen, dass Sie kein schweres Gepäck bei sich haben, Sie müssen Ihre ganze frühere Last, Ihre ganzen Vorurteile und Sorgen zurücklassen. Und das bedeutet, dass eine totale Revolution im eigenen Innern stattfinden muss, ein Quantensprung des Geistes, und der kann nur stattfinden, wenn Sie innerlich frei sind und keine Angst davor haben, was geschehen könnte.

Wenn Sie Glück haben und herausfinden, wie man zuhören, wie man schauen muss, dann werden Sie für sich selbst entdecken, dass der Akt des Sehens an sich, der Akt des Hörens an sich etwas Gesegnetes ist – nicht von einem Gott gesegnet, denn es gibt keinen Segen der Götter, der Gebete oder der Kirchen, sondern nur den Segen, der über Sie kommt, wenn Sie lieben können.

Aus: Bulletin Nr. 20, 1973/74

Liebe kann man nicht lehren

Bombay, Indien, Januar 1968

Warum hören wir uns überhaupt einen Vortrag an? Hoffen wir, neue Anregungen zu bekommen, etwas zu lernen? Sind wir einfach nur neugierig? Oder hören wir zu, um für uns selbst in den Worten des Redners zu entdecken, wer wir wirklich sind? Es ist eine verblüffende Tatsache, dass das Publikum überall anscheinend bloß eine Menge Worte und Theorien hört. Und ich fürchte, dass hier das Gleiche geschieht: So wie Sie hier sitzen, den Redner auf dem Podest vor sich, wundert man sich über dieses seltsame Phänomen, und es ist ziemlich seltsam, denn wenn wir wirklich verstünden zu schauen, wenn wir die Welt mit ihren vielfältigen Aktivitäten und uns selbst wirklich betrachten könnten, dann würden wir, so glaube ich, niemals zu einer solchen Versammlung gehen. Wir würden nie jemand anderem zuhören, um etwas zu lernen, denn die gesamte Geschichte der Menschheit ist in unserem Innern aufgezeichnet, in uns selbst, und wir könnten sie klar und deutlich lesen, könnten das Elend und den Kampf des Menschen sehr klar sehen, wenn wir nur auf die richtige Weise schauen und hören würden. Wir glauben, jemand anders würde uns beibringen, wie man richtig schaut, jemand anders würde uns den richtigen Weg zeigen und unseren unablässigen Kampf und unser Leid beenden. Doch wenn Sie sowohl im Innern als auch in der Außenwelt genau hinschauen, werden Sie erkennen, dass niemand uns den Schlüssel zum Verständnis unseres rätselhaften, komplexen, leidvollen Lebens geben kann. Doch wir weigern uns hinzuschauen, weigern uns, auf die Andeutungen und Hinweise jener inneren Stimme zu hören, die uns die ganze Geschichte sowohl in Einzelheiten als auch im Ganzen erzählt – auf das, was uns sagt, was tatsächlich vor sich geht.

Und deshalb möchte ich Sie darauf hinweisen, dass ich Sie nichts lehren kann, und das meine ich wirklich so – ich kann Ihnen keine neue Philosophie, kein neues System bieten und Ihnen auch keinen neuen Weg zur Wahrheit aufzeigen. Es gibt keinen Weg zur Wahrheit, und die vielen Wege, die der Mensch sich ausgedacht hat, entspringen seiner Angst, aber in Wirklichkeit gibt es überhaupt keinen Weg. Ein Weg ist etwas Permanentes, Statisches, etwas, das einfach unverrückbar da ist. Sie brauchen nur dem Weg zu folgen, und Sie gelangen irgendwann ans Ziel. Ich fürchte, so ist es nicht. Es ist viel komplexer, viel subtiler, aber es ist auch außerordentlich schön, wenn man begreift, dass es keinen Weg gibt, keinen Retter, dass niemand uns von unserer Verwirrung, unserem Kampf und unserer endlosen Suche befreien kann. Denn – wie wir bereits sagten – alles ist da, wenn man es versteht, zu forschen, zu schauen; alles ist in uns selbst, denn wir sind das Produkt der Zeit, das Produkt einer unendlichen Erfahrungslast, einer weit zurückreichenden Tradition.

Wir wollen, dass jemand uns sagt, wie wir schauen, wie wir zuhören müssen, was wir tun sollen. Fragen Sie niemals irgendjemanden, was Sie tun sollen, wie Sie zuhören sollen, wie Sie bewusst sein können. Sie müssen nur schauen. Es geht nicht um das »Wie« des Schauens – schauen Sie einfach, mit ganzem Herzen, voller Achtsamkeit, damit Sie die Dinge sehen, wie sie wirklich sind. Wir weigern uns hinzuschauen, weil unsere Herzen so mit den Dingen des Verstandes angefüllt sind – des Denkens, das so viele Bilder produziert, dass wir weder klar noch liebevoll schauen können. Liebe kann man nicht lehren; es gibt keine Schule, keinen Lehrer, kein Buch, das diese Qualität der Liebe vermitteln kann. Doch ohne sie können Sie tun, was Sie wollen, Sie können alle Tempel, alle Moscheen und Kirchen aufsuchen, können Opfer bringen, sich einer bestimmten Handlungsweise verpflichten, einer politischen Partei beitreten – aber ohne Liebe werden Ihr Elend, Ihre Verwirrung, werden die schmerzhafte Einsamkeit und die Verzweiflung niemals enden.

Niemand kann Ihnen Freiheit geben; Freiheit ist etwas, das Ihnen begegnet, wenn Sie es nicht suchen. Freiheit wird Ihnen nur zuteil, wenn Sie wissen, dass Sie ein Gefangener sind, wenn Sie sich Ihres Zustandes der Konditionierung *vollständig* bewusst sind, wenn Sie wissen, wie Sie von der Gesellschaft, der Kultur, der Tradition, von allem, was Ihnen beigebracht wurde, geknebelt werden. Freiheit ist Ordnung – niemals Unordnung –, und man muss frei sein, absolut äußerlich und innerlich frei, denn ohne Freiheit gibt es keine Klarheit, ohne Freiheit können Sie nicht lieben, ohne Freiheit können Sie nicht die Wahrheit finden, ohne Freiheit können Sie die engen Grenzen des Verstandes nicht hinter sich lassen. Sie müssen frei sein, und Sie müssen mit jeder Faser Ihres Wesens frei sein wollen. Wenn der Wunsch nach Freiheit so stark in Ihnen ist, werden Sie für sich selbst herausfinden, was Ordnung ist. Ordnung heißt nicht, einem vorgegebenen Muster zu folgen, Ordnung entspringt nicht der Gewohnheit.

Bitte hören Sie genau zu – hören Sie nur zu, ohne das Gesagte zu akzeptieren oder zurückzuweisen.

Ohne Freiheit kann es nur Unordnung geben. Eine Gesellschaft, die in Unordnung ist, kann nie moralisch sein, und diese Gesellschaft gedeiht, so wie sie beschaffen ist, auf dem Humus der Unordnung. Beobachten Sie es! Sie können beobachten, dass jeder mit irgendjemandem konkurriert, jeder neidisch auf irgendjemanden ist, jeder nach persönlicher Sicherheit, nach Macht, Status und Prestige für sich selbst und seine Familie strebt. Dieser Kampf hat dazu geführt, dass der Mensch sich eine bestimmte Moral angeeignet hat, *die Moral der Anpassung an die Unordnung.* Diese Moral wird als Tugend betrachtet und ist sehr hoch angesehen. Doch eine solche Moral, die Moral der Gesellschaft, ist absolut unmoralisch. Unmoral hat diese Art von Gesellschaft, ihre Kultur, ihre Religionen, ihre Ausbildungssysteme und Regierungen hervorgebracht. Wenn Sie ein wenig darauf achten, können Sie sehen, wie viel Angst die Menschen haben, wie jeder nach persönlicher Sicherheit und Erfüllung strebt (und nie herauszufinden versucht, ob es so etwas wie Erfüllung überhaupt gibt). Jeder will nach oben kommen, und das wird als Erfolg gewertet.

Wir müssen frei sein, um Ordnung schaffen zu können, denn in der Gesellschaft, so wie sie jetzt ist, herrscht völlige Unordnung, absolutes Chaos, aber das gilt auch für unser Inneres. Wir müssen Ordnung schaffen, aber keine Ordnung im Sinne der Regierungen, der Gesetzgeber oder der auseinander fallenden Gesellschaft, sondern eine Ordnung, die entsteht, wenn man sich dieser inneren und äußeren Unordnung bewusst ist und sie versteht. Ohne Ordnung gibt es keine echte Tugend, nur diese schreckliche so genannte Ehrbarkeit.

Um zu dieser absoluten Ordnung zu kommen (man *findet* sie nicht) – einer absoluten Ordnung wie beispielsweise in der Mathematik –, muss man auf sie stoßen, und das ist nur möglich, wenn man die Ordnung im eigenen Innern versteht. In uns herrscht Unordnung: Wir sagen etwas, denken etwas anderes und tun wieder etwas anderes; wir sind uns selbst gegenüber nicht ehrlich. Diese Unordnung entsteht durch das Streben nach psychischer Sicherheit. Im Äußeren muss man natürlich Sicherheit haben, man braucht ein Dach über dem Kopf, Kleidung, Nahrung; diese Art von Sicherheit ist unerlässlich, aber diese äußere Sicherheit wird durch das Streben nach innerer, psychischer Sicherheit zerstört. Wir streben in Glaubensdingen, in unseren Ideologien und Beziehungen nach Sicherheit, aber es gibt keine psychische Sicherheit, im Innern gibt es nichts Dauerhaftes und Verlässliches. Die

Götter, Glaubenssysteme und Ideologien, die der Mensch erfunden hat, sind das Produkt seines Strebens nach innerer Sicherheit; die Anbetung dieser Götter ist so sinnlos, so bedeutungslos, sie sind einfach nur Erfindungen unseres beschränkten Geistes.

Man kann sehen, wie dieses ganze Durcheinander entstanden ist: Wenn der Mensch ehrgeizig ist, nach Erfolg strebt, konkurriert, muss er rücksichtslos sein; ein ehrgeiziger Mensch schafft Unordnung und wird nie wissen, was Liebe ist. Wenn Sie an irgendetwas glauben, weil Sie Angst haben, und ein anderer aus seiner Angst heraus etwas anderes glaubt – sein Gott und Ihr Gott, sein Land und Ihr Land, Sie als Inder, er als Pakistani –, dann ist das Unordnung, Verwirrung. Ihre Glaubenssysteme, Ihre Religionen und Ideologien, Ihre Gemeinden und Familienclans haben dieses Durcheinander geschaffen, schauen Sie sich das an. Und dann versuchen wir, Ordnung in dieses Chaos zu bringen, wir sagen: »Wir müssen« und »wir dürfen nicht«, »das ist richtig«, »das ist falsch«, aber all das spielt sich innerhalb dieses Durcheinanders ab. Ordnung dagegen, die man auch Tugend nennen könnte, ist so rein und absolut wie die Ordnung in der Mathematik. Sie brauchen diese Ordnung, sonst kann es keinen Frieden geben, sonst werden Sie niemals wissen, was Meditation ist. Eine solche Ordnung hat nichts mit Gewohnheit zu tun, nichts mit der Wiederholung der immer gleichen Muster. Sie entsteht, wenn Sie die Unordnung, das Chaos, durchschaut haben und in sich selbst absolut verneinen; sie entsteht, wenn Sie nicht länger gierig und neidisch sind, wenn Sie keine Angst mehr haben, wenn Sie Ihre eigenen unbedeutenden Ideologien, Ihre Götter und Ihren Nationalismus völlig über Bord geworfen haben. Aus dieser totalen Verneinung der Unordnung entsteht Ordnung; durch Negation entsteht das Positive. Aber nur ein äußerst disziplinierter Geist ist fähig zu dieser Verneinung, wobei Disziplin hier nichts mit Unterdrückung, Kontrolle oder Nachahmung zu tun hat. Das innere und äußere Chaos zu durchschauen, zu beobachten, die Disharmonie und Verwirrung wahrzunehmen *ist* Disziplin, nicht wahr? Dem Redner zuzuhören ist Disziplin, es bedeutet, dass Sie Ihre Aufmerksamkeit auf ihn richten, dass Sie mit ganzem Herzen und offenem Geist zuhören – das hoffe ich zumindest. Sich voll und ganz einer Sache zuzuwenden ist an sich schon Disziplin, und dieser Art von Disziplin wohnt eine gewisse Schönheit inne. Sie müssen ein disziplinierter Schüler werden, aber nicht der Schüler irgendeines anderen Menschen, sondern einer, der lernt, das Durcheinander zu durchschauen. Wenn Sie diese Unordnung wirklich sehen, entsteht Ordnung. Sie brauchen überhaupt nichts zu tun, aber Sie müssen sehr hart daran arbeiten, wirklich zu sehen.

Wenn Sie aufmerksam sind – mit ganzem Herzen bei der Sache –, dann ist diese Aufmerksamkeit Disziplin, dann ist sie eine Tugend. Doch das ist nicht der Fall, wenn Sie unaufmerksam, unachtsam sind, denn es ist die Unachtsamkeit, welche Unordnung und Chaos hervorbringt.

Das ist also die Grundlage für Meditation, und Meditation ist eine wunderbare Sache.

Allerdings sollten Sie nicht so viel Gewicht auf das Wort »Meditation« legen. Ich weiß, dass Ihnen dieses Wort vertraut ist, aber das Wort ist nicht die Sache. Wenn ich dieses Wort ausspreche, sehe ich plötzlich, wie Ihre Gesichter ernst werden und Ihr Rücken gerade wird. Wie sehr doch die Menschen Sklaven dieses Wortes sind! Aber Sie wissen überhaupt nicht, was es bedeutet. Alles was Sie wissen, ist, dass mit diesem Wort etwas bezeichnet wird, für das Sie eine bestimmte Vorliebe haben. Sie wissen, dass es Meditations-Zentren und -Richtungen gibt und dass verschiedene Swamis und Yogis in der Welt umherreisen und verschiedene Formen von Meditation lehren – lachen Sie nicht, jeder von Ihnen glaubt an irgendeinen Unsinn! Sie glauben, dass Sie durch die Wiederholung bestimmter Worte einen außergewöhnlichen Bewusstseinszustand erreichen, dass Sie durch das Wiederholen eines Mantras irgendeine wunderbare Erfahrung machen können. Das ist keine Meditation, das ist reiner Blödsinn, es ist Selbsttäuschung und Selbsthypnose. Meditation ist etwas viel Größeres, viel Tieferes. Aber Sie können sich ihr nicht nähern, indem Sie bloß mit »Wörtern« und »Energien« spielen, und dennoch müssen Sie sich ihr nähern, denn ohne sie werden Sie niemals wissen, was Liebe ist. Sie werden niemals aus schierer Freude Tränen in den Augen haben, Sie werden nie wissen, was Schönheit ist. Vielleicht machen Sie ein paar unbedeutende kleine Erfahrungen durch Drogen, durch das Wiederholen von Wörtern und Mantras, durch das Anbeten eines Bildes: Aber diese Erfahrungen, denen die Menschen so begierig nachjagen, sind nichts als Projektionen ihres eigenen Geistes; sie erfahren nur das, was sie bereits kannten. Bitte schauen Sie sich das genauer an, und Sie werden es selbst sehen: Sie können nichts »erfahren«, wenn Sie nicht erkennen, was es ist. Und wenn Sie es erkennen, ist es bereits das Alte. Wenn Sie sich also nach besonderen Erfahrungen sehnen und sie erkennen können, so handelt es sich dabei um bereits vorhandene Gedächtnisinhalte, um Projektionen dessen, was bereits war, um Erinnerungen; und das ist nicht Meditation.

Meditation ist der Zustand eines freien Geistes; nicht frei *von* irgendetwas, sondern frei ohne jedes Motiv. Meditation ist nicht das Resultat von irgendetwas. Dieser Zustand ist nur möglich, wenn absolute Ordnung herrscht, aber nicht Ordnung im Sinne von Anpassung an ein bestimmtes Muster und auch nicht jene Ordnung, die durch Gewohnheiten oder Traditionen aufrechterhalten werden soll. Ordnung ist gleichbedeutend mit Tugend, einer Tugend, die nicht das Geringste mit der Gesellschaftsmoral, mit Ehrbarkeit, Tradition oder der Moral, die sich aus der Unordnung entwickelt, zu tun hat.

Wirkliche Tugend ist etwas Lebendiges; sie ist wie eine Blume, wunderschön und duftend, aber man kann sie nicht kultivieren. Wie alles Lebendige ist Tugend in Bewegung, und deshalb kann man sie nicht einfangen, festhalten, man kann nicht sagen, man sei »tugendhaft«. Aber ohne Freiheit, Ordnung, Disziplin, Tugend, die im Grunde alle das Gleiche sind, ist Meditation nur ein Wort, eine Flucht vor der Wirklichkeit, eine Flucht vor dem täglichen Leben. Ordnung, Freiheit und Disziplin sind im täglichen Leben gefordert, und deshalb ist der Alltag Meditation, verstehen Sie? Ich hoffe, dass Sie das verstehen. Meditation muss im Alltag geschehen, in der Art, wie Sie lächeln, wie Sie einen anderen Menschen anschauen; Meditation liegt in der Fürsorge, der Zärtlichkeit, der Großzügigkeit – sie ist sich der Wut, der Brutalität, der Gewalttätigkeit, der überall gegenwärtigen Aggression bewusst. Das ist meditatives Bewusstsein.

Wenn diese totale Ordnung in Ihnen ist – keine teilweise Ordnung, nicht Ordnung in einem Teil Ihres Geistes und Unordnung in allen anderen Bereichen; Ordnung ist nicht fragmentarisch, sondern absolut, so wie zwei und zwei vier sind und niemals fünf sein können –, dann sind Sie geistig gesund. Das Chaos herrscht, weil wir verrückt sind, verrückt durch unsere Glaubenssätze und Dogmen, unser Besitzdenken und unsere Bindungen; wir sind verrückt, weil die Wurzel all dieser Dinge Angst ist. Wenn Sie also im täglichen Leben meditativ Ihr Fundament gelegt haben – mit Ihren Worten, Ihren Gesten, dem Gefühl und der Leidenschaft im täglichen Leben – dann ist die Grundlage für diese umfassende Ordnung geschaffen und wir können weitergehen.

Sie werden erkennen, dass Meditation nichts mit Konzentration zu tun hat. Konzentration ist ein Prozess der Verengung, des Ausschließens, des Trennens und hat absolut nichts mit Meditation zu tun. Sehen Sie, um die Wahrheit herauszufinden, müssen Sie alles verneinen, was Sie jemals von irgendjemandem gehört haben, Sie müssen Ihren Guru, Ihre Religion und alles Bücherwissen verneinen. Sie müssen verneinen, ein Inder, ein Moslem, ein Christ, ein Engländer oder ein Deutscher zu sein, Sie müssen das völlig verneinen, denn in dieser Verneinung (und es ist wichtig, auf welche Weise Sie es verneinen, denn wenn Ihre Verneinung eine bloße Reaktion ist, schaffen Sie neue Unordnung) erkennen Sie die Wahrheit als Wahrheit in der Unordnung, weil im Erkennen der Ursachen der Unordnung Wahrheit liegt – so wie Sie das Falsche im Wahren sehen.

Weil also die Freiheit – mit ihrer Ordnung, Tugend und Disziplin – nicht fragmentarisch ist, existiert auch in der Struktur des Geistes keine Spaltung mehr. Der Geist befindet sich nicht länger in einem Zustand von Kampf und Konflikt, ein solcher Geist kennt keine Begrenzung, er ist allumfassend, unendlich tief, unauslotbar. Ein solcher Geist, der nun selbst zum Grenzenlosen, Unermesslichen geworden ist, kennt Liebe und Schönheit. Und wenn Liebe und Schönheit da sind, ist auch Wahrheit da – aber kein Gott, denn der ist nur eine Erfindung des Menschen.

Ein Geist, der das tägliche Leben verstanden und Ordnung und damit Schönheit und Liebe in dieses tägliche Leben gebracht hat, ist ein religiöser Geist. Ein solcher Geist kennt keine Sorgen und kein Leid, denn er ist eine Segnung; da ist eine unglaubliche, unermessliche Glückseligkeit. Das ist Liebe, aber das Wort ist nicht das Eigentliche. Liebe geht ihre eigenen Wege, besitzt ihre eigene Schönheit, die das Denken – so hoch entwickelt und feinsinnig es auch sein mag – niemals erfassen kann. Das Denken muss völlig still sein, dann kann das Ewige, kann die Liebe ihn vielleicht berühren. Im Zustand der Meditation werden diese beiden als Nicht-Dualität wahrgenommen.

Meditation bedeutet zu sehen, wie das Ewige die sich unablässig verändernde Bewegung des Lebens berührt. Der Mensch, der sich vom Sünder zum Heiligen entwickelt hat, hat sich von einer Illusion zur nächsten entwickelt. Dieser ganze Entwicklungsprozess ist eine Illusion. Und wenn der Geist diese Illusion durchschaut, schafft er keine neuen Illusionen, er hört auf, die Dinge zu bewerten. Das Denken hört auf, nach »Verbesserung« zu streben, und das führt zu einer inneren Befreiung. Das ist ein heiliger Zustand, vielleicht der einzige, in dem das Ewige berührt werden kann.

Aus: Bulletin Nr. 22, 1974

Das Leid verstehen

Bombay, Indien, Februar 1968

Ich weiß nicht, ob Sie sich je ernsthaft gefragt haben, ob das Leiden jemals ein Ende haben kann. Der Mensch leidet seit undenklichen Zeiten, und zwar nicht nur körperlich, sondern auch innerlich, psychisch. Er ist einer Spur endlosen Leids gefolgt, dem Muster des Lebens und Sterbens, und beides stürzt ihn in Verzweiflung. Die Menschheit war im Lauf der Jahrtausende nicht in der Lage, dieses Problem zu lösen.

Ist es dem Menschen, der von jeher mit Korruption lebt, in einer chaotischen Gesellschaft überhaupt möglich, glücklich, intelligent zu leben, das heißt mit großer Sensibilität und Freude zu leben, einer Freude, die noch nie vom Leid berührt wurde? Was könnte man auf diese Frage antworten, wenn man sie sich wirklich einmal stellte? Wahrscheinlich würde man sagen, dass es unmöglich ist, dass man das vergessen kann, man würde sagen, dass man in dieser hässlichen Welt eben so leben muss, wie man lebt, mit all dem Schmerz, mit Alter und Tod und den gelegentlichen Momenten grundloser Freude; man würde wahrscheinlich sagen, dass man in einem Teufelskreis gefangen ist, aus dem es kein Entrinnen gibt.

Aber ich sehe nicht, wie man, ohne das Leid zu beenden, je

erleuchtet sein kann, je weise sein kann. Weisheit kann man nicht in einer Buchhandlung kaufen und nicht ansammeln, sie entspringt weder der Tradition noch der Erfahrung. Weisheit ist nur möglich, wenn das Leid ein Ende hat; das Ende des Leids *ist* Weisheit. Aber wir wissen nicht, wie wir das Leid beenden sollen. Wir haben nie mit ganzem Herzen und offenem Geist versucht herauszufinden, ob es überhaupt möglich ist, das Leid zu beenden, ob man überhaupt ein anderes Leben führen kann, ein Leben, das nicht von diesem ungeheuren Elend, dieser Verwirrung und Angst bestimmt ist. Wir haben gelernt, sehr genau zu analysieren, haben kluge Erklärungen parat, aber das ist, als würden wir immer nur pflügen und niemals säen. Diese Cleverness hat uns sehr weltlich gemacht, und mit Weltlichkeit meine ich die Kultivierung eines fragmentarisch funktionierenden Geistes, der dadurch so erstaunlich scharf und wissend wurde, der nie mehr sagt: »Ich weiß nicht.« Weltlichkeit ist ein Mangel an Demut, aber Demut kann man nicht kultivieren wie einen Baum, einen Garten oder einen Teilbereich des Geistes. Demut existiert außerhalb der Zeit, und deshalb können Sie nicht sagen: »Ich *werde* demütig sein; irgendwann *werde* ich mich in diesem außergewöhnlichen, schlichten Seinszustand befinden, in dem der Geist unablässig lernt, sieht, lauscht.«

Weisheit und Demut gehen Hand in Hand. Wenn Sie wissen, wer Sie wirklich sind, sind Sie demütig, aber wenn Sie eine bestimmte Theorie über das höhere Selbst und das niedere Selbst haben, über Atman und all die anderen der menschlichen Phantasie entspringenden Dinge, dann ist das Eitelkeit. Nur ein Mensch, dessen Geist frei vom Leid ist, kann lieben, kann die Schönheit der Liebe kennen, kann die Dinge auf einen Blick vollständig erfassen – die ganze Schönheit der Erde und des Himmels, eines Sterns oder eines Vogelschwarms, der sich am Morgen in die Lüfte erhebt. Ein solcher Geist kann all das auf einen Blick sehen und kennt diese Qualität der Schönheit, die Liebe ist.

Um folgende Frage zu stellen, muss man demütig sein: Kann der menschliche Geist, der seit zehntausend Jahren existiert, je in einem Zustand sein, in dem ihn das Leid nicht berühren kann? Um diese Frage stellen und auf jene geistige Qualität der Unschuld stoßen zu können, müssen wir ganz und gar verstehen, was Erfahrung bedeutet. Der Mensch machte und macht jeden Tag, jeden Augenblick Tausende und Abertausende von Erfahrungen, das ist unvermeidlich; ob es ihm gefällt oder nicht, sein Geist wird durch Erfahrungen sowohl auf der bewussten als auch auf der unbewussten Ebene beeinflusst. Kann dieser Geist, der das Produkt der Zeit, der Tradition, des unglaublichen menschlichen Elends ist, jemals frei von Erfahrungen sein? Unglücklicherweise sind wir davon überzeugt, dass Erfahrungen notwendig sind; wir glauben, wir müssten viele verschiedene Erfahrungen machen, um den Geist zu bereichern. Wir glauben, dass Erfahrungen, ob große oder kleine, ein wesentlicher Teil des Lebens sind, und wir können nie genug davon bekommen, wollen immer neue Erfahrungen durch Sex, durch Gott, durch Beziehungen oder Reisen machen. Die tägliche, monotone, einsame Erfahrung, die wir machen, wenn wir mit uns allein sind, ertragen wir zwangsläufig. Wir haben diese Art zu leben akzeptiert.

Mit der Erfahrung kommt der Vergleich. Ich weiß nicht, ob Sie irgendwann gelebt haben, ohne zu vergleichen, ohne sich mit irgendjemandem zu vergleichen, der intelligenter ist, eine bessere Stellung, mehr Macht und Prestige hat – oder mit jemandem, der schöner aussieht, herzlicher lachen kann und so weiter. Dieses Vergleichen läuft ununterbrochen im Innern ab: dieser ist besser, jener hat mehr – oder wir vergleichen, was war, mit dem, was sein sollte; ständig wird gemessen, gewertet, wie in der Werbung: »Kaufen Sie dieses Produkt, es wird Sie klüger machen«; »Benutzen Sie unser Waschmittel, es wäscht Ihre Wäsche noch weißer«. Wenn man vergleicht, muss man unweigerlich Erfahrungen machen; wir glauben, dass wir ohne zu vergleichen und zu messen dumm sind, dass es dann keinen Fortschritt gibt. Wir vergleichen ein Bild mit einem anderen, einen Autor mit einem anderen, ein Vermögen mit einem anderen; wir glauben, wir könnten durch vergleichende Studien der Religionen und durch anthropologische Forschungen die menschliche Existenz verstehen. Sind wir dumm und abgestumpft, wenn wir nicht vergleichen? Oder fühlen wir uns nur dumm, weil wir vergleichen – weil ein anderer Mensch sensibel und empfänglich ist, leuchtende Augen hat, nicht verwirrt ist? Wird Ihnen dadurch, dass Sie sich mit dieser Person vergleichen, bewusst, dass Ihr Geist verwirrt ist und Ihre Augen stumpf sind? Hilft dieser Vergleich Ihnen, sich selbst und das Leben wirklich zu verstehen? Im technologischen Bereich ist Vergleichen wichtig, sonst könnte die Wissenschaft nicht existieren, aber abgesehen davon sind Vergleiche doch völlig überflüssig, oder nicht? Was würde geschehen, wenn Sie aufhörten, sich mit anderen zu vergleichen?

Beobachten Sie einmal, was in Ihnen vorgeht, während Sie mir zuhören. Sie werden sehen, dass Ihr Geist ständig mit Vergleichen und Messen beschäftigt ist. Das löst Unzufriedenheit in Ihnen aus, und deshalb wollen Sie mehr. Sie wollen Zufriedenheit finden, und deshalb verlangen Sie unaufhörlich nach Erfahrungen.

Was ist Erfahrung? Sie müssen das verstehen, bevor wir tiefer in eine Sache eindringen können, die ein hohes Maß an Verständnis erfordert: Wir werden über den vollkommen unschuldigen Geist sprechen, denn nur ein unschuldiger Geist, ein sehr, sehr schlichter und einfacher Geist kann die Wahrheit erkennen, kann klar sehen. Ein mit Erfahrungen vollgestopfter Geist ist kompliziert, jede Erfahrung hat ihn geprägt, einen Eindruck in ihm hinterlassen, und ein solcher Geist kann niemals die Seligkeit der Unschuld kennen.

Man muss das Wesen des Wortes »Erfahrung« erforschen. Es bedeutet »hindurchgehen«, aber der Geist geht nie »hindurch«, zumindest nicht in dem Sinne, dass er »hindurchgeht« und dann mit der Erfahrung abgeschlossen hat. Jede Erfahrung hinterlässt eine Spur, eine Prägung, und weil bereits andere Spuren oder Prägungen von früheren Erfahrungen da sind, wird jede neue Erfahrung von der vorherigen Prägung, vom Gedächtnis interpretiert. Das können Sie bei sich selbst beobachten. Man entdeckt, dass Erfahrungen den Geist niemals befreien können – *niemals*. Man begreift, dass jede Erfahrung nur deshalb als solche erkennbar ist, weil man sie bereits gemacht hat – andernfalls könnte man sie nicht erkennen.

Erfahrungen hinterlassen Eindrücke, das ist eine bekannte Tatsache. Sie haben mich beleidigt, und meine Reaktion auf diese Beleidigung hat in mir eine Erinnerung hinterlassen. Wenn ich Sie das nächste Mal treffe, begegne ich Ihnen mit dieser Erinnerung, und indem ich Sie, den Menschen, der mich beleidigt hat, treffe, verstärkt sich diese Erinnerung. Oder Sie haben mich gelobt, haben gesagt: »Was für ein wunderbarer Mensch Sie sind!« Auch diese Schmeichelei hinterlässt einen Eindruck, eine Erinnerung, und das nächste Mal, wenn ich Ihnen begegne, wird diese Prägung verstärkt; wir werden Freunde. Die Erfahrungen haben also Eindrücke hinterlassen – angenehme und unangenehme. Nun stellt sich die Frage: Kann man Erfahrungen durchleben, kann man so vollständig hindurchgehen, dass ich, wenn Sie mich beleidigen, dieser Beleidigung so total standhalte, dass sie keine Erinnerung, keinen Eindruck hinterlässt, dass Ihre Schmeichelei keine Spur in mir zurücklässt? Das würde bedeuten, dass der Geist aufgehört hat, Erfahrungen anzusammeln. Bitte verstehen Sie, worum es hier geht. Der Geist ist, wenn er die Beleidigung oder die Schmeichelei empfängt, so klar, so scharf, dass er ihr total begegnet, denn er hat Erfahrungen verworfen. Bitte tun Sie das nächstes Mal – *tun Sie es*, versuchen Sie nicht nur, es zu tun, tun Sie nicht Ihr Bestes, sondern tun Sie es wirklich, weil Sie sich völlig im Klaren darüber sind, dass Erfahrung den Geist niemals befreien kann.

Die religiösen Menschen verlangen nach Erfahrungen, sie wiederholen irgendein Wort, das eine Hysterie auslöst, die wiederum irgendeine »jenseitige« Erfahrung ermöglicht, und viele junge Leute nehmen Drogen, um irgendeine Art »transzendentaler« Erfahrung zu machen. Es ist immer das gleiche Problem: Ein Mensch, der ein absolut bedeutungsloses Leben geführt hat, ein so verzweifeltes, innerlich verarmtes, monotones Leben, und in einer Routine der Nachahmung gefangen ist, will natürlich etwas erleben, was ihm Freude schenkt, eine Vision eröffnet, seinem Leben Sinn gibt, und deshalb ist er immer auf der Jagd nach Erfahrungen – so wie Sie. Sie wollen Beweise, Sie wollen es suchen, finden, das heißt, Sie wollen es erfahren. Aber wenn Sie das Wesen von Erfahrungen wirklich verstehen, wenn Sie sehen, wie sie beschaffen sind, wenn Sie die Wahrheit sehen und deshalb aufhören zu vergleichen, aufhören, jemandem zu folgen, dann gibt es für Sie keine Autorität mehr; Sie begreifen, dass niemand Sie auf höhere Ebenen der Erfahrung führen wird.

Wenn Sie verstehen, dass alles Messen und Vergleichen Erfahrungen herbeiführt, dass der Wunsch nach mehr Erfahrungen jene Leute ins Spiel bringt, die Macht für sich beanspruchen – den Priester, den Mönch, den Mann, der mehr weiß als Sie –, wenn Sie das verstehen, können Sie die Frage untersuchen, warum der Mensch leidet, und zwar nicht nur körperlich aufgrund von Krankheiten, sondern warum er leidet, wenn jemand stirbt, warum er leidet, wenn er nicht erfolgreich ist, seine Ziele nicht erreicht, warum er sich plötzlich einsam fühlt, wenn er keine Unterstützung erhält und niemand da ist, auf den er sich verlassen kann, wenn er absolut allein ist – warum er überhaupt leidet. Um das zu verstehen, muss eine gewisse Bescheidenheit vorhanden sein, aber Sie sind nicht bescheiden, Sie haben zu viel gelesen, haben nach den Gründen für das Leiden gesucht und nach Wegen, es zu beenden. Und bei diesem Versuch, das Leiden zu beenden, sind Sie sehr weltlich, sehr raffiniert geworden, Sie haben gelernt, Schmerz zu vermeiden – auf raffinierte Weise zu vermeiden.

Um das Leiden und das Ende des Leids zu verstehen, müssen Sie die Angst verstehen, aber nicht intellektuell »verstehen«, sondern wirklich und wahrhaftig verstehen, indem Sie sich damit auseinander setzen, so dass Sie mit der eigentlichen Tatsache konfrontiert sind. Wenn Sie mit der Tatsache konfrontiert sind, ist das Denken außer Kraft gesetzt; wenn Sie mit einem großen Schock, mit einer schweren Krise konfrontiert sind, ist das Denken ausgeschaltet. Ich weiß nicht, ob Sie das schon einmal erlebt haben. Sobald die Gedanken ins Spiel kommen, kommt auch die Zeit ins Spiel. Muss ich das alles erklären – wie das Denken die Zeit hervorbringt und dass Zeit gleichbedeutend mit Leid und Angst ist? Muss ich das erklären? Ja? Schade! Denn Sie wissen, worauf das hindeutet: einen Geist, der sich mit Worten und Erklärungen zufrieden gegeben hat, einen abgestumpften Geist, der nicht mehr in der Lage ist, die Wahrheit einer Sache unmittelbar zu erkennen, aber Sie glauben, Sie würden die Wahrheit verstehen, wenn man sie Ihnen erklärt. Erklärungen und Definitionen lassen den Geist noch stumpfer werden. Ich werde Ihnen eine kurze Erklärung geben, aber die Erklärung ist nicht das Eigentliche. Bleiben Sie nicht bei der Erklärung stehen, spucken Sie sie wieder aus, wie etwas, was Ihnen nicht schmeckt.

Denken ist Zeit, und Denken ist Angst. Sie müssen das verstehen, nicht intellektuell, sondern wahrhaftig, denn wenn Sie mit der ungeheuren Frage, was der Tod ist, konfrontiert werden, müssen Sie, um diese Frage verstehen zu können, um sie leben zu können, um ihre ganze Schönheit erkennen zu können, das Denken als Zeit und als Angst verstehen. Gestern machten Sie eine angenehme Erfahrung, und Ihr Verstand sagt: »Ich hoffe, dass ich diese Erfahrung morgen wieder machen werde.« Schauen Sie, was geschehen ist: Gestern erlebten Sie etwas Schönes, und Sie möchten es morgen wiederholen. Der Verstand speichert diese Erfahrung als Erinnerung und will sie am nächsten Tag wiederholen. Sie tun das beispielsweise in Bezug auf Sex: Sie wollen, dass die sexuelle Erfahrung, die Sie gestern machten, sich morgen wiederholt. Das Denken hat das Gestern und das Morgen erschaffen. Aber das Morgen ist unsicher; morgen ist vielleicht alles ganz anders. Alles, was der Verstand wirklich kennt, ist das Gestern. Also entspringt das Denken stets der Vergangenheit, ist immer alt, niemals neu.

Der Verstand – der aus Erfahrungen, aus Wissen, aus den gespeicherten Erinnerungen besteht – erschafft die Zeit in Form des »Gestern«. Gestern war ich sehr glücklich, ich sah diesen wunderbaren Sonnenuntergang, die leuchtende Sonne, die im glitzernden Meer versank, und die wunderschöne rosafarbene Wolke, die vorbeizog – all das war real, und jetzt ist es eine Erinnerung. Morgen werde ich wieder an diesen Platz gehen, aber vielleicht geht die Sonne dann ohne diese Farben am Himmel, ohne diese Schönheit unter. Der Verstand hat die Zeit in Form des Gestern und des Morgen erschaffen. Das ist ganz einfach. Erzeugt der Verstand also auch die Angst vor dem Tod? Morgen, in der Zukunft, wird alles zu Ende sein, denn Sie haben ja schon oft gesehen, dass der Tod andere Menschen heimgesucht hat; Sie wissen um den Tod, wissen, dass es ihn gibt, wissen, dass er Tag für Tag an Ihrer Seite geht. Und der Verstand denkt an ihn als etwas Zukünftiges, das irgendwann einmal auf Sie zukommt, und deshalb gibt es diese Spanne, die Zeit zwischen Leben und Tod. Diese Spanne, diese Zeit ist die Angst. Und diese Zeitspanne wird vom Verstand, vom Denken erzeugt.

Wir kennen das Leben, und wir wissen um den Tod. Wir kennen das Leben, das wir führen – ein Leben voller Konflikte, Kämpfe und Schmerzen, ein Leben ohne Liebe und Schönheit –, und dann gibt es noch diese Sache, die wir Tod nennen, dieses plötzliche Ende. Der Mensch hat verschiedene Theorien darüber aufgestellt, was nach dem Tode geschieht; ganz Asien glaubt an die Reinkarnation, aber das ist nur eine Hoffnung, denn wenn dieser Glaube tatsächlich Teil Ihres Lebens wäre, dann würden Sie heute richtig leben, Ihr Denken und Handeln wäre heute über jeden Zweifel erhaben, Sie wären freundlich, großzügig, herzlich, weil Sie, wenn Sie es nicht wären, im nächsten Leben dafür bezahlen müssten – das ist es doch, was die Reinkarnationstheorie lehrt. Aber Sie glauben nicht daran, es ist nur eine Idee, eine Hoffnung, die die Furcht der Menschen besänftigen soll. Sie müssen also alles genau untersuchen, müssen Ihre Vorstellungen und Überzeugungen einer genauen Prüfung unterziehen. Glaubenssätze und Vorstellungen haben keinerlei Wert. Ein Mensch, der an einem Glaubenssatz festhält, ist ein Mensch, der Angst hat. Das Leben, das man führt – die Leere, das Elend, der Schmerz, die unaufhörlichen Konflikte –, ist ein Schlachtfeld, und das ist alles, was wir kennen. Dieses Schlachtfeld und die Angst vor dem Ende dieser Schlacht, das wir Tod nennen, ist alles, was wir kennen. Also müssen wir die Dinge untersuchen, müssen forschen, alles ganz neu überdenken, alles mit neuen Augen betrachten, damit ein neues Bewusstsein entstehen kann.

Kann das Leid ein Ende haben? Das heißt: Kann die Angst ein Ende haben? Weinen Sie, wenn Sie den Tod eines Menschen beweinen, um sich selbst oder um den anderen? Haben Sie je um einen anderen Menschen geweint? Bitte hören Sie genau zu. Haben Sie je um irgendeinen anderen Menschen geweint? Um diese arme Frau oder den armen Mann, der auf der Straße lebt und nur ein einziges schmutziges Kleidungsstück besitzt – haben Sie je um ihn geweint? Haben Sie je um Ihren Sohn geweint, der auf dem Schlachtfeld starb? Ja, Sie haben geweint, aber weinten Sie aus Selbstmitleid, oder weinten Sie, weil ein Mensch getötet wurde? Wenn Sie aus Selbstmitleid weinen, haben Ihre Tränen keine Bedeutung, denn Sie sind nur um sich selbst besorgt, und »Sie selbst« sind nichts als ein Haufen Erinnerungen, Erfahrungen, Traditionen. Sie weinen, weil Sie Ihres Sohnes beraubt wurden, in den Sie so viel Liebe investiert hatten – aber es war keine echte Liebe. Sie weinen um Ihren Bruder, der im Sterben liegt – weinen Sie um *ihn*, nicht um sich selbst. Es ist sehr einfach, um sich selbst zu weinen, weil er gegangen ist. Haben Sie sich je gefragt, was ihm widerfuhr, warum er starb? Ich kenne die ganzen Antworten, die Sie mir geben werden. Sie werden sagen, er starb an einer Krankheit, durch einen Unfall, es war sein Karma, sein Schicksal, er führte kein gesundes Leben, Erklärungen, Erklärungen, Erklärungen. Weinen Sie wegen der Erklärungen, oder weinen Sie um ein anderes menschliches Wesen? Hat es Sie je wirklich gekümmert, was einem anderen widerfuhr? Sie müssen sich diese Fragen selbst beantworten, denn Sie sind so weltlich geworden, so ungeheuer hartherzig. Würden Sie um andere Menschen weinen, dann würden Sie etwas tun. Aber wenn Sie um sich selbst weinen, wenn Sie aus Selbstmitleid weinen, werden Sie innerlich nur noch verhärteter. Obwohl Sie anscheinend weinen, weil Ihr Herz berührt wurde, sind Sie nicht wirklich berührt, außer von Ihrem Selbstmitleid. Selbstmitleid macht Sie hart und verschlossen, es stumpft Sie ab. Und die Menschen sind abgestumpft geworden, weil sie über sich selbst geweint haben, über ihr Los, und ihr Los ist immer unbedeutend im Vergleich zu etwas anderem.

Das Ende des Leids ist der Anfang der Weisheit; Weisheit kommt ganz natürlich, ganz leicht, wenn man sich selbst kennt. Sie kommt, wenn man weiß, dass man nur um sich selbst weint, aus Selbstmitleid weint, weil man einsam ist, weil man verlassen wurde. Immer bist *du* in Tränen aufgelöst; wenn man das versteht, *es wirklich versteht*, das heißt, direkt damit in Kontakt kommt – so, als wenn man einen Baum berührt oder diese Säule dort oder eine Hand –, dann erkennt man, dass Schmerz und Leid egozentrisch sind; *man erkennt, dass das Leiden durch Gedanken erzeugt wird* und das Produkt der Zeit ist. Vor Jahren verlor ich meinen Sohn, er ist tot, jetzt bin ich einsam, niemand ist da, an den ich mich wenden kann, wenn ich Trost brauche, wenn ich mir Gesellschaft wünsche; es treibt mir die Tränen in die Augen, und das ist Selbstmitleid, es geht mir in Wirklichkeit überhaupt nicht um meinen Sohn. Wäre es mir um ihn gegangen, hätte ich dafür gesorgt, dass er richtig gelebt hätte, dass er die richtige Nahrung, ausreichend Bewegung und die richtige Ausbildung bekommen hätte, dass er in der Lage gewesen wäre, für sich allein zu stehen, dass er ein freier Mann geworden wäre. Aber das war Ihnen gleichgültig. Sie weinen nicht um einen anderen

Menschen, Sie weinen um Ihr eigenes kleines Selbst, das in seiner Schäbigkeit so außerordentlich raffiniert geworden ist. Sie können sehen, dass sich all das in Ihrem Innern abspielt – Sie *können* es sehen, wenn Sie es beobachten –, Sie können es auf einen Blick erfassen. Sie können diese ganze Struktur, das ganze Muster auf einen Blick erkennen, das kostet keine Zeit, erfordert keine Analyse; Sie können das Wesen dieses schäbigen, kleinen Etwas, das wir »Ich« nennen, deutlich sehen, »meine« Tränen, »meine« Familie, »meine« Nation, »mein« Glaube, »meine« Religion, »mein« Land – diese ganze Hässlichkeit, all das ist in Ihnen. Deshalb können Sie auch sehen, dass Sie für jeden Krieg, für jede Brutalität, die in diesem Land und in anderen Ländern geschieht, verantwortlich sind. Wenn Sie all das mit Ihrem Herzen sehen, nicht mit dem Verstand, wenn Sie es wirklich mit ganzem Herzen betrachten, dann halten Sie den Schlüssel zur Beendigung des Leids in der Hand. Dieser Schlüssel öffnet die Tür zu einem Geist, der völlig unberührt von Erfahrungen und daher vollkommen unschuldig ist. Dieser Geist erhielt seine Unschuld nicht durch das Denken; das Denken kann überhaupt nichts bewirken, denn die Gedanken sind immer alt. Die Schönheit der Unschuld liegt darin, dass sie stets neu ist und deshalb immer jung – nur diese absolute Unschuld kann das Unermessliche sehen, diese unermessliche Tiefe des Geistes, nach der der Mensch seit Jahrtausenden sucht.

Aus: Bulletin Nr. 29, 1976

Der unbelastete Geist

Neu-Delhi, Indien, November 1969

Es gibt viele Probleme. Das Haus brennt. Aber nicht nur Ihr eigenes kleines Häuschen, sondern jedermanns Haus. Es spielt keine Rolle, wo man lebt, ob man in einem kommunistischen Land, in einer Überflussgesellschaft oder in diesem von Armut gebeutelten Land zu Hause ist – das Haus brennt. Das ist keine abstrakte Idee, keine Theorie, keine Expertenmeinung. Wir sind mit Aufständen, Rassenunruhen, ungeheurer Armut und einer unglaublichen Bevölkerungsexplosion konfrontiert. Wir haben alle Grenzen überschritten, können zum Mond fliegen oder uns jedem erdenklichen Genuss hingeben. Die organisierten Religionen mit ihren Lehrmeinungen, Glaubenssätzen und Priestern haben völlig versagt und sind bedeutungslos geworden. Es herrscht Krieg, und der Frieden, den die Politiker zu schaffen versuchen, ist in Wirklichkeit überhaupt kein Frieden.

Sehen Sie all das? Nicht als Theorie, nicht als etwas, worauf Sie jemand hinweist und das Sie akzeptieren oder ablehnen können, sondern als etwas, dem Sie nicht entrinnen können, weder durch die Flucht in ein Kloster noch durch die Flucht in irgendwelche Traditionen oder Ideologien. Die Herausforderung muss angenommen werden: Es ist Ihre Verantwortung. Sie müssen handeln, müssen etwas ganz Neues wagen, müssen herausfinden, ob es eine Möglichkeit gibt, anders zu leben, das gesamte Phänomen der Existenz auf völlig neue Weise zu betrachten.

Sie können diese Probleme nicht aus Ihrer alten Perspektive betrachten, aus der Perspektive Ihrer konditionierten, nationalistischen, individualistischen Lebensweise. Das Wort »Individuum« bezeichnet ein Wesen, das nicht gespalten ist, das unteilbar ist. Aber die Menschen sind innerlich gespalten, sie sind voller innerer Widersprüche. Wie Sie sind, so ist die Gesellschaft, so ist die Welt. Die Welt sind also Sie, sie ist nichts von Ihnen Getrenntes, nichts, was sich nur außerhalb von Ihnen befindet. Und wenn Sie diese Zustände, die überall auf der Welt herrschen, betrachten – die von machtgierigen Politikern gestiftete Verwirrung, die Priester, die sich in ihre überlieferten Rituale flüchten, ein paar Worte auf Lateinisch, Sanskrit, Griechisch oder Englisch murmeln –, dann haben Sie kein Vertrauen mehr in irgendetwas oder irgendjemanden. Je genauer Sie beobachten, was in der Außenwelt vor sich geht, und je genauer Sie Ihre Innenwelt beobachten, desto weniger Vertrauen haben Sie in irgendetwas, auch sich selbst können Sie nicht trauen.

Man muss sich also fragen, ob es überhaupt möglich ist, diese ganze Konditionierung unmittelbar fallen zu lassen. Das heißt, dass man angesichts dieser ungeheuren Krise ein völlig neues Bewusstsein braucht, ein neues Herz, eine neue Bewusstseinsqualität, etwas ganz Frisches, Unschuldiges. Das Wort »Unschuld« bedeutet Unverletzbarkeit. Das ist nicht symbolisch gemeint, es ist keine abstrakte Idee, sondern es geht darum herauszufinden, ob Ihr Geist unverletzbar sein kann, ob er so vollständig frei sein kann, dass er durch kein Ereignis, keine psychische Belastung oder Beeinflussung verletzt werden kann. Falls sich auch nur der leiseste Widerstand regt, ist es keine Unschuld. Der Geist muss in der Lage sein, sich diese Krise anzuschauen, als ob er sie zum ersten Mal wahrnähme, er muss ganz frisch und jung sein, aber er darf nicht rebellieren. Studenten rebellieren gegen die alten

Strukturen, gegen die etablierte Ordnung, aber eine solche Rebellion kann das Problem der menschlichen Existenz nicht lösen, das viel umfassender ist, als jede Studentenrevolution sein kann.

Kann das durch und durch konditionierte Bewusstsein seine Konditionierung aufbrechen, so dass es eine große Tiefe erhält, eine Qualität, die nicht das Produkt von Training, Propaganda oder angesammeltem Wissen ist? Und kann das Herz, das schwer ist von all dem Leid, von all den Problemen des Lebens, den Konflikten, der Verwirrung, dem Elend, dem Ehrgeiz, der Konkurrenz – kann dieses Herz wissen, was es bedeutet zu lieben? Kann es Liebe ohne Eifersucht, ohne Neid, ohne intellektuelle Rationalisierung kennen, eine Liebe, die nicht bloß Lust und Vergnügen sucht? Kann der Geist ganz frei sein, um schauen, um wirklich sehen zu können? Kann der Geist logisch, klar und objektiv funktionieren, ohne ein Sklave von Meinungen oder Schlussfolgerungen zu sein? Kann er angstfrei sein? Kann das Herz wissen, was es bedeutet zu lieben? Nicht im Sinne der Gesellschaftsmoral, denn die Moral der Gesellschaft ist unmoralisch. Gemäß der gesellschaftlichen Normen sind Sie alle sehr moralisch, aber in Wirklichkeit sind Sie sehr unmoralische Menschen. Lachen Sie nicht! Das ist eine Tatsache. Sie können ehrgeizig, gierig, neidisch, besitzergreifend, voller Hass und Wut sein, und das wird als absolut moralisch betrachtet. Doch wenn Sie sexuelles Verlangen verspüren, wird das als anormal betrachtet, und Sie behalten es für sich. Und Sie haben so viele rigide Vorstellungen darüber, was man zu tun und zu lassen hat – was Sie tun sollten, wie ein Sannyasin sich benehmen sollte, dass er nicht heiraten sollte, sein Leben im Zölibat verbringen muss, das ist alles absoluter Unsinn.

Wie können Sie sich also mit diesem Problem auseinander setzen? Was sollen Sie tun? Als Erstes müssen Sie sich einmal klarmachen, dass Sie alle Sklaven von Worten sind. Das Wort »sein« hat Ihr Bewusstsein konditioniert. Ihre ganze Konditionierung beruht auf diesem Verb »sein«: ich war, ich bin, ich werde sein. Das »Ich war« konditioniert und formt das »Ich bin«, das wiederum die Zukunft festlegt. All Ihre Religionen beruhen darauf, all Ihre Vorstellungen von Fortschritt basieren auf diesem Wort »sein«. In dem Moment, in dem Sie dieses Wort benutzen, nicht einfach so dahinsagen, sondern wirklich meinen, erheben Sie unweigerlich den Anspruch »Ich bin« – »Ich bin Gott«; »Ich bin der, der ewig lebt«; »Ich bin ein Hindu«; »Ich bin ein Moslem«. In dem Augenblick, in dem Sie in der Vorstellung leben oder das Gefühl haben, dass Sie etwas sind oder werden oder waren, sind Sie ein Sklave dieses Wortes. Die Krise existiert in der Gegenwart, niemals in der Zukunft oder in der Vergangenheit: Sie existiert in der Gegenwart, in der lebendigen, realen Gegenwart jenes Geistes, der durch das Wort »sein« konditioniert und daher unfähig ist, auf das Problem zu antworten. In dem Moment, in dem Sie sich in dieses Wort und in die Bedeutung dieses Wortes verstricken, haben Sie Zeit erschaffen. Und Sie denken, Zeit würde das Problem lösen. Können Sie mir folgen? Ich meine nicht, intellektuell, sondern mit Ihrem Herzen, Ihrem ganzen Wesen? Diese Frage ist von großer Bedeutung, denn in dem Augenblick, in dem Sie frei von diesem Wort sind und von allem, was dahintersteckt – der Vergangenheit, die die Gegenwart konditioniert und die Zukunft formt –, ist Ihr Handeln spontan, Sie reagieren unmittelbar auf die Gegenwart.

Wenn Sie das wirklich verstehen, ändert sich Ihre Sichtweise dramatisch. Das ist wirklich Meditation: frei zu sein von dieser Strömung der Zeit. Wie kann der Geist, der sich seiner selbst bewusst ist, diese Wahrheit erkennen? Nicht intellektuell, denn das ist völlig bedeutungslos. Sie wissen, dass Sie unmittelbar und spontan reagieren, wenn Sie in Gefahr sind. Wenn Sie einen Bus auf sich zurasen sehen, reagieren Sie unmittelbar. Wenn Sie sagen: »Ich werde lieben«, so hat das nichts mit Liebe zu tun. Bitte übernehmen Sie das Gesagte nicht als Theorie oder abstrakte Idee, über die Sie nachdenken sollen. Über eine Gefahr denken

Sie nicht nach. Sie haben keine Zeit dazu, Sie können nur handeln. Ein Bewusstsein, das nicht länger in Zeitbegriffen denkt, agiert außerhalb der Zeit. Und die Krise erfordert ein Handeln außerhalb der Zeit.

Das ist eine äußerst schwierige Angelegenheit. Sagen Sie nicht, Sie hätten es verstanden. Sagen Sie nicht, wir sollten zum nächsten Thema übergehen, denn auf den Worten »ich bin« beruht Ihre gesamte Kultur. In dem Moment, in dem Sie dieses Gefühl von »ich bin« haben, müssen Sie in einem Widerspruch leben, müssen Sie gespalten sein – »ich bin« und »du bist«, »wir und sie«. In dem Moment, in dem die Trennung stattfindet, die Spaltung durch die Behauptung, dass »du bist«, sind Sie kein Individuum mehr, das heißt, nichts Ganzes, keine Einheit mehr. Wissen Sie, was das Wort »ganz« bedeutet? Es bedeutet »gesund«, und es bedeutet auch »heilig«. Das Individuum, das innerlich ganz, innerlich nicht gespalten ist, ist also gesund, heilig, und das bedeutet, dass es frei von Konflikten ist.

Arbeiten Sie so hart wie der Redner, oder sind das für Sie bloß Worte? Zu kommunizieren bedeutet, gemeinsam etwas zu erschaffen, das ist die Schönheit der Kommunikation, aber diese Schönheit geht verloren, wenn der Redner zu einer Autorität wird und Sie nur wie Schüler oder Studenten zuhören. Es gibt keinen Lehrer und keine Schüler. Es gibt nur das Lernen. Was Sie gelernt haben, gehört der Vergangenheit an, es ist angesammeltes Wissen, das Sie im Laufe der Zeit erworben haben; aber eigentlich sollte Lernen etwas Lebendiges sein, eine Bewegung, kein Ansammeln.

Wenn Sie das mit Ihrem Herzen und Ihrem Geist verstehen würden, würden Sie ein völlig anderes Leben führen. Der Test und der Beweis für das Lernen ist Ihr Leben. Ein Geist, der sich dieser Krise stellt, ist immer neu, frisch, voller Vitalität. Aber wenn Sie mit »ich bin«, wenn Sie mit der Vergangenheit auf die Krise reagieren, dann wird Ihr Handeln noch größeres Elend, noch größeres Chaos, noch mehr Kriege hervorrufen. Solange

Sie ein Hindu oder ein Moslem sind, solange Sie behaupten: »Ich bin«, werden die innere Zerrüttung und die Zerrüttung in der Welt fortschreiten.

Aber was ist diese neue Qualität des Geistes und des Herzens, die einen Menschen unmittelbar reagieren lässt, die sein Handeln von der Vergangenheit und der Zukunft befreit? Immer wenn der Geist auf der Grundlage der Vergangenheit handelt, bewegt er sich innerhalb der Grenzen des »Ich bin«. Ich will es noch einmal anders ausdrücken. Unser Handeln basiert auf Vorstellungen, angesammeltem Wissen, Traditionen, also auf unserer Erinnerung. Im technologischen Bereich ist das notwendig. Die gesamte Naturwissenschaft, die Entwicklung moderner Technologien, beruht auf Erfahrung, dem Sammeln von Daten und Informationen. Das ist absolut notwendig. Aber ein Bewusstsein, das diese neue Qualität besitzt, das diese neue Dimension kennt, muss handeln, ohne auf die Vergangenheit zurückzugreifen oder sich in die Zukunft zu projizieren. Das ist Freiheit.

Aber wie kommt diese Freiheit des Handelns zustande? Wie kann das Bewusstsein reagieren, ohne auf die Vergangenheit zurückzugreifen – die Vergangenheit in Form aller möglichen religiösen Konditionierungen, die Vergangenheit als Produkt der Beeinflussung durch Erziehung und Kultur? Wenn Sie auf dieser Grundlage handeln, stellen Sie sich der Krise nicht. Die Frage ist nur: Wie soll sich ein Bewusstsein verhalten, das frei von der Vergangenheit ist, frei von allem Ballast des »Ich bin«?

Wenn Sie die Frage verstanden haben, werden Sie erkennen, dass es um das Wahrnehmen geht, das Sehen, das Beobachten. Wenn zwischen Wahrnehmung und Handeln eine Spanne bleibt, kommt der Zeitfaktor ins Spiel. Wenn Sie mit einer Gefahr konfrontiert sind, die eine Bedrohung für Ihre körperliche Unversehrtheit darstellt, reagieren Sie unmittelbar, Sie denken nicht darüber nach. Dann existiert also keine Zeitspanne zwischen Wahrnehmung und Handlung: Sie reagieren und handeln sofort. Wenn man nun also erkennt, dass ein Problem nicht auf der

Grundlage der Vergangenheit gelöst werden kann, dass man unter keinen Umständen ganz und umfassend auf diese ungeheure Herausforderung antworten kann, indem man auf die Vergangenheit zurückgreift, dann reagiert man auf eine völlig andere, neue Weise. Haben Sie das verstanden? Sehen Sie diese Reaktion? Oder verstehen Sie es nur intellektuell, verbal? Wenn Sie es nur verbal verstehen, dann sehen Sie es fragmentarisch, dann kann es keine ganzheitliche Reaktion sein. Doch wenn Sie die mit Ihrer kulturellen Konditionierung verbundene Gefahr wirklich sehen, handeln Sie unmittelbar und sind frei.

Jetzt sieht der Geist – und mit Geist meinen wir diese vollständige Einheit, die nicht aufgespalten ist in den Intellekt, den Verstand, das Streben, das Gefühl –, jetzt sieht dieser Geist die Gefahr des Nationalismus, die Gefahr dieser Absurdität, genannt Religion. Er erkennt, dass all die so genannten religiösen Menschen mit dem Bild, das sie sich von Christus oder Buddha oder Krishna gemacht haben, ständig nur Altes und Vergangenes wiederholen. Der Geist sieht, dass Sie, wenn Sie auf der Grundlage der Vergangenheit handeln, die Verwirrung und das Elend nicht nur vergrößern, sondern dass Sie innerlich auch völlig verkümmern. Ein Verkümmern findet nur dann statt, wenn man die Gefahr sieht und nicht handelt.

Wenn Sie die Gefahr sehen, werden Sie handeln, und nur ein Mensch, der ständig schaut, hört, lernt, lebt im Zustand der Freude. Deshalb geht es nie um Handlungen, sondern um das Handeln selbst. Im Handeln, im aktiven Prinzip, gibt es keine Trennung und daher keinen Konflikt. Lernen ist also Bewegung, und was in Bewegung ist, ist frei. Ein Geist, der mit Schlussfolgerungen, Formeln, Meinungen und Urteilen vollgestopft und gebunden ist, ist nicht frei, und wenn er mit den ungeheuer vielschichtigen Problemen des Lebens konfrontiert wird, ist er niemals in der Lage, ganzheitlich darauf zu reagieren, er nimmt das Heilige im Leben nicht wahr.

Das ist es also, was Sie sich anschauen müssen. Das Haus

brennt, und all Ihre Versuche, es mit Ihren in der Vergangenheit erworbenen Strategien zu löschen, werden fehlschlagen. Das Löschen dieses Feuers erfordert eine neue Bewusstseinsqualität, eine neue Herzensqualität, die sich von der bisherigen völlig unterscheidet.

Liebe ist nicht Lust und Vergnügen. Liebe ist nicht Verlangen. Das ist die innere Qualität, die Sie haben müssen – jetzt, nicht morgen –, eine Qualität, die Sie nicht durch das Praktizieren irgendwelcher Techniken erwerben können, die Sie nicht kultivieren können. Alles, was Sie praktizieren oder kultivieren, wird mechanisch.

Die Wahrheit gehört weder Ihnen noch mir, sie ist in keinem Tempel, keiner Kirche, keinem Bild, keinem Symbol zu finden. Sie ist einfach da, Sie können sie sehen und erkennen. Und es ist der freie Geist – der liebevolle, klare, empfängliche Geist –, der sieht und handelt.

Aus: Bulletin Nr. 17, 1973

Das Licht des Mitgefühls

Madras, Indien, 1970

Es geht uns hier um die Transformation, die innere, geistige Transformation des Menschen. Solange in unserem Bewusstsein keine radikale psychische Transformation stattfindet, gibt es keine Hoffnung für die Menschheit. Das ist eine sehr ernste Angelegenheit – diese gemeinsame Reise in das komplexe Problem unserer täglichen Existenz, auf der wir feststellen wollen, ob es möglich ist, unsere Denk- und Verhaltensmuster und unsere Sichtweise zu transformieren, radikal zu revolutionieren. Wir wollen unser eigenes Leben betrachten, es verstehen, unser tägliches, jammervolles, konfliktbeladenes, unglückliches Leben, und wollen sehen, ob wir nicht eine tiefe, dauerhafte Veränderung in uns selbst bewirken können.

Gemeinsam werden wir, der Redner und Sie, uns das Problem anschauen, das mit unserem Gehirn zusammenhängt, welches durch den ständigen Druck der Propaganda, der kulturellen Prägung, durch unseren Ehrgeiz, unseren Schmerz, unsere Ängste und auch unsere Vergnügungen so außerordentlich geschädigt und deformiert wurde. Unser Gehirn war einem ständigen Druck ausgesetzt. Das ist eine Tatsache. Und wenn auf das Gehirn Druck ausgeübt wird, muss eine Deformation stattfinden, es sei denn, das Gehirn besitzt die Fähigkeit, sich zu regenerieren, zu seiner ursprünglichen Form zurückzukehren, wenn der Druck nachgelassen hat, aber dazu sind nur sehr wenige Menschen fähig.

Es gibt die Kunst des Hörens, die Kunst des Beobachtens, des Sehens und die Kunst des Lernens. Vielleicht können diese Künste des Hörens, des Beobachtens und des Lernens, wenn man sie beherrscht, verhindern, dass man den Druck auf das Gehirn überhaupt verspürt, so dass es klar, flexibel, jung, frisch und unschuldig bleibt. Nur ein unschuldiger Geist kann die Wahrheit sehen. Durch Ehrgeiz, Gewalt oder Widerstand, Wut, Propaganda und Tradition wird ein immenser Druck auf das Gehirn ausgeübt. Deshalb muss ein Gehirn, das diesem Druck ausgesetzt ist, unweigerlich deformiert und geschädigt sein. Durch das Verstehen dessen, »was ist« in der Kunst des Hörens, der Kunst des Sehens und der Kunst des Lernens, durch das Erfassen der vollen Bedeutung dieser drei Künste kann eine Schädigung des Gehirns vermieden werden, weil man die Auslöser dieses Drucks erkennt.

Man kann die Auswirkungen der verschiedenen Formen von Druck auf das Gehirn beobachten. Ein solcherart geschädigtes Gehirn ist in Illusionen gefangen und kann tausend Jahre meditieren, ohne der Wahrheit näher zu kommen. Es ist sehr wichtig zu untersuchen, ob ein Gehirn, das derart geschädigt wurde, seine ursprüngliche Qualität der Klarheit und Frische wiedergewinnen kann, ob es die Fähigkeit wiedererlangen kann, unmittelbare Entscheidungen zu treffen, die nicht auf logischem Denken beruhen. Logisches Denken hat einen gewissen Wert, aber es hat auch seine Grenzen. Wir werden uns jetzt diesen Druck, falls Sie ihn wahrnehmen, gemeinsam bewusst machen, aber für uns selbst herausfinden, ob unser bewusstes Denken das Resultat verschiedener Formen von Druck und daher das Produkt eines deformierten Gehirns ist. Dann stellt sich natürlich die Frage, ob es möglich ist, das Gehirn wieder in seinen ursprünglichen, unbelasteten Zustand zurückzubringen, so dass es unbeeinflusst und frei funktionieren kann. Wir sagen, dass das nur möglich ist, wenn man die Kunst des Hörens beherrscht oder erlernt, wenn man weiß, wie man zuhören muss, wenn sich Widerstand gegen das Gesagte regt. Dieser Widerstand ist das Resultat des inneren Drucks. Es ist ganz einfach, die Kunst des Zuhörens zu erlernen.

Beim Zuhören geschieht etwas Wunderbares, wenn das Gehörte nicht interpretiert wird, wenn man es nicht zu einer abstrakten Idee macht und diese Idee dann verfolgt, denn damit ist man auf dem falschen Weg. Doch wenn Sie mit dem Herzen zuhören, mit Sorgfalt und Achtsamkeit, dann ist dieses Zuhören wie ein Aufblühen. Dieser Art des Zuhörens wohnt eine große Schönheit inne. Das Gleiche gilt für das Beobachten der Welt, wie sie ist, der Außenwelt mit all dem Elend, der Armut, dem Verfall, der Vulgarität, Brutalität und all der abstoßenden Dinge, die sich in der Welt der Wissenschaft und Technologie, aber auch im religiösen Bereich zutragen, all die Betrügereien, der Ehrgeiz, Geld und Macht – das Betrachten all dessen, ohne seine persönlichen Urteile ins Spiel zu bringen, ohne etwas zu akzeptieren oder abzulehnen, das schiere Beobachten, ohne die Dinge zu benennen, ohne Schönheit sehen zu wollen –, das reine Betrachten. Und dann muss man auf die gleiche Weise beobachten, was im eigenen Innern vor sich geht, muss sich seine eigenen Gedanken, seine ehrgeizigen Bestrebungen, die eigene Gier, Gewalttätigkeit, Vulgarität und Sexualität anschauen – beobachten Sie all das einfach, und Sie werden, wenn Sie es auf diese Weise beobachten, sehen, dass Ihre Gier und all diese anderen Dinge aufblühen und verwelken und schließlich aufhören zu existieren.

Es gibt auch eine Kunst des Lernens. Für die meisten von uns ist Lernen gleichbedeutend mit dem Ansammeln von Wissen, welches das Gehirn wie ein Computer speichert. Dieses Wissen wird zur Grundlage unseres Handelns. Wir stellen hier eine völlig andere Art des Lernens vor, das Lernen ohne ein Ansammeln von Wissen. Lernen bedeutet, eine Tatsache zu verstehen. Verstehen heißt, die volle Bedeutung einer Sache zu erfassen, beispielsweise die Ihrer Gier – das Wesen und die gesamte Struktur der Gier zu erfassen, einen Einblick in dieses Muster zu haben, diese Reaktion, die wir Gier nennen, also ganz und gar zu begreifen. Wenn Sie diesen Einblick haben, brauchen Sie nichts zu lernen. Sie sind darüber hinausgegangen. Es ist sehr wichtig, diese drei Dinge – Beobachten, Zuhören und Lernen – wirklich zu verstehen, weil man, wenn man ihre volle Bedeutung erfasst hat, den auf dem Gehirn lastenden Druck versteht und sich davon befreien kann. Und das Gehirn steht unter Druck, wenn in ihm kein Raum ist.

Alles existiert im Raum – die Bäume, die Fische, die Wolken, die Sterne, die Vögel und die Menschen. Sie alle brauchen Raum zum Leben. Aufgrund der zunehmenden Überbevölkerung wird der Raum allmählich knapp. Das ist eine offensichtliche Tatsache, und es kann durchaus sein, dass der Druck, unter dem die Menschen stehen, weil sie nicht genug Raum haben, weil sie in einer Großstadt leben, zur Entstehung von Gewalttätigkeit beiträgt. Im Inneren haben wir fast gar keinen Raum mehr. Das heißt, unser Gehirn ist so vollgestopft, wir sind so mit uns selbst, unserem persönlichen Fortkommen, unserem Status, unserer Macht, unserem Geld, unserem Sex oder unseren Ängsten beschäftigt, dass kaum noch ein innerer Freiraum bleibt. Unsere gesamte Innenwelt befindet sich in einem Zustand ständiger, rastloser Aktivität. Da ist kein Raum mehr, und deshalb wird der Druck immer größer, und das Gehirn wird immer stärker geschädigt. Man kann nur lernen, wenn man den Freiraum, die Muße dazu hat. Aber wenn das Gehirn oder der Geist so beschäftigt ist, hat man keine Muße, also lernt man nie etwas Neues. Es kommt keine frische Luft mehr herein, und deshalb wird der durch den Druck verursachte Schaden immer größer. Das ist eines der Probleme bei der Meditation: ob das Bewusstsein frei von jeglichem Druck sein kann, das heißt, dass der Geist frei ist.

Wir untersuchen hier, was Meditation ist, nicht, wie man meditieren soll. Das ist die dümmste Frage, die man überhaupt stellen kann: Sage mir, wie soll ich meditieren? Denn das hieße, dass man nach einem Meditationssystem fragt. Für den Redner gibt es kein Meditationssystem. In der Meditation muss der Wille völlig ausgeschaltet sein. Der Wille ist die Essenz des Verlangens, eine höhere Form des Verlangens. Unser ganzes Leben ist vom Willen bestimmt: »Ich will dies tun«; »Ich darf jenes nicht tun«; »Ich will etwas Besonderes, Großartiges werden«. Das Wesen des Willens ist Ehrgeiz, Gewalt. Ist es also möglich, im täglichen Leben ohne den Einsatz des Willens, das heißt ohne Kontrolle zu handeln?

Der Kontrollierende ist die Essenz des Verlangens, das sich von Zeit zu Zeit ändert. Deshalb besteht immer ein Konflikt zwischen dem Kontrollierenden und dem, was kontrolliert wird. Wenn man die traditionellen Formen der Meditation übernimmt, versucht man, sich zu konzentrieren, versucht, die Gedanken unter Kontrolle zu bringen. Meditation bedeutet aber in ihrer höchsten Form und ihrer tiefsten Tiefe, dass der Geist völlig frei von jeglicher Willensäußerung sein muss. Der Wille tritt in Aktion, wenn man wählt. Wo es eine Wahl gibt, herrscht Verwirrung. Nur wenn man verwirrt ist, beginnt man zu wählen, und nur wenn man klar ist, wählt man nicht. Wahl, Wille und Kontrolle verhindern also die totale Freiheit des Geistes. Das ist der eine Punkt. Der andere ist, dass Sie glauben, Ihr Bewusstsein würde sich von meinem oder von dem anderer Menschen unterscheiden. Ist das wirklich so? Ihr Bewusstsein enthält alle kulturellen Prägungen und Botschaften, die diesem Geist eingeflößt wurden: die traditionellen Werte, die Bücher, die Sie gelesen haben, die Kämpfe, Konflikte, all das Leid und die Verwirrung, die Eitelkeiten, die Überheblichkeit, die Grausamkeit, den Schmerz und die Lust – all das macht Ihr Bewusstsein als Hindu, als Buddhist, als Moslem aus. Diese Inhalte sind Ihr Bewusstsein. Kann man nun frei von diesen Inhalten sein? Kann der Geist, das Bewusstsein, wie wir es kennen, frei von seinem Inhalt sein? Es ist sehr wichtig, das zu verstehen – nicht, wie man das Bewusstsein von seinen Inhalten leert, sondern dass man sich zuerst dieser Inhalte bewusst werden muss. Bewusstheit bedeutet, die Welt so zu sehen, wie sie ist, die Welt zu kennen – die Bäume, die Natur, die Schönheit und die Hässlichkeit –, es bedeutet, den Nachbarn bewusst wahrzunehmen, seine Kleidung, und auch, sich dessen bewusst zu sein, was im eigenen Innern vor sich geht. Wenn Sie so bewusst sind, werden Sie feststellen, dass viele Reaktionen ablaufen, Anziehung und Widerwillen, Bestrafung und Belohnung. Können Sie aber auch bewusst sein, ohne zu wählen, können Sie sich der Innen- und Außenwelt bewusst sein, ohne irgendeine Wahl zu treffen, ein unvoreingenommenes Gewahrsein ohne irgendein Vorurteil? Können Sie Ihres Bewusstseins völlig gewahr werden, das heißt, kann das Bewusstsein seiner selbst gewahr werden? Kann also auch das Denken, Ihr Verstand, seiner selbst gewahr werden?

Das Gehirn ist wie ein Computer. Es registriert Ihre Erfahrungen, Hoffnungen, Wünsche und Bestrebungen; es registriert jeden Eindruck, und diesen Eindrücken entspringen die Gedanken. Nun fragen wir uns, ob man sich der entstehenden Gedanken so gewahr sein kann, wie man sich der eigenen Wut bewusst sein kann, wenn sie im Innern aufsteigt? Sie können sich Ihrer Wut bewusst sein, nicht wahr? Können Sie sich also auch eines entstehenden Gedankens bewusst sein, so wie Sie sich Ihrer aufkeimenden Wut bewusst sein können? Können Sie wahrnehmen, wie der Gedanke entsteht und wächst? Und können Sie Ihres Bewusstseins in seiner Gesamtheit gewahr sein? Das ist Teil der Meditation. Es ist das Wesen der Meditation, bewusst und ohne zu wählen die Außenwelt sowie den enormen Konflikt, der sich im Innern abspielt, wahrzunehmen. Wenn Sie an diesen Punkt kommen, werden Sie sehen, dass die Welt nicht von Ihnen getrennt ist; die Welt sind Sie. Indem das Bewusstsein seiner selbst gewahr wird, verschwinden alle Einzelheiten, aus welchen sich das Bewusstsein zusammensetzt. Dann entsteht ein ganz anderes Bewusstsein, ein Bewusstsein des Ganzen, nicht der einzelnen Teile.

Die meisten von uns sind an Systeme gewöhnt, an verschiedene Formen von Yoga oder verschiedene Regierungsformen und verschiedene Formen bürokratischer Reglementierung. All diese Dinge basieren auf Systemen. Ihr Guru wird Sie in einem bestimmten Meditationssystem unterweisen, oder Sie nehmen ein Buch zur Hand und machen sich dadurch mit einem System vertraut. Ein System setzt voraus, dass das Ganze durch ein Teil verstanden werden kann. Indem man sich mit einem Teil beschäftigt, hofft man, die Existenz in ihrer Gesamtheit zu verstehen. Ihr Gehirn, Ihr Geist ist darauf trainiert, Systemen zu folgen, politischen oder religiösen Systemen, Yogasystemen oder Ihren eigenen Systemen. Wenn Sie einem System folgen, bewegen Sie sich in einem eingefahrenen Gleis und das ist die einfachste Art zu leben. Ein System ist wie eine Eisenbahnschiene, und diejenigen, die dem System folgen, sind sich nicht bewusst, dass sie wie der Zug sind, der die vorgegebene Spur nicht verlassen kann.

Konzentration ist also Widerstand gegen alle anderen Formen des Denkens. Sie kultivieren den Widerstand, während wir sagen, dass Konzentration nur auf einer bestimmten Ebene notwendig ist. Und selbst da wird Konzentration zu etwas ganz Mühelosem, wenn man lernt, aufmerksam zu sein. Wir werden herausfinden, was es bedeutet, aufmerksam zu sein, mit ganzem Herzen und allen Sinnen bei einer Sache zu sein. Wenn Sie so aufmerksam sind, wenn all Ihre Sinne völlig wach und präsent sind, dann existiert kein Zentrum. Und wenn kein Zentrum da ist, ist der Raum unbegrenzt. Die meisten von uns haben ein Zentrum, das heißt, ihr persönliches »Ich«, ihr Ego, ihre Persönlichkeit, ihren Charakter, ihre Vorlieben und Abneigungen, ihre Eigenheiten und so weiter. In jedem Menschen existiert ein solches Zentrum, ein innerer Kern, die Essenz des Selbst, das Selbstsucht repräsentiert. Überall dort, wo ein Zentrum existiert, kann der Raum nur begrenzt sein. Deshalb sagen wir, dass ein beschäftigter Geist ständig ein Zentrum bildet und dass daher das, womit er beschäftigt ist, den Raum begrenzt. Wenn Sie total aufmerksam sind, wenn Sie mit völlig wachen Sinnen beobachten, hören und lernen, existiert kein Zentrum.

Tun Sie das in Ihrem täglichen Leben, in Ihrer Beziehung zu Ihrer Frau, Ihrem Nachbarn, in Ihrer Beziehung zur Natur. Beziehung bedeutet, auf etwas bezogen zu sein. Sie können nur dann eine Beziehung zu einem anderen Menschen haben, wenn Sie sich weder von sich selbst noch von dem anderen ein Bild gemacht haben. Dann besteht eine direkte Beziehung.

Daraus entspringt Mitgefühl, das heißt, ein Gefühl für alles. Das kann nur geschehen, wenn dieses Aroma, diese besondere Qualität der Liebe vorhanden ist, jener Liebe, die nichts mit Verlangen, Vergnügen oder Denken zu tun hat. Liebe kann weder vom Denken noch von der Umgebung, noch von sinnlichen Empfindungen hervorgebracht werden. Liebe ist weder Emotion noch Sinnlichkeit. Mit Liebe meine ich die Liebe zu den Felsen, den Bäumen, zu einem streunenden Hund, die Liebe zum Himmel, zur Schönheit, zum Sonnenuntergang, zu Ihrem Nachbarn, die Liebe ohne diese ganze Befrachtung mit Sexualität, mit der sie heutzutage assoziiert wird. Diese Liebe kann nicht aufblühen, wenn Sie ehrgeizig sind, wenn Sie nach Macht, Status und Besitz streben. Wie kann ein Mensch Sie lieben, wenn sein ganzes Streben darauf ausgerichtet ist, etwas darzustellen oder Macht in der Welt zu erlangen? Er kann mit Ihnen schlafen, Kinder haben, aber das ist nicht Liebe. Das ist Sinneslust mit all dem damit einhergehenden Elend. Aber ohne Liebe können Sie kein Mitgefühl haben. Wo Mitgefühl ist, da ist auch Klarheit, jenes Licht, das aus dem Mitgefühl kommt. Dann ist alles Handeln klar, und aus dieser Klarheit erwächst die Fähigkeit, zu kommunizieren, zu handeln, sowie die Kunst des Zuhörens, des Lernens und Beobachtens. Meditation ist das Erwachen jener Intelligenz, die dem Mitgefühl entspringt, und der Klarheit, die sich in all den Fähigkeiten zeigt, deren die Intelligenz sich bedient. Diese Intelligenz ist jenseits des Persönlichen, man kann sie nicht kultivieren, denn ihre Basis sind allein Mitgefühl und Klarheit. All das ist Meditation und vieles mehr, und das Mehr zeigt sich dann, wenn der Geist frei und daher vollkommen still ist. Er kann nicht still sein, wenn er keinen Raum hat. Stille entsteht nicht durch das Praktizieren einer Methode, nicht durch Kontrolle, nicht zwischen zwei Geräuschen, sie ist nicht der Frieden zwischen zwei Kriegen. Stille entsteht nur dann, wenn Körper und Geist in vollkommener Harmonie ohne jegliche Störung existieren. In dieser Stille endet die Zeit, das heißt, die Zeit kommt zum Stillstand. Doch Meditation ist noch viel mehr, sie ist das Finden des Heiligsten – nicht der Heiligen, die in den Tempeln, Kirchen oder Moscheen verehrt werden; das sind vom Menschen erfundene Heilige. Aber es gibt etwas Heiliges, das vom Denken nicht berührt werden kann. Wir finden jedoch nur dann natürlich und leicht Zugang dazu, wenn wir unser Alltagsleben völlig in Ordnung gebracht haben. Wenn in unserem Leben eine solche Ordnung herrscht – mit Ordnung ist Konfliktfreiheit gemeint –, dann entsteht daraus diese Qualität der Liebe, des Mitgefühls und der Klarheit. All das ist Meditation – nicht die Flucht vor dem Leben, vor dem Alltag. Diejenigen, die diese Qualität der Meditation kennen, sind gesegnet.

Aus: Bulletin Nr. 45, 1983

Über Meditation

Indien, 1970

Der menschliche Geist, der sich im Laufe von Jahrtausenden entwickelt hat, muss sich radikal ändern und von seinen Konditionierungen befreien. Nur dann können die vielen komplexen Probleme der menschlichen Existenz gelöst werden. Kann der menschliche Geist sich einer radikalen »Operation« unterziehen, kann er eine fundamentale Mutation durchmachen, und zwar nicht nur in der Struktur der Gehirnzellen selbst, sondern auch in der Qualität des Herzens und des Bewusstseins? Kann ein solcher Geist inmitten des Chaos, der Brutalität und Gewalt unserer modernen Gesellschaft leben und dennoch frei sein und ungestört funktionieren, still und ohne Widerstand, aber auch ohne sich von der Gesellschaft zurückzuziehen?

Man sieht, wie dringend notwendig es ist, dass ein neues Bewusstsein entsteht, welches nichts mit dem Geist zu tun hat, der schon Tausende von Erfahrungen gemacht hat oder in den Mustern einer bestimmten religiösen, gesellschaftlichen oder ökonomischen Struktur gefangen ist. Diese Muster wurden im Lauf der menschlichen Geschichte endlos wiederholt, vielleicht hier und dort ein wenig geändert. Die ökonomischen und gesellschaftlichen Revolutionen sind in Wirklichkeit gar keine Revolutionen. Wenn man als menschliches Wesen in dieser chaotischen Welt ein sinnloses Leben führt, in dieser Welt mit ihrem ungeheuren Leid, ihrer Hässlichkeit und Gewalt, dann fragt man sich, ob der menschliche Geist sich tatsächlich selbst transformieren kann. Darin allein liegt die Lösung all unserer Probleme, die Antwort auf die Frage, ob es Gott oder die Wahrheit gibt oder nicht, ob Menschen ohne Konflikte zusammenleben können. Um das wirklich mit dem Herzen, mit Ihrem ganzen Wesen herausfinden zu können, müssen Sie frei sein – frei zu schauen, zu forschen, wahrzunehmen. Das ist sicher das erste – die Freiheit, zu beobachten –, denn diese Freiheit wird verleugnet, wenn irgendwelche Vorurteile, Schlussfolgerungen, Vorstellungen, Glaubenssysteme und vor allem Ängste vorhanden sind.

Wenn Angst in irgendeiner Form vorhanden ist, ist der Geist als Ganzes offensichtlich nicht in der Lage, klar zu sehen. Wir sind zum Mond geflogen, das ist ein großer Erfolg. Unser Gehirn ist fähig, die Voraussetzungen für ein solches Unternehmen zu schaffen. Aber innerlich sind wir Sklaven, wir sind unfrei, im gesellschaftlichen, religiösen und ökonomischen Bereich wiederholen wir die gleichen Muster zigtausend Mal. Und in unserer Psyche, in der Tiefe unseres Wesens findet überhaupt keine Veränderung statt. Wir sind moderne Ungeheuer.

Wird der Geist jemals fähig sein, diesen enormen spontanen Wandel zu vollziehen, so dass der Mensch in einer neuen Qualität leben kann und nicht ständig diesen Drang nach Vergnügen verspürt, der sich völlig von der Schönheit der Freude unterscheidet? Vergnügen ist nie mit echter Freude verbunden, weil immer Angst dahinter steckt. Aber ein Geist, der nicht ekstatisch ist, kann nicht frei sein. Vergnügen ist das Produkt unseres Denkens, und das Denken ist immer alt, es ist niemals neu, niemals frei, auch wenn man vielleicht über Freiheit spricht. Das Denken kann auf keiner Ebene frei sein, weil es eine Reaktion des Gedächtnisses ist und das Gedächtnis immer Vergangenes wiederkäut. Es hat seine Wurzeln in der Zeit, die ebenfalls Vergangenheit ist.

Bitte beobachten Sie das bei sich selbst, während der Redner darüber spricht, stimmen Sie nicht einfach zu oder lehnen Sie ab – das hat keinen Wert.

Der menschliche Geist, der zu so erstaunlichen Dingen fähig ist, hat sich nie dafür interessiert herauszufinden, ob er frei sein kann – absolut frei, frei von Angst, denn wir schleppen unzählige Ängste mit uns herum. Um das herauszufinden, muss man die eigenen Ängste beobachten, man darf sie weder verurteilen noch unterdrücken, noch vor ihnen fliehen. Beim Beobachten existiert keine Trennung zwischen dem Beobachter und dem Beobachteten. Beobachten Sie Ihre Ängste ohne die Vergangenheit, ohne das »Ich«, das ja der Beobachter ist.

Versuchen Sie es, während der Redner darüber spricht, denn wir befassen uns jetzt mit einem sehr komplexen Problem. Wenn Sie das nicht von Anfang an tun, können Sie dem, was schließlich dabei herauskommt, nicht folgen. (Ich weiß selbst nicht, was am Ende dabei herauskommt.) Ein von Ängsten belasteter Geist kann nicht scharf, nicht klar sein, und deshalb kann er auch nie wissen, was Freude, was Ekstase ist.

Man muss völlig frei von Angst sein, und zwar nicht nur auf der bewussten Ebene, sondern auch in den tiefen Schichten des Geistes, dem so genannten Unbewussten. Die meisten von uns sind nicht in der Lage, sich selbst Schritt für Schritt so zu analysieren, dass sie zu einer großen Klarheit gelangen, aber wir müssen einen kleinen Umweg machen, um die absolute Sinnlosigkeit eines solchen Versuchs zu erkennen. Analyse ist der absolut falsche Weg, wenn man das Wort »falsch« verwenden darf. Eine Analyse setzt immer voraus, dass da der Analysierende ist, aber dieser repräsentiert die Vergangenheit, das angesammelte Wissen, und er, der ein Fragment, ein Teil der Gesamtheit des Geistes ist, analysiert die anderen Fragmente auf der Basis seines angesammelten Wissens. Den analytischen Prozess bei sich selbst zu beobachten, ihn einer ganz kurzen Prüfung zu unterziehen und dabei seine absolute Sinnlosigkeit zu erkennen schärft die Wahrnehmungsfähigkeit des Geistes.

Der Analysierende und das, was analysiert wird, sind zwei voneinander getrennte Dinge, zwei getrennte Strömungen des total gespaltenen Geistes. Ein Bruchstück, das wir den Analysierenden nennen, analysiert ein anderes Bruchstück und gelangt zu einer Schlussfolgerung, die es zur Basis seiner weiteren Analysen macht. Aber diese Schlussfolgerung ist von sehr geringem Wert. Durch die Analyse wird die Zeit ins Spiel gebracht, denn sie erfordert viele Tage und Wochen.

Die introspektive Analyse oder eine Analyse, die jemand anderes anhand von Träumen und so weiter durchführt, ist ziemlich bedeutungslos. Wenn Sie an einer leichten oder schweren Neurose leiden, kann eine solche Analyse Ihnen vielleicht ein wenig helfen, sich an Ihre dekadente Gesellschaft anzupassen, wobei es unerheblich ist, ob es sich um eine kommunistische oder Ihre eigene Hindu-Gesellschaft handelt. Analyse kann also keinesfalls zu Freiheit führen. Es ist, als grabe man sich immer tiefer in sein Inneres hinein, bis man schließlich in der Grube festsitzt; man wird niemals frei. Der Geist kann sich natürlich auch sagen, dass er im Himmel oder im Nirwana frei sein wird, aber auch das ist nur eine Flucht.

Klares, unverzerrtes Beobachten ist nur möglich, wenn man mit dem ganzen Körper, dem Nervensystem, dem Geist, dem Herzen und den Ohren vollkommen aufmerksam ist. Dann stellt man fest, dass es dieses Wesen, das wir den Beobachter nennen, gar nicht gibt. Dann existiert nichts außer der Aufmerksamkeit.

Es liegt in der Natur des Gehirns, das Überleben zu sichern, das ist ganz offensichtlich. Das Gehirn will unbedingt überleben, sonst können Sie nicht existieren. So hat es im Laufe der vielen Jahrhunderte, in denen es konditioniert wurde, bestimmte Reaktionsmuster entwickelt. Wir wollen nun versuchen herauszufinden, ob das Gehirn seiner Struktur und seinem ganzen Wesen nach überhaupt in der Lage ist, sich selbst zu verändern. Und wir werden es Ihnen zeigen, nein, wir lernen gemeinsam, falls das möglich ist. Dies ist kein absurdes Spiel, keine Phantasterei,

Phantasien und Vorstellungen sind absolut fehl am Platz, wenn man in so ungeheure Tiefen eindringt; es gibt keine Theorie, keine Schlussfolgerung, sondern nur die Bewegung von einer Tatsache zur nächsten.

Der Geist muss außerordentlich empfänglich sein – und das kann er nicht sein, wenn er von Ängsten, Schlussfolgerungen, Dogmen oder Glaubenssätzen belastet ist –, so dass das Gehirn, das ja so stark konditioniert ist, absolut still werden kann und nicht auf seine übliche, traditionelle Weise reagiert. Es fragt sich nur, wie man im Geist und damit im gesamten Nervensystem, im gesamten Organismus, diese Qualität der Empfänglichkeit hervorbringen kann, wie man die Gehirnzellen zur Ruhe bringen kann, in diese absolute Stille, damit der Geist ganz wach, intelligent und empfindsam ist. Wach, intelligent und empfindsam – das sind Synonyme, nicht drei voneinander getrennte Zustände. Das Gehirn muss absolut still sein, damit es ohne den Beobachter wahrnehmen kann. Das ist Meditation: diese Ruhe, diese absolute Stille des Gehirns und ein hochsensibler und somit intelligenter Geist. Wenn man in diesen Zustand kommt, so ist das Meditation.

Kann es ein Meditationssystem geben, ein System im Sinne einer Methode, eine Praxis der endlosen Wiederholung bestimmter Wörter oder Rituale? Kann der Geist dadurch empfänglich, lebendig, aktiv, intelligent werden? Nein, im Gegenteil, der Geist wird dadurch zu etwas Mechanischem. Deshalb sind alle Systeme Unsinn, das gilt für das Zen-System ebenso wie für das Hindu-System oder das christliche System. Ein Geist, der ein System, eine Methode praktiziert, ein Mantra wiederholt, kann die Wirklichkeit nicht wahrnehmen. Sie hören einen Ton, und wenn Sie diesem Ton sehr aufmerksam lauschen – nicht den Worten, sondern den Tönen, dem Klang –, dann können Sie diesen Klang in Ihrem Innern erzeugen. Und der Geist kann auf dieser Welle des Klangs reiten, so dass Sie ein starkes Gefühl der Bewegung empfinden. Das nennt man dann vielleicht Meditation: eine Wiederholung bestimmter Worte, die den Klang erzeugen, den inneren Klang, und Sie können sich mit diesem Klang bewegen oder sich von ihm tragen lassen.

Aber ist das wirklich Meditation, wenn man einen solchen Trick anwendet, wenn man sich durch einen Klang oder durch Worte hypnotisiert? Diese Formen der Meditation sind nichts anderes als Selbsthypnose. Das führt Sie nirgendwohin. Im Gegenteil, der Geist wird völlig abgestumpft, kennt keine Moral im tiefsten Sinne dieses Wortes – ich meine damit nicht die gesellschaftliche Moral, die überhaupt keine Moral ist.

Echte Tugend kann nur dort existieren, wo absolute Konfliktfreiheit herrscht. Dann können wir von echter Tugend sprechen. Aber ein Mensch, der versucht, tugendhaft zu werden, stumpft innerlich ab, weil er in einem ständigen inneren Konflikt lebt. Sie können all Ihre Systeme über Bord werfen, denn Systeme implizieren Autorität, und ein Geist, der von irgendeiner Autorität beherrscht wird, ist nicht frei und daher nicht in der Lage, wirklich zu beobachten. Hinter der so genannten Meditation, den üblicherweise praktizierten Meditationsformen, steckt immer der Wunsch, die Wahrheit oder bestimmte Bewusstseinszustände zu erfahren, Visionen zu haben und so weiter.

Erfahrung setzt den Erfahrenden voraus, ein Lebewesen, das etwas erfährt. Wenn der Erfahrende eine Erfahrung macht, muss er erkennen, was er erfährt, sonst ist es keine Erfahrung. Und wenn er es erkennt, ist es etwas bereits Bekanntes, also gehört die Erfahrung der Vergangenheit an. Der Geist versucht, sich durch Drogen Erfahrungen zu verschaffen – zumindest im Westen ist das jetzt modern –, die verschiedensten Arten von Drogen sollen einen großartigen Trip in den Himmel ermöglichen. Da ist immer, da muss immer der Erfahrende sein, der nach der Erfahrung verlangt, der sucht und hofft, eine transzendentale, superkosmische Erfahrung zu machen.

Aber wenn Sie nach Erfahrungen suchen, werden Sie sie immer innerhalb des vorgegebenen Musters, innerhalb der

Grenzen der geistigen Konditionierung des Erfahrenden finden. Es besteht also eine Trennung zwischen dem Erfahrenden und der Erfahrung, und deshalb hören das Suchen, Hoffen und Sehnen und somit der innere Konflikt niemals auf. Wir sagen, dass das nichts mit Meditation zu tun hat. Die höchste Form der Empfänglichkeit, bei der das Gehirn absolut still ist, ist die Qualität der Liebe. Sie wissen, dass Liebe etwas höchst Außergewöhnliches ist, wenn Sie sie in Ihrem Herzen tragen. Liebe hat nichts mit Vergnügen zu tun. Liebe hat nichts mit Angst zu tun. Liebe ist unabhängig von Sex. Sie ist die Qualität eines freien, empfindsamen, intelligenten Geistes, ein Zustand, in dem das Gehirn nicht gemäß alter Muster reagiert und deshalb ganz still ist. Dann entfaltet sich im Herzen dieser Duft, den wir Liebe nennen. Das zu verstehen ist Meditation. Das ist die Grundlage der Meditation.

Ohne sie gibt es keine Tugend – Tugend ist ein Zustand absoluter Konfliktfreiheit. Diese Freiheit, diese Empfindung von Liebe muss da sein, damit Sie für sich selbst herausfinden können, ob es eine Wirklichkeit gibt oder nicht, ob es das gibt, was die Menschen seit Jahrtausenden Gott nennen. Sie müssen es selbst herausfinden, nicht sagen: »Ich glaube an Gott«, so wie es der korrupte Politiker tut – für ihn zahlt es sich aus. Aber die Beschreibung ist nicht das Beschriebene. Um auf diese zeitlose Qualität, diese Zeitlosigkeit zu stoßen, muss genügend Energie da sein, wache, intelligente Energie, und man muss frei von jeglichen Konflikten sein. Deshalb ist Meditation nicht etwas, das man praktizieren kann. Meditation ist eine Lebensweise; man meditiert den ganzen Tag über, man schaut, beobachtet, bewegt sich, lernt. Und dafür braucht man einen stillen Geist.

Die zahllosen Probleme des Lebens, die wirtschaftlichen und sozialen Ungerechtigkeiten, die Konflikte zwischen Männern und die zwischen Männern und Frauen, zwischen Gruppen, Gesellschaftsschichten und religiösen Gemeinschaften sind alle so sinnlos. All diese Probleme können nur durch eine Revolution, eine innere, geistige Revolution gelöst werden. Deshalb ist Meditation, so wie wir sie beschrieben haben, notwendig, um dieses außerordentlich komplexe Leben zu verstehen.

Wir sind menschliche Wesen, keine Etiketten, und wir müssen als menschliche Wesen diese leidende, sorgenbeladene Welt, in der wir leben, verstehen – unsere Beziehung zu ihr, unseren Kontakt mit ihr. Wir sind die Welt, die Welt ist nicht von uns getrennt. Die an verschiedenen Plätzen der Welt stattfindenden Kriege sind unsere Kriege, weil wir Menschen zu ihnen beigetragen haben. Sie müssen diesen Beobachter, der Sie sind, verstehen, müssen sich selbst verstehen, aber nicht durch Analyse. Nur durch Beobachten werden Sie herausfinden, dass Handeln und Sehen eins sind. Nur ein solcher Geist kann für sich selbst herausfinden, ob es eine Wirklichkeit gibt oder nicht. Er spekuliert nicht, greift nicht auf Theorien oder Bücher zurück, hat keine Lehrer und keine Schüler. Ein solcher Geist weiß, was Ekstase ist.

Aus: Bulletin Nr. 7, 1970

Freiheit

Saanen, Schweiz, 19. Juli 1973

Angesichts des Zustands der Welt, zu dem jeder von uns beigetragen hat, dieser Welt mit ihren Trennungen, Brutalitäten, Täuschungen, Gewalttätigkeiten und dem ganzen täglichen Horror, stellen sich zwei grundlegende Fragen. Erstens: Ist es möglich, dieser Welt den Rücken zu kehren – das heißt, kann man sich von der Kultur, der Zivilisation, all dem, was der Mensch im Laufe der Jahrhunderte erschaffen hat, abwenden und den eigenen Geist von dieser Konditionierung befreien? Das ist die eine Frage. Die zweite lautet: Ist es möglich, trotz dieses Prozesses der geistigen Dekonditionierung in dieser Welt zu leben, ohne von dieser Welt zu sein, ohne darin verstrickt zu sein?

Ich weiß nicht, ob Sie sich einmal bewusst gemacht haben, wie ernst diese Fragen sind. Das ist kein Zeitvertreib, nichts, was man aus Spaß oder aus Verzweiflung betreibt. Wenn man sich der gesamten Situation, der geschichtlichen Konsequenzen, der inneren und äußeren Verstrickungen bewusst ist, bekommen diese Fragen eine große Dringlichkeit. Der Mensch hat die Natur zerstört, hat viele Lebewesen ausgerottet. Er hat wunderschöne Kathedralen, Moscheen und Tempel gebaut, in der Literatur, Musik und Malerei großartige Kunstwerke geschaffen. Das ist Teil unserer Kultur – die Schönheit, die Hässlichkeit, die Grausamkeit, die ungeheure Zerstörung, die die Menschen untereinander anrichten. Das gehört zu unserer Zivilisation, von der wir ein Teil sind. Ich weiß nicht, ob Sie sich wirklich darüber im Klaren sind, welche Prozesse auf der ökonomischen, sozialen und religiösen Ebene dabei eine Rolle spielen. Wenn Sie sie genau untersucht haben, müssen Sie sich doch gefragt haben, ob die Struktur verändert werden kann, jene Struktur, aus der diese Welt entstanden ist, Sie müssen sich gefragt haben, wie diese Struktur entstanden ist und ob sich durch das bloße Verändern der Struktur auch der Mensch ändern wird. So lautete eine der Theorien, die in der Welt verbreitet wurden: Verändere die äußeren Bedingungen, dann wird sich der Mensch auch innerlich ändern. Es gab immer Leute, die diesen Standpunkt vertraten. Aber wir haben gesehen, dass es so nicht funktioniert. Der Mensch muss sich also ändern und dadurch eine Veränderung der äußeren Struktur bewirken.

Kann also der Geist, Ihr Geist, sich von dieser Kultur befreien? Und was bedeutet es, frei von der Kultur zu sein? Erfordert es eine Analyse? Erfordert es Zeit? Erfordert es mehr rationales, logisches Denken? Oder eher einen Stillstand des Denkens? Bitte folgen Sie mir ein wenig. Es mag Ihnen ein bisschen schwierig erscheinen, Sie sind vielleicht nicht an diese Art zu denken gewöhnt, vielleicht haben Sie überhaupt noch nicht über diese Dinge nachgedacht. Haben Sie also bitte ein wenig Geduld, und lassen Sie uns diese außerordentlich bedeutsame Frage gemeinsam anschauen. Kann diese Konditionierung des Geistes, die durch Zeit, Erfahrung und Wissen entstanden ist, durch eine Analyse aufgelöst werden? Das ist die eine Frage. Analysieren bedeutet, etwas in seine Bestandteile zerlegen. Wir hoffen, durch Aufspaltung das komplexe Problem der Konditionierung verstehen und sowohl auf der bewussten als auch auf der unbewussten Ebene lösen zu können. Ist das wirklich durch monatelange, jahrelange Analyse möglich, die zwischen dem Analysierenden und dem Analysierten stattfindet? Das erfordert eine Menge Zeit, und ehe Sie ans Ziel gelangen, sind Sie gestorben! Ich kann mich selbst sehr, sehr sorgfältig analysieren, kann Schritt für Schritt die Ursache und die Wirkung untersuchen, wobei die Wirkung wieder zur Ursache wird. In dieser endlosen Kette ist die Analyse gefangen. Kann der Geist sich selbst analysieren und all seine Eigenheiten, seine Gewalttätigkeit, seinen Aberglauben, seine inneren Widersprüche auflösen und so eine vollkommene Harmonie herstellen?

Wie wir bereits gesagt haben, erfordert Analyse viel Zeit, und was ist Zeit? Zeit ist sowohl ein physisches als auch ein geistiges Phänomen – auf der physischen Ebene ist sie eine Bewegung von hier nach da, auf der geistigen ein Streben von dem, »was ist«, zu dem hin, »was sein sollte«. Das, »was ist«, soll durch eine Ideologie, die den Zeitfaktor ins Spiel bringt, transformiert werden, nicht wahr? Bitte hören Sie mir nicht einfach nur zu, wir teilen diese Frage miteinander, wir unternehmen diese Reise gemeinsam, wir forschen gemeinsam und finden gemeinsam heraus, was wahr ist. Es geht nicht darum, dass Sie akzeptieren, was der Redner sagt, das bringt Ihnen überhaupt nichts, weder verbal noch in der Realität. Wenn wir durch Untersuchen, Beobachten, durch sehr sorgfältiges Wahrnehmen miteinander teilen, was wir für uns selbst herausgefunden haben, dann ist das real. Das hat einen Wert, das hat Substanz, Bedeutung. Es macht keinen Sinn, einfach eine Reihe von Wörtern zu hören, diese in Ideen umzuwandeln und dann zu versuchen, diese Ideen in die Tat umzusetzen.

Wir haben also gesagt, dass Zeit Bewegung ist. Auf der physischen Ebene erfordert es Zeit, sich von Punkt A nach Punkt B zu bewegen. Aber auch auf der psychischen Ebene findet eine Bewegung statt, die Bewegung von dem, »was ist«, zu dem hin, »was sein sollte«. Das, »was ist«, ist das Resultat der Vergangenheit, das sich in die Gegenwart hineinbewegt, und das, »was sein sollte«, ist eine in die Zukunft gerichtete Bewegung. Die gesamte Bewegung ist Zeit. Nicht wahr? Und das Denken ist immer ein mit der

Zeit verknüpfter Prozess, denn es ist eine Reaktion des Gedächtnisses, das ja die Vergangenheit repräsentiert und auf Wissen basiert, welches ebenfalls der Vergangenheit angehört. Der Verstand reagiert gemäß dieser Konditionierung, und das ist eine Bewegung. Das Denken ist also eine Bewegung innerhalb der Zeit. Also ist auch die Analyse eine Bewegung innerhalb der Zeit, nämlich die Bewegung des Denkens, das sich selbst untersucht. Und wir sind darauf konditioniert, zu analysieren. Wenn Sie sich das sehr genau anschauen, werden Sie sehen, dass das unsere Konditionierung ist. Wir sehen nie, dass die Ursache zur Wirkung wird und die Wirkung zur Ursache. Das ist eine Bewegung innerhalb der Zeit. Analyse kann den Geist, der ja das Produkt der Zeit ist, nicht befreien.

Ich frage mich, ob Sie das verstehen. Es ist ziemlich einfach, wenn Sie es bei sich selbst beobachten. Ich bin wütend. Ich analysiere die Ursache und gelange durch den Prozess der Analyse zu einer Schlussfolgerung, die die Wirkung repräsentiert. Diese Schlussfolgerung wird zur Ursache der nächsten Wirkung. All das ist eine Bewegung des Denkens innerhalb der Zeit. Denken *ist* Zeit. Die Gedanken haben diese Konditionierung aufgebaut. Unsere gesamte Kultur ist das Produkt der Gedanken, die Gefühle und physische Reaktionen auslösen. Die Konditionierung des menschlichen Geistes kann also keinesfalls durch Analysieren aufgelöst werden. Ich hoffe, dass Ihnen das klar ist – nicht die verbale Aussage, sondern die Wahrheit, die darin steckt. Es geht um die Tatsache, nicht um die Bekräftigung oder Wiederholung der Aussage, dass Analyse den Geist nicht befreien kann. Das ist bedeutungslos.

Der Geist, der die Sinnlosigkeit der Analyse sieht, entdeckt also die Wahrheit, dass Analyse den Geist nicht befreit – das heißt, er entdeckt das Wahre *im* Falschen. Die Analyse bezieht sich nicht nur auf den bewussten Geist, sondern auch auf die tiefen Schichten des Unbewussten, das ebenfalls ein Produkt der Zeit ist. Die Trennung zwischen dem Bewussten und dem Unbewussten ist künstlich. Das Bewusstsein ist eine Einheit. Wir können es aufspalten, können es in verschiedene Bereiche trennen, um es zu untersuchen, aber es ist eine Gesamtbewegung innerhalb des Bereiches der Zeit. Und das Unbewusste verliert seine große Bedeutung, wenn man in der Lage ist, sich das gesamte Bewusstsein und seine Inhalte anzuschauen. Verstehen Sie? Wir betrachten uns selbst fragmentarisch. Wir betrachten uns durch den Filter des Denkens.

Schauen Sie, mein Bewusstsein ist eine totale, umfassende Bewegung. Man kann es in das Bewusste und das Unbewusste aufspalten, in Aktivität und Inaktivität, in Gier, Neid, Neidlosigkeit, aber es ist eine Gesamtheit, eine umfassende Einheit, die man aufspalten kann, um die einzelnen Bereiche zu untersuchen. Ich sehe jedoch, dass die Untersuchung von einzelnen Teilen nicht zu einem Verständnis des Ganzen führt. Nicht wahr? Man muss das Ganze wahrnehmen, nicht nur die Bruchstücke, um sich der Gesamtbewegung des Bewusstseins, die sich innerhalb der Zeit abspielt, bewusst zu sein. Kann das Denken, kann ich, als denkender Verstand, dieses Bewusstsein erforschen? Was ich sagen will, ist: Ich persönlich – der Redner – habe mich nie analysiert. Ich habe nur beobachtet, und in dieser Beobachtung enthüllt sich das Ganze, weil keine Absicht da ist, über das, »was ist«, hinauszugehen. Dadurch, dass man über das, »was ist«, hinausgeht, bringt man die Zeit ins Spiel. Ist das einigermaßen klar?

Ich sehe also klar, dass der Geist ohne zu analysieren die gesamte Bewegung des Bewusstseins beobachten, erforschen kann. Das ist der eine Punkt. Nun geht es um die Frage, ob der Geist sich selbst von seiner Konditionierung befreien kann. Ich sehe, dass er sich durch Analysieren nicht davon befreien kann, weil dadurch die Zeit ins Spiel kommt und es nicht möglich ist, Zeit durch Zeit aufzulösen. Kann man die Konditionierung durch Denken auflösen? Kann der Verstand das Bewusstsein transformieren, es von seiner Konditionierung befreien? Bitte hören Sie genau zu. Das Denken ist eine an die Zeit gebundene Aktivität, es ist eine Bewegung und daher gleichbedeutend mit Zeit. Untersucht nun der Verstand die Konditionierung, so spielt sich das immer noch innerhalb des Rahmens der Zeit ab, und deshalb kann der Verstand die Konditionierung nicht auflösen, weil er angesammeltes Wissen, Erfahrungen, Gedächtnisinhalte repräsentiert, all das, was diese Zivilisation, die den menschlichen Geist formte, hervorgebracht hat. Das ist klar. Der Verstand kann die Konditionierung also nicht auflösen. Und Analyse ist ebenfalls ungeeignet. Was bleibt also? Verstehen Sie? Wir haben das Denken als Mittel zur Eroberung, zur Zerstörung, zur Veränderung, zur Analyse, zur Überwindung von Schwierigkeiten eingesetzt. Und ich sehe, dass das Denken dem Geist keine Freiheit bringen kann. Denken ist Bewegung. Also bedeutet *Nicht-Bewegung* Freiheit von der Zeit. Nicht wahr? Der Stillstand des Denkens ist ein Zustand, in dem der Geist frei von der Zeit ist. Ich werde das noch genauer ausführen; Sie werden es verstehen.

Die kulturelle Konditionierung hat das Konkurrenzprinzip betont; mir wurde beigebracht, gewalttätig zu sein oder noch gewalttätiger zu werden. Der Geist ist also gewalttätig; das ist es, »was ist«. Kann der Geist ohne die Aktivität des Denkens frei von Gewalt, das heißt frei von dem sein, »was ist«? Verstehen Sie meine Frage? Ich bin gewalttätig, und mein Verstand sagt mir: »Überwinde diese Gewalttätigkeit, kontrolliere sie, nutze sie«; er fördert oder kontrolliert diese Gewalttätigkeit also, damit sie seinen Zwecken dient. Das tun wir ständig. Das Denken, das ja eine Bewegung ist, wirkt also ständig auf das, »was ist«, ein, was ja ebenfalls das Resultat von Zeit und Denken ist. Nicht wahr? Kann das Denken also völlig zum Stillstand kommen, so dass nur das, »was ist«, übrig bleibt, ohne jegliche Beeinflussung durch das Denken? Schauen Sie, ich bin gewalttätig, ich kenne alle Ursachen, weiß, wie Gewalttätigkeit entstanden ist: Das ist ziemlich klar – sie ist Teil unserer Kultur, wird durch die wirtschaftliche Situation, die Erziehung und so weiter gefördert. Ich bin gewalttätig, das ist, »was ist«. Kann der Geist sich das, »was ist«, ohne jegliche Gedankenbewegung anschauen? Jede Aktivität ist Zeit. Kann also der Geist diese Gewalttätigkeit ohne zu denken, das heißt ohne den Zeitfaktor anschauen?

Haben Sie wenigstens meine Frage verstanden? Meine Konditionierung sagt: »Setze das Denken ein, um die Gewalttätigkeit zu kontrollieren, zu beeinflussen, loszuwerden, zu bekämpfen; es ist hässlich, gewalttätig zu sein; Menschen sollten friedlich sein.« So liefert sie alle Gründe, Rechtfertigungen und Urteile, die alle Gedankenbewegungen sind, und Denken ist Zeit, Bewegung ist Zeit. Doch zunächst einmal existiert nur das Faktum, dass dieses menschliche Wesen gewalttätig ist. Das ist soweit klar.

Kann der Geist ohne jegliche Gedankenbewegung das, »was ist«, anschauen? Das, »was ist«, ist die Gewalttätigkeit. Ich habe ein Wort benutzt, um ein Gefühl zu beschreiben, das ich »Gewalttätigkeit« nenne. Und ich habe dieses Wort mit seiner speziellen Bedeutung bereits früher benutzt. Also erkenne ich das Gefühl wieder. Immer wenn ich etwas wiedererkenne, muss es das Alte sein. Das, »was ist«, ist also das Produkt der Gedanken. Jetzt trifft der Geist, der still, bewegungslos, also außerhalb der Zeit ist, auf das, was die Gedanken erschaffen haben und was ich »Gewalttätigkeit« genannt habe. Was geschieht nun, wenn das Bewegungslose auf das Denken trifft, das ja Bewegung, Zeit ist? Können Sie mir folgen?

Schauen Sie, mein Sohn stirbt, ich leide sehr aus verschiedenen Gründen, aus Einsamkeit, Verzweiflung und so weiter. Dann kommen die Gedanken ins Spiel und sagen: »Ich muss darüber hinwegkommen.« Das, »was ist«, ist Leiden, und die Gedankenbewegungen sind Zeit. Der Geist trifft auf das Leiden und versucht, etwas dagegen zu tun, vor ihm zu fliehen, sucht Trost in spiritistischen Sitzungen, bei Medien, in Glaubenssystemen, er geht durch diesen ganzen Prozess, der Zeit in Form von Denken ist. Doch was geschieht, wenn man diesem Leiden völlig bewegungslos begegnet? Haben Sie das je versucht? Wenn ja, haben Sie festgestellt, dass die Bewegungslosigkeit die Zeitbewegungen völlig transformiert, und das, was wir Leiden nennen, ist Zeit. Das bedeutet, dass das Leiden nicht die geringste Spur im Geist zurücklässt, weil Bewegungslosigkeit Zeitlosigkeit ist und das Zeitlose keine Beziehung zum anderen hat.

Der Geist ist also durch die Kultur, durch die Umwelt, durch Wissen und Erfahrungen konditioniert – all das ist die Bewegung der Zeit, und das Denken ist ebenfalls eine Bewegung der Zeit. Also kann das Denken den Geist nicht transformieren oder von seiner Konditionierung befreien, so wie das auch durch Analyse nicht möglich ist. Man muss sich also fragen: Kann der Geist diese Konditionierung, dieses durch Erziehung geformte Wesen völlig bewegungslos beobachten? Wenn Sie das tun, werden Sie sehen, dass jegliche Neigung zu Kontrolle, Nachahmung und Konformität verschwindet.

Aus: Bulletin Nr. 21, 1974

Jenseits von Denken und Zeit

Brockwood Park, England, 8. September 1974

Wenn wir ernsthaft an der Transformation des menschlichen Geistes und Herzens interessiert sind, müssen wir uns uneingeschränkt der Lösung unserer Probleme widmen, denn der Inhalt unseres Bewusstseins ist der Inhalt der Welt. Obwohl es Abweichungen gibt, ist das Bewusstsein eines jeden von uns das Bewusstsein der restlichen Welt. Und wenn sich in diesem einen Bewusstsein ein radikaler Wandel vollzieht, wird dieses Bewusstsein den Rest der Welt beeinflussen. Das ist eine offensichtliche Tatsache. Wir haben eine Menge Energie in die verschiedensten Versuche gesteckt, unsere Probleme zu lösen – intellektuelle Energie, emotionale Energie, physische Energie –, und doch hat diese ganze Energie, mit ihren Widersprüchen, Konflikten, ihrer zielgerichteten Destruktivität, in keiner Weise dazu beigetragen, unsere psychischen Probleme zu lösen. Ich glaube, das ist eine Tatsache, die niemand leugnen kann.

Uns geht es darum, herauszufinden, ob es eine andere Art von Energie gibt, die, wenn wir sie anzapfen können, unsere Probleme lösen wird. Wir forschen also gemeinsam, untersuchen, ob es eine andere Art von Energie gibt, die nicht in sich selbst widersprüchlich ist, die nicht auf der trennenden Funktion des Denkens beruht und die weder von der Umgebung, der Erziehung, noch von kulturellen Einflüssen abhängig ist. Wir fragen uns, ob es etwas anderes, eine andere Energie gibt, die nicht von egozentrischen Impulsen abhängt – von jenen Aktivitäten und Energien, die das Selbst, das »Ich« mit all den damit einhergehenden Widersprüchen erzeugt. Gibt es eine Energie, die keine Ursache hat? Denn eine Ursache setzt Zeit voraus.

Wir haben bisher nur einen sehr kleinen Teil unseres Gehirns genutzt, und dieser kleine Bereich wird vom Denken kontrolliert und geformt, und das Denken hat auf der intellektuellen, emotionalen und physischen Ebene widersprüchliche Energien hervorgebracht, das »Ich« und das »Du«, die Trennung zwischen »uns« und »ihnen«, zwischen dem, was wir sind, und dem, was wir sein sollten, dem Ideal, dem perfekten Vorbild. Ich hoffe, Sie können mir folgen. Ich glaube, es ist sehr wichtig, dass Sie verstehen, dass wir zusammenarbeiten, dass der Redner Ihnen nicht sagt, was Sie tun sollen, denn der Redner besitzt keine Autorität. In spirituellen Dingen hat sich Autorität oft sehr destruktiv ausgewirkt, weil Autorität Konformität voraussetzt, weil sie mit Angst und Gehorsam, mit Folgen und Akzeptieren verbunden ist; aber wenn wir gemeinsam forschen, geht es nicht um Gefolgschaft, nicht um Zustimmung oder Ablehnung, sondern nur um das Beobachten, das Untersuchen einer Sache. Wir tun das gemeinsam. Deshalb verschwinden das »Du« und das »Ich«, wenn wir zusammen sind. Die Arbeit ist wichtig, nicht Sie oder ich. Wir arbeiten also gemeinsam daran, herauszufinden, ob es eine völlig andere Art von Energie gibt, die nicht auf einer Ursache beruht, welche die Gegenwart von der Vergangenheit trennt.

Zu dieser Untersuchung gehört auch, dass wir uns fragen, ob es irgendeinen Bereich im Gehirn gibt, der nicht vom Denken verunreinigt ist, der nicht das Produkt der Evolution ist, nicht von der Kultur berührt wurde. Seit Urzeiten nutzt der Mensch nur einen sehr kleinen Bereich des Gehirns, in dem stets der Konflikt zwischen dem Guten und dem Bösen eine Rolle spielte. Sie können das in allen Kunstwerken, allen Symbolen, allen Aktivitäten des Menschen sehen. Dieser Konflikt zwischen dem Guten und dem Bösen – zwischen dem, »was ist«, und dem, »was sein sollte«, dem Ideal – hat Kulturen hervorgebracht, eine christliche, hinduistische oder buddhistische Kultur und so weiter. Und von dieser Kultur wurde jene kleine Gehirnregion konditioniert. Kann der Geist sich von dieser Konditionierung, aus diesem eng begrenzten Bereich befreien und sich in einen Bereich bewegen, der nicht von Zeit, Ursache und Richtung bestimmt wird?

Man muss also damit beginnen, herauszufinden, was Zeit ist, was Richtung bedeutet und was Menschen im psychologischen Bereich anstreben. Was bedeutet Zeit auf der psychischen Ebene? Es gibt die chronologische Zeit, die mit der Uhr gemessen wird; aber kann es auf der psychischen Ebene überhaupt Zeit geben? Zeit bedeutet Bewegung, nicht wahr? Und Zeit bedeutet auch Richtung. In der Psychologie sagen wir, dass das, »was ist«, nur durch einen allmählichen Prozess geändert werden kann, und das erfordert Zeit. Und dieser allmähliche Prozess bewegt sich in eine bestimmte Richtung, die durch das Ideal vorgegeben wird. Um das zu erreichen, muss der Zeitfaktor als die Bewegung von hier nach dort ins Spiel kommen, und so sind wir in diesem Bereich der Zeit gefangen. Das heißt, ich bin, was ich bin, aber ich muss das in etwas transformieren, das ich sein sollte, und um das zu erreichen, brauche ich Zeit. Und die Richtung ist vorbestimmt durch das Ideal, das vom Denken erschaffene Konzept. Das heißt, das Ideal wird vom Verstand erschaffen, jenem Verstand, der sagt: »Ich bin dies, aber ich sollte jenes sein.« Das ist der traditionelle Ansatz zur Transformation des Menschen, und wir stellen diesen Ansatz nun ganz und gar in Frage.

Zeit ist also eine Bewegung in eine bestimmte Richtung, die vom Verstand vorgegeben wird, nicht wahr? Und deshalb befinden wir uns in einem ständigen Konflikt. Diese Trennung zwischen dem, was ich bin, und dem, was ich sein sollte, ist die eigentliche Aktivität des Verstandes, der in sich selbst gespalten und fragmentarisch ist. Das Denken hat die Menschen getrennt, in Nationalitäten und Religionen aufgespalten, es trennt zwischen »dir« und »mir«, und deshalb herrscht ein ständiger Konflikt. Und wir versuchen, unsere Probleme innerhalb dieser Grenzen der Zeit zu lösen.

Kann also der Geist, der innerhalb dieser Tradition so konditioniert wurde, sich daraus lösen und sich nur mit dem beschäftigen, »was ist«, und das, »was sein sollte«, außer Acht lassen? Das erfordert Energie, und diese Energie entsteht und erhält sich selbst aufrecht, wenn keine Gedankenbewegung stattfindet, die uns von dem, »was ist«, entfernt. Kann Ihr Geist, der der Geist der Menschheit ist, weil Sie das Kollektiv sind, Sie sind kein Individuum – Individuum bedeutet unteilbar, ganz –, kann Ihr egozentrischer Geist sich selbst dekonditionieren, nicht in der Zukunft, sondern jetzt sofort? Kann Ihr Geist sich selbst ohne Gedankenbewegungen, die ja die Zeit ins Spiel bringen, von seiner Konditionierung befreien? Zeit ist der Beobachter, der die Vergangenheit repräsentiert, und das Beobachtete ist die Gegenwart. Verstehen Sie? Mein Geist ist konditioniert, und der Beobachter sagt: »Ich habe all diese Probleme und konnte sie bisher nicht lösen, also werde ich mir meine Konditionierung anschauen, ich werde sie mir bewusst machen und über sie hinausgehen.« Hier spricht die Tradition, nicht wahr? Der Beobachter, der die Vergangenheit, das Wesen der Zeit repräsentiert, versucht also, das, was er beobachtet, zu überwinden, zu transzendieren, er versucht, über seine Konditionierung hinauszugehen. Aber unterscheidet sich der Beobachter, der ja die Vergangenheit ist, von dem, was er beobachtet? Was er beobachtet, ist das, was er gemäß seiner Konditionierung sieht – das ist offensichtlich. Er beobachtet also mit dem Verstand, der das Produkt der Zeit ist, und er versucht, das Problem mittels Zeit zu lösen. Aber man sieht, dass der Beobachter das Beobachtete *ist*.

Schauen Sie, ich werde es ganz einfach ausdrücken. Ist die Gewalttätigkeit getrennt von dem Beobachter, der sagt: »Ich bin gewalttätig«? Unterscheidet sich die Gewalttätigkeit von dem Handelnden, der gewalttätig ist? Sie sind doch ein und dasselbe, nicht wahr? Also ist der Beobachter das, was er beobachtet, und solange eine Trennung zwischen dem Beobachter und dem Beobachteten existiert, muss ein Konflikt bestehen. Diese Trennung entsteht, wenn der Beobachter annimmt, dass er sich von dem, was er beobachtet, unterscheidet. Betrachten Sie sich das ein wenig genauer, und Sie werden sehen, was es bedeutet.

Wir leben in absoluter Unordnung und Verwirrung, und zwar sowohl auf der physischen als auch auf der emotionalen und intellektuellen Ebene. Verwirrung bedeutet Widerspruch. Man sagt etwas, tut etwas anderes, denkt etwas und handelt ganz anders. Aber Ordnung ist notwendig, damit das Gehirn richtig, objektiv funktionieren kann. Wenn es nicht richtig funktioniert, ist es nutzlos wie eine defekte Maschine. Kann aus dieser Entdeckung Ordnung entstehen? Eine Ordnung, die nichts mit der Ordnung der Priester, aber auch nichts mit der Gesellschaftsordnung, die unmoralisch ist, zu tun hat. Ich spreche von einer Ordnung, die ohne Konflikt, ohne Kontrolle, ohne den Zeitfaktor zustande kommt. Kann diese vollkommene Ordnung, die Tugend ist, einfach durch das Beobachten jener Unordnung, in der wir leben, zustande kommen? Das heißt, kann der Geist diese Unordnung beobachten, sich ihrer bewusst sein, ohne einen Weg zu suchen, mit ihr fertig zu werden oder sie zu transzendieren, kann er sich ihrer einfach gewahr sein, ohne zu werten? Um urteilsfrei wahrnehmen zu können, darf der Beobachter nicht in das Beobachtete eingreifen. Dieser Beobachter, der die Vergangenheit repräsentiert, der sagt: »Das ist richtig, jenes ist falsch; ich muss dies tun, ich darf jenes nicht tun; so sollte es sein, so sollte es nicht sein«, darf das, was er beobachtet, überhaupt nicht beeinflussen.

Können Sie also das Chaos, in dem Sie leben, ohne die Einmischung, ohne die Bewegung des Denkens, die ja Zeit ist, beobachten – können Sie einfach nur beobachten? Beobachtung erfordert Aufmerksamkeit, das ist ganz klar, und wenn Sie Ihre

Aufmerksamkeit total auf die Unordnung richten – existiert dann Unordnung? So wird Ordnung so etwas wie die höchste Form der Mathematik, die eine vollkommene Ordnung repräsentiert. Es ist also möglich, ohne jegliche Kontrolle zu leben, und das bedeutet, ohne die Bewegung des Denkens als Zeit zu leben. Gehen Sie dieser Sache nach, und Sie werden es selbst sehen. Zeit wird durch die Trennung zwischen dem Beobachter und dem Beobachteten erzeugt, und Sie haben diese Trennung ganz und gar aufgehoben, wenn Sie total aufmerksam und bewusst sind. Und dann sind die Beziehungen Ihres täglichen Lebens echte Beziehungen, bei denen die Bilder vom »Du« oder von »ihr« oder »ihm« nicht existieren. Jetzt, da wir diese Ordnung hergestellt haben, fragen wir uns, ob das Gehirn, diese kleine Gehirnregion, die so kontrolliert, so durch die Kultur, durch die Zeit konditioniert ist, ob das Gehirn, der Geist frei von all dem sein und dennoch effektiv funktionieren kann.

Ich möchte es anders ausdrücken. Gibt es einen Bereich im Gehirn, der unberührt von allem menschlichen Streben, von menschlicher Gewalt, von Hoffnungen, Verlangen und all diesen Dingen ist? Verstehen Sie meine Frage? Der Geist hat innerhalb jenes kleinen, begrenzten Bereiches Ordnung geschaffen. Und ohne diese Ordnung ist man nicht frei, um forschen zu können. Ordnung ist Freiheit, das ist ganz klar. Ordnung bedeutet Sicherheit, Freiheit von Störungen. Nun sagt der Geist: »Ich sehe, dass Ordnung notwendig ist, dass Verantwortlichkeit in Beziehungen notwendig ist – aber das löst noch nicht die Probleme der Menschheit.« Also fragt der Geist weiter: »Existiert eine andere Art von Energie?« Können Sie folgen? Das ist Meditation – nicht stillsitzen, auf eine bestimmte Weise atmen, einem System, einem Guru folgen. Das ist alles Unsinn. Meditation bedeutet herauszufinden, ob es im Gehirn einen Bereich gibt, in dem eine andere Art von Energie vorherrscht, in dem keine Zeit existiert und deshalb unermesslicher Raum ist. Wie kann der Geist herausfinden, ob es so etwas gibt?

Er muss zunächst einmal zweifeln. Der Zweifel hat etwas Reinigendes, aber er muss in Schach gehalten werden. Sie dürfen nicht nur zweifeln, sondern müssen Ihre Zweifel auch in Schach halten, sonst fangen Sie an, alles anzuzweifeln, und das wäre recht unsinnig. Zweifel sind also notwendig, Zweifel an allem, was Sie erfahren, denn Ihre Erfahrung beruht auf dem Erfahrenden. Der Erfahrende und die Erfahrung sind eins – verstehen Sie? –, und deshalb ist die Jagd nach mehr Erfahrungen absurd. Der Geist muss ganz klar sein, damit er keine Illusionen erschafft; man kann sich einbilden, dass man diese andere Art der Energie entdeckt und den zeitlosen Zustand erlangt hätte, deshalb muss man sehr klar sein, damit man sich keine Illusionen macht. Illusionen kommen nur dann ins Spiel, wenn man den Wunsch hat, etwas zu erreichen – wir sprechen jetzt von der psychischen Ebene. Wenn mein Wunsch darin besteht, Gott zu begegnen – wer immer dieser Gott sein mag, dieser Gott, den ich mir selbst erschaffen habe –, so lebe ich in einer Illusion. Ich muss mir über diesen Wunsch und auch den Drang und die Energie, die dieser Wunsch erzeugt, völlig im Klaren sein. Es muss also Zweifel da sein und kein Faktor, der Illusionen begünstigt. Verstehen Sie das? Das ist eine sehr ernste Angelegenheit, kein Spiel. Alle Religionen haben Illusionen erschaffen, weil sie das Produkt unserer Sehnsucht sind, die von den Priestern ausgenutzt wird.

Um also auf diese andere Energie zu stoßen, falls es sie gibt, falls es einen solchen unermesslichen Zustand gibt, muss das Denken absolut still sein, es darf keinerlei Kontrolle ausüben. Ist das überhaupt möglich? Unser Verstand plappert endlos vor sich hin, ist immer in Aktion: »Ich will herausfinden, ob es diesen Bewusstseinszustand gibt; na gut, ich zweifle, ich habe keine Illusionen, ich werde ein geordnetes Leben führen, weil dieser andere Zustand vielleicht ganz herrlich ist, also muss ich ihn unbedingt erreichen.« Das ist das unaufhörliche Geplapper des Denkens. Kann dieses innere Geplapper zum Stillstand kommen, ohne dass man es irgendwie kontrolliert, ohne dass man es unterdrückt? Denn jede Form von Unterdrückung oder Kontrolle verzerrt die ganzheitliche Bewegung des Gehirns. Jegliche Verzerrung muss ein Ende haben, denn sonst wiegt sich das Gehirn schließlich in einer neurotischen Illusion der Sicherheit.

Solange der Geist nicht vollkommen still sein kann, kann er sich nicht in einen anderen Bereich bewegen, *falls* es »dieses andere« überhaupt gibt, denn ich zweifle »das andere« unentwegt an. Ich tue das, weil ich mich nicht in einer Illusion verlieren will, und das geschieht so leicht, es ist so billig und primitiv. Ich gebe dieses Problem an Sie weiter, Sie sollen es lösen, Sie sollen Ihre Fähigkeiten, Ihr Gehirn einsetzen, um herauszufinden, ob Ihr Geist absolut still sein kann, was das Ende der Zeit, das Ende des Denkens bedeutet – einen Seinszustand ohne Mühe, ohne Kontrolle, ohne jegliche Form der Unterdrückung. Ist Ihr Geist jemals still? Damit meine ich nicht, ob Sie tagträumen, sondern ob er manchmal absolut still, aufmerksam, wach und bewusst ist? Ist das gelegentlich geschehen? Um etwas sehen oder hören zu können, muss der Geist still sein, nicht wahr? Ihr Interesse an dem, was gesagt wird, bewirkt diese Stille des Geistes, der zuhören will. Ich bin an dem, was Sie sagen, interessiert, weil es mein Leben berührt, meine Art zu leben, und ich möchte Ihnen uneingeschränkt zuhören, ich will nicht nur die Worte hören, sondern auch alles, was dahinter steckt. Ich will genau herausfinden, was Sie sagen, will es nicht übersetzen, nicht gemäß meiner Vorlieben interpretieren, nicht meiner Eitelkeit anpassen. Wenn ich Ihnen also so intensiv zuhöre, muss mein Geist still sein. Ich frage mich, ob Ihnen das klar ist. Ich habe meinen Geist nicht gezwungen, still zu sein; bereits die Aufmerksamkeit, die ich Ihnen durch Zuhören widme, *ist* Stille. Die Aufmerksamkeit, die ich aufbringe, um herauszufinden, ob der Geist vollkommen still sein kann, *ist* bereits Stille. Und diese Stille des Geistes ist erforderlich – aber keine antrainierte Stille, denn das wäre Lärm. Sie wäre bedeutungslos. Deshalb ist Meditation keine kontrollierte, zielgerichtete Aktivität, sondern eine, die man als »Nicht-Denken« bezeichnen könnte.

Sie werden dann für sich selbst herausfinden, ob es etwas gibt, das man nicht benennen kann, das sich nicht im Bereich der Zeit befindet. Wenn man das nicht herausfindet, nicht darauf stößt, wenn man das Wahre oder Falsche daran nicht sieht, wird das Leben zu einer sehr flachen, bedeutungslosen Angelegenheit. Vielleicht herrscht in Ihrem eigenen Innern perfekte Ordnung, vielleicht haben Sie keine Konflikte, weil Sie sehr wach und achtsam geworden sind, aber all das bleibt völlig oberflächlich ohne das andere.

Meditation, Kontemplation – nicht im christlichen oder asiatischen Sinne – bedeuten also, dass das Denken sich nur im Bereich des Bekannten bewegt und dabei zu der Erkenntnis kommt, dass es niemals in andere Bereiche vordringen kann. Deshalb bedeutet das Ende des Denkens zugleich das Ende der Zeit.

Aus: Bulletin Nr. 25, im Frühjahr 1975

Zeit, Handeln und Angst

Saanen, Schweiz, 20. Juli 1975

Wir sprechen hier über eine sehr ernste Angelegenheit: über die Frage, ob Freiheit, totale Freiheit von inneren Ängsten, möglich ist. Um dieser Frage wirklich auf den Grund zu kommen, muss man nicht nur verstehen, was Zeit ist, sondern auch, was Handeln ist, denn Handeln erzeugt Angst, die im Gedächtnis gespeichert wird, und dieses Gedächtnis begrenzt, kontrolliert und bestimmt das Handeln. Wollen Sie also frei von Angst sein, dann müssen Sie verstehen, dass Angst und Zeit ein und dasselbe sind. Gäbe es keine Zeit, hätten Sie keine Angst. Ich frage mich, ob Sie das sehen können. Wenn es kein Morgen gäbe, nur das Hier und Jetzt, würde die Angst als eine Bewegung des Denkens enden.

Es gibt sowohl die chronologische als auch die psychische Zeit. In diesem Bereich spielt sich unser Leben ab. In diesem Bereich des Denkens, das Zeit ist, handeln wir – wir handeln als Christen oder als Kommunisten, als Sozialisten, Buddhisten oder Hindus, immer innerhalb der Bewegung des Denkens als Zeit und Maß. Ich denke, das ist soweit klar, so dass wir uns nun daranmachen können, den Ursprung der Angst zu erforschen.

Vielleicht haben Sie jetzt, während Sie hier sitzen, keine Angst vor irgendetwas Bestimmtem. Aber in Ihrem Bewusstsein gibt es

Angst. In Ihrem Unbewussten oder im Bewusstsein lauert dieses Schreckliche, das wir Anspannung, Schmerz, Trauer, Leid und Angst nennen. Vielleicht hat man insgeheim Angst vor dem Morgen, davor, was morgen geschehen könnte oder was man vielleicht nicht erreichen wird. Wird diese Beziehung, aus der man so viel Vergnügen und Trost geschöpft hat, andauern, wird sie dauerhaft sein? Oder wird sich etwas ändern? Das befürchtet der Geist, denn der Geist, das Gehirn, braucht Stabilität, braucht Sicherheit, um zu funktionieren. Bitte bedenken Sie das. Der Verstand wird irgendeine Schlussfolgerung ziehen, weil ihm das Sicherheit gibt. Es kann eine rationale oder irrationale Schlussfolgerung sein, eine idiotische Vorstellung oder eine rationale Beobachtung. Der Verstand wird sich daran klammern, weil solche Schlussfolgerungen ihm das Gefühl völliger Sicherheit geben.

Da sind also Ängste, bewusste wie unbewusste, in den hintersten Winkeln des eigenen Geistes verborgene Ängste, die nie untersucht, nie ans Licht gebracht wurden. Angst ist, ebenso wie psychischer Schmerz, eine dunkle Wolke, die angemessenes Handeln unmöglich macht. Sie führt zu Verzweiflung, Zynismus oder Hoffnung – und das sind alles irrationale Zustände. Angst ist eine Bewegung des Denkens im Bereich der Zeit, also ist sie real, nicht fiktiv.

Unsere Frage lautet nun: Wie kann Ihr Geist, wie können Sie diese so tief verborgene Angst auflösen? Kann sie überhaupt je aufgelöst werden? Oder ist sie immer da und zeigt sich nur ab und zu, wenn man in eine Krise gerät, etwas Unvorhergesehenes geschieht oder wenn man mit einer Herausforderung konfrontiert wird? Oder kann sie vollkommen ausgemerzt werden? Wir haben bereits gesagt, dass Analyse ein Prozess der Aufspaltung ist. Was soll ein Mensch tun, wenn er begreift, dass er ganz frei von Angst sein muss? Soll er auf Hinweise warten, die sein Unbewusstes ihm vielleicht in Träumen eingibt, oder soll er sich die Zeit für eine Analyse nehmen? Wenn Sie all das verwerfen, nicht theoretisch, sondern wirklich verwerfen, weil es sinnlos ist, dann bleibt die

Frage, was die Totalität, die gesamte Struktur der Angst ausmacht. Wenn der Geist die Angst in ihrer Gesamtheit anschauen kann, verstehen kann, dann hat das Unbewusste nur sehr wenig Bedeutung, dann löscht das Größere das Kleinere aus. Können Sie das sehen? Warten Sie einen Moment.

Bitte stellen Sie sich vor: Der Verstand hat dieses Mikrofon erschaffen, aber das Mikrofon ist unabhängig von diesem Verstand, der es erschaffen hat, nicht wahr? Der Berg wurde nicht vom Denken erschaffen, er ist unabhängig vom Denken. Angst wird vom Denken erzeugt. Ist das Denken unabhängig von der Angst? Ist die Angst unabhängig vom Denken, obwohl Angst wiederum Gedanken erzeugt? Wenn Angst unabhängig vom Denken ist wie dieser Berg dort, dann wird diese nicht vom Denken erzeugte Angst weiter bestehen. Wurde sie aber durch das Denken erzeugt, wie dieses Mikrofon, dann kann man die gesamte Gedankenbewegung als Angst wahrnehmen. Sagt Ihnen das etwas?

Wie nimmt man etwas in seiner Gesamtheit wahr? Die Angst als Ganzes, nicht ihre Fragmente, die sich in verschiedenen Formen der Angst zeigen, auch nicht die Angst des Bewussten und des Unbewussten, sondern die Angst in ihrer Gesamtheit? Wie nehme ich mich selbst als Ganzes wahr, dieses »Ich«, das das Denken hervorgebracht hat, das durch das Denken isoliert ist, gespalten, das in sich selbst gespalten ist, so dass es glaubt, dieses »Ich« existiere unabhängig vom Denken? Das »Ich« glaubt, es sei unabhängig vom Denken, aber das Denken hat das »Ich« erschaffen, dieses »Ich« mit all seinen Befürchtungen, Ängsten, Eitelkeiten, Qualen, Vergnügungen, Hoffnungen. Dieses vom Denken erschaffene »Ich« glaubt, es hätte seine eigene, unabhängige Existenz, wie dieses Mikrofon, das von den Gedanken erschaffen wurde und doch unabhängig davon ist. Der Berg wurde nicht von den Gedanken erschaffen und ist daher unabhängig. Das »Ich«, das vom Denken erschaffen wurde, sagt: »Ich bin unabhängig vom Denken!« Ist das jetzt klar?

Wie kann man also die Angst in ihrer Gesamtheit sehen? Um

etwas total oder als Ganzes sehen oder vollständig hören zu können, muss man frei sein, frei von Vorurteilen, von Schlussfolgerungen, frei von dem Wunsch, die Angst loszuwerden, frei von Rationalisierungen der Angst, frei von dem Wunsch, sie zu kontrollieren. Kann der Geist von alldem frei sein? Andernfalls kann er das Ganze nicht sehen. Kann man sich alle seine Ängste – bitte hören Sie zu –, kann man sich seine Ängste ohne jegliche Gedankenbewegung anschauen, die ja Zeit ist, die Angst erzeugt? Verstehen Sie? Ich habe Angst, dass aus mir nichts wird, weil ich dazu erzogen wurde, von der Gesellschaft darauf konditioniert wurde, etwas darzustellen, als Künstler, als Ingenieur, als Arzt, als Politiker, was auch immer, ich muss jemand sein. Und da keimt einer der Samen der Angst. Dann gibt es noch die Angst vor Unsicherheit – und der Verstand kann nie sicher sein, weil er selbst ein Bruchstück ist. Der Verstand kann nie das Ganze sehen; da er ein Bruchstück ist, kann er auch nur bruchstückhaft sehen. Man kann die verschiedenen Formen der Angst beschreiben, und jede ist unauflösbar, weil sie durch das Denken in Bruchstücke aufgespalten wird. Also fragt man sich: Was ist die Wurzel der Angst? Kann ich nicht nur den ganzen Baum der Angst, sondern auch ihre Wurzel sehen?

Was, glauben Sie, ist die Wurzel der Angst, sowohl im Bewusstsein als auch im Unbewussten? Wie antworten Sie auf eine Herausforderung? Wir fordern Sie heraus! Wie reagieren Sie? Sehen Sie die tiefste Ursache dessen, was wir Angst nennen? Nehmen Sie sie wahr? Oder warten Sie auf jemanden, der sie Ihnen erklärt, und akzeptieren Sie dann diese Erklärung? Und Sie sagen: »Ja, ich sehe es« – was bedeutet, dass Sie es nicht wirklich sehen. Sie sehen die Beschreibung. Ist Zeit die Wurzel der Angst und das Denken der Ursprung der Zeit? Ist die Wurzel der Angst Unsicherheit, die die Psyche instabil werden lässt, was sich wiederum auf das Handeln in der Außenwelt und daher auf die Gesellschaft auswirkt? Wenn vollkommene psychische Sicherheit da ist, gibt es keine Angst. Ich frage mich, ob Sie das sehen.

Aber wo findet der Geist vollkommene Sicherheit – absolute, nicht relative Sicherheit? Der denkende Verstand will sicher sein. Das Gehirn fordert vollkommene Sicherheit, weil es nur dann rational funktionieren kann. Also hat es Sicherheit im Wissen, in der Wissenschaft, in Beziehungen, in der Kirche, in Schlussfolgerungen gesucht, aber nie gefunden. Wo findet man Sicherheit? Ist sie dort draußen? Oder irgendwo anders? Wir lernen gemeinsam, dass es sinnlos ist, Sicherheit in unseren gedanklichen Projektionen zu suchen, wie auch immer diese sich äußern mögen. Ich möchte herausfinden, wo man absolute Sicherheit finden kann – denn wenn man diese hat, existiert keine Angst mehr, die Angst löst sich sowohl auf der physiologischen als auch auf der psychischen Ebene vollkommen auf.

Unser Geist ist aktiv, ein Gedanke jagt den anderen. Doch zwischen diesen Gedankenbewegungen gibt es Lücken, eine kleine Spanne, eine Zeitspanne. Und der Verstand versucht immer, etwas zu finden, an dem er sich festhalten kann, wo er ruhen kann. Doch das Denken ruft, da es fragmentarisch ist, absolute Unsicherheit hervor. Ich frage mich, ob Sie das sehen. Deshalb findet man vollkommene Sicherheit, wenn man absolut nichts ist – das heißt, nichts vom Denken Erschaffenes. *Absolut nichts sein* ist ein völliger Widerspruch zu allem, was Sie gelernt haben, zu allem, was das Denken hervorgebracht hat. Nichts sein. Wenn Sie nichts sind, haben Sie absolute Sicherheit. Die Unsicherheit entsteht nur durch das Werden, das Wollen, das Wünschen, das Streben.

Indem wir also sehen, was Zeit, abgesehen von der chronologischen Zeit, eigentlich ist, nämlich die Bewegung des Denkens, indem wir die Angst in ihrer Gesamtheit als Gedankenbewegung erkennen – als das Streben, eine Idee zu verwirklichen, oder als das Verweilen in der Vergangenheit, in der romantischen, idiotischen, sentimentalen Vergangenheit, oder als das Verweilen im Wissen, welches ebenfalls fragmentarisch ist – dann sehen wir, dass unser Handeln immer fragmentarisch, nie vollständig ist.

Handeln bedeutet, im Hier und Jetzt zu handeln, und das kann nur geschehen, wenn völlige Sicherheit da ist. Die vom Denken geschaffene Sicherheit ist in Wirklichkeit keine Sicherheit. Das ist eine absolute Wahrheit. Und die absolute Wahrheit zeigt sich, wenn da nichts ist, wenn Sie nichts sind. Wissen Sie, was es bedeutet, nichts zu sein? Kein Ehrgeiz – das heißt nicht, dass Sie vor sich hin vegetieren –, keine Konkurrenz, keine Aggression, kein Widerstand, keine aufgrund von Verletzungen aufgebauten Schutzmauern. Sie sind absolut nichts. Was geschieht dann mit unseren Beziehungen, wenn wir nichts sind? Verstehen Sie? Was bedeutet es dann, mit einem anderen Menschen in Beziehung zu stehen? Haben Sie je über diese Dinge nachgedacht, oder sollte Ihnen all das – was tragisch wäre – neu sein?

Unsere Beziehung ist nie stabil, und deshalb ist sie ein ständiger Kampf, eine fortgesetzte Trennung; jeder verfolgt seine eigenen Ziele, sucht sein eigenes Vergnügen, jeder ist isoliert. Eine solche Beziehung muss, da sie grundsätzlich nicht sicher ist, unweigerlich zu Trennung und somit zu Konflikten führen, nicht wahr? Gäbe es in dieser Beziehung vollkommene Sicherheit, dann gäbe es keinen Konflikt. Aber vielleicht sind Sie absolut nichts, und ich bin immer noch etwas. Was geschieht, wenn Sie innerlich, psychisch nichts sind, wenn Sie vollkommene Sicherheit haben, weil da nichts ist, aber ich mich immer noch unsicher fühle, kämpfe, streite, verwirrt bin? Welche Beziehung besteht dann zwischen Ihnen und mir? Ihre Sicherheit ist nicht eine vom Denken erschaffene, nicht die Sicherheit des Menschen, der sagt: »Ich glaube daran« und der seine Beziehung auf der Basis eines Glaubenssystems, einer Konditionierung aufbaut, die Angst und daher Trennung hervorruft. Und das passiert ständig, verstehen Sie? Hier ist es nun ganz anders. Sie haben verstanden, dass in diesem Nichts-Sein vollkommene Sicherheit liegt. Und ich habe es nicht verstanden. Was geschieht dann zwischen Ihnen und mir? Sie sind voller Zuneigung, Liebe und Mitgefühl, die mit dieser unerschütterlichen Sicherheit einhergehen, und ich (Ihr

Freund, Ihre Frau, Ihr Mann) bin nicht voller Liebe. Was geschieht nun? Was werden Sie mit mir anfangen? Sich über mich lustig machen, mit mir reden, mich trösten, mir sagen, wie dumm ich doch bin? Was werden Sie tun?

Betrachten Sie es doch einmal von einer anderen Warte. In diesem Zelt befinden sich etwa eintausendfünfhundert Menschen, und einige von Ihnen haben sehr aufmerksam zugehört, das hoffe ich zumindest, haben ihre ganze Aufmerksamkeit, Sorgfalt und Zuneigung hineingegeben, und sie begreifen, dass sie die Welt sind und dass die Welt sie ist – sie verstehen das nicht nur verbal, sondern sehen diese tiefe Wahrheit. Sie erkennen das, und Sie sehen die ungeheure damit verbundene Verantwortung, die Verantwortung, sich radikal zu ändern, weil Sie zugehört haben, weil Sie nicht argumentiert haben. Sie sehen die Wahrheit; welcher Art wird Ihre Beziehung zur Welt also sein, wenn diese fundamentale Transformation stattgefunden hat? Es ist die gleiche Frage, verstehen Sie? Was tun Sie? Warten Sie darauf, dass irgendetwas geschieht? Wenn Sie darauf warten, wird nichts geschehen.

Aber wenn Sie diese fundamentale Wahrheit, dass Sie die Welt sind und dass die Welt Sie ist, wirklich sehen, und wenn Sie verstehen, wie außerordentlich wichtig eine grundlegende Transformation in Ihrem eigenen Innern ist, dann beeinflussen Sie das gesamte Bewusstsein der Welt – das ist unvermeidlich. Und werden Sie nicht, wenn Sie ganz und gar sicher sind – in dem Sinne, in dem wir hier darüber gesprochen haben –, werden Sie nicht auch mich beeinflussen, mich, der ich unsicher, verzweifelt, abhängig bin – werden Sie mich nicht beeinflussen? Natürlich werden Sie das. Am wichtigsten ist aber, dass Sie, die Sie hier zuhören, diese Wahrheit selbst sehen. Dann ist es Ihre Wahrheit, nicht etwas, was Ihnen irgendjemand gegeben hat.

Aus: Bulletin Nr. 26, 1975

Hat das Leben einen Sinn?

Brockwood Park, England, 5. September 1976

Ich denke, wir sollten miteinander über etwas sprechen, das von fundamentaler Bedeutung ist, das jeden Menschen angeht, weil es unser Leben, unser tägliches Leben betrifft, die Art und Weise, wie wir unsere Tage und Jahre verschwenden. Was soll das alles? Wozu soll das gut sein? Wir werden geboren, und wir sterben, und während dieser Jahre, die mit Schmerz und Leid, Freude und Vergnügen angefüllt sind, findet dieser unaufhörliche Kampf statt, beherrscht dieses unaufhörliche Bemühen unser Leben, wir gehen vierzig oder fünfzig Jahre lang täglich ins Büro, versuchen die Erfolgsleiter hinaufzuklettern, Geld anzuhäufen, Wissen anzusammeln und so viel Vergnügen wie möglich zu erleben. Und am Ende wartet der Tod. Manche Wissenschaftler sagen, der Mensch würde durch Wissen auf eine höhere Ebene aufsteigen. Stimmt das wirklich? Wir haben eine ungeheure Menge von Wissen über viele Dinge angesammelt – im Bereich der Biologie, der Archäologie, der Geschichte –, aber dieses Wissen hat den Menschen ganz offensichtlich nicht radikal, zutiefst verändert, denn sein von Konflikten, Schmerzen und Vergnügungen bestimmter Existenzkampf setzt sich unaufhörlich fort.

Und wenn man sieht, wie sich all das in jedem Land der Erde, in jeder Klimazone fortsetzt, fragt man sich, was das für einen Sinn hat. Natürlich gibt es viele Erklärungen dafür, emotionale, romantische, neurotische, intellektuelle oder rationale. Aber wenn man all diese Erklärungen beiseite schiebt, weil sie ganz offensichtlich oberflächlich sind, so intelligent sie auch scheinen mögen, glaube ich, bleibt da eine sehr wichtige Frage – es ist wichtig, diese Frage zu stellen und für sich selbst eine Antwort zu finden, unabhängig von den Priestern, den Gurus oder irgendwelchen philosophischen Konzepten, ohne irgendetwas zu bestätigen, ohne an irgendetwas zu glauben, ohne ein Ideal zu haben. Es geht darum, die Dinge einfach nur ganz genau zu beobachten. Andernfalls wird unser Leben sehr mechanisch. Unser Gehirn hat sich an eine mechanische Lebensweise gewöhnt, und ein Teil dieses Gehirns muss mechanisch funktionieren, um das erforderliche technische Wissen erwerben und in allen Lebensbereichen richtig einsetzen zu können. Aber dieses erworbene Wissen – und wir können immer mehr Wissen ansammeln – beantwortet nicht die fundamentale Frage: Was ist der tiefere Sinn unseres Lebens? Man begreift, dass unter den Menschen vollkommene Einigkeit herrschen muss, denn das ist die einzige Möglichkeit, das physische, biologische Überleben der menschlichen Spezies zu sichern. Politiker werden dieses Problem niemals lösen! Im Gegenteil, sie werden die Trennungen aufrechterhalten, denn das verspricht Profit. Es muss Einigkeit unter den Menschen herrschen, das ist eine wesentliche Voraussetzung für das Weiterbestehen der menschlichen Spezies, aber man kann das nicht durch Gesetze erreichen, nicht durch bürokratische Vorschriften und all diese Dinge. Wenn man als menschliches Wesen also all das beobachtet, während man in einer chaotischen, wahnsinnigen Welt lebt, in der aus Profitgier Waffen verkauft werden, in der Menschen im Namen von Ideen, Nationen oder Gott getötet werden – was kann man dann tun? Wozu soll das alles gut sein?

Die Religionen haben von jeher versucht, den Menschen einen Lebenssinn zu vermitteln – das heißt, die organisierten, propagandistischen, ritualisierten Religionen. Aber trotz dieser zweitausend oder zehntausend Jahre andauernden Versuche hat der Mensch immer nur bestimmte Prinzipien, Ideale, Schlussfolgerungen wiederholt und bestätigt, die alle oberflächlich sind und nichts mit der Wirklichkeit zu tun haben. Ich denke also, es ist sehr wichtig, für sich selbst einen Sinn zu entdecken, wenn man nur ein bisschen ernsthaft ist – und man muss ernsthaft sein, sonst lebt man gar nicht wirklich, was nicht heißt, dass man nie Freude erlebt. Ernsthaftigkeit bedeutet totale Hingabe an das Leben als Ganzes. Wenn wir uns also fragen, was der Sinn des Lebens ist, werden wir mit der Tatsache konfrontiert, dass unser Gehirn sich in einer eingefahrenen Spur bewegt, in Gewohnheiten, Traditionen gefangen ist, in der Konditionierung unseres Bildungssystems, das nur der Vermittlung von Wissen und Informationen dient und uns immer mechanischer werden lässt.

Wenn wir dieser Frage auf den Grund gehen, muss ein großer Zweifel in uns aufsteigen. Zweifel, Skeptizismus, ist äußerst wichtig, weil er eine bestimmte Qualität der geistigen Freiheit mit sich bringt, indem er alles verneint, was der Mensch konstruiert hat – seine Religionen, Rituale, Dogmen, Glaubenssysteme, die alle miteinander nichts als Produkte seiner Gedanken sind. Das Denken ist ein materieller Prozess, das akzeptieren inzwischen selbst die Wissenschaftler. Doch das Denken hat unsere Probleme nicht gelöst, es war nicht einmal in der Lage, sich selbst tiefer zu erforschen, es hat nur die gesamte Existenz in Bruchstücke aufgespalten, weil es in sich selbst gespalten ist. Wir haben also einerseits diese mechanistische Qualität des Gehirns, die in bestimmten Lebensbereichen notwendig ist, aber andererseits herrscht im Innern des Menschen, in der psychischen Struktur des menschlichen Geistes, keine Freiheit. Der menschliche Geist ist konditioniert, an Glaubenssysteme, so genannte Ideale gebunden. Was bleibt also, wenn man all das anzweifelt, all das beiseite schiebt – nicht theoretisch, sondern tatsächlich? Man hat Angst, das zu tun, weil man sich sagt: Wenn ich alles verneine, was ich mit meinen Gedanken erschaffen habe, was bleibt mir dann noch? Wenn Sie das Wesen des Denkens durchschauen – das ein mechanischer Prozess innerhalb der Zeit ist, die Reaktion auf Gedächtnisinhalte, ein Prozess, der der Menschheit immer mehr Leiden, Qualen, Angst einbringt –, und wenn Sie darüber hinausgehen, es verneinen, was bleibt dann?

Um herauszufinden, was dann noch da ist, müssen wir bei der Freiheit beginnen, denn Freiheit ist der erste und der letzte Schritt. Ohne Freiheit – ich meine nicht die Freiheit zu wählen – ist der Mensch einfach nur eine Maschine. Wir glauben, dass Wahlmöglichkeiten uns Freiheit schenken, aber Wahlmöglichkeiten existieren nur, wenn der Geist verwirrt ist. Ist der Geist klar, gibt es keine Wahl. Wenn Sie die Dinge ganz klar, ohne jegliche Verzerrung, ohne jegliche Illusion sehen, dann gibt es keine Wahl. Ein Geist, der nicht wählt, ist ein freier Geist, wohingegen ein Geist, der wählt und somit eine Reihe von Konflikten und Widersprüchen auslöst, niemals frei ist, weil er in sich selbst gespalten, verwirrt ist.

Um also in irgendeinem Bereich forschen zu können, muss zuerst einmal Freiheit da sein, die Freiheit, etwas so zu untersuchen, dass schon dieses Forschen frei von Verzerrung ist. Die Dinge werden immer dort verzerrt, wo hinter dem Forschen ein Motiv steckt: das Motiv, eine Antwort zu finden, einen Wunsch zu befriedigen, eine Lösung für unsere Probleme zu finden, ein Motiv, das vielleicht auf vergangenen Erfahrungen, vergangenem Wissen beruht – jegliches Wissen repräsentiert die Vergangenheit. Immer, wenn ein Motiv da ist, werden die Dinge verzerrt. Kann unser Geist also frei von Verzerrungen sein? Unseren Geist zu erforschen bedeutet, den Geist der gesamten Menschheit zu erforschen, denn unser Bewusstseinsinhalt unterscheidet sich nicht von dem aller anderen menschlichen Wesen, die, wo immer sie auch leben, die gleichen Ängste, Qualen, inneren und äußeren Konflikte durchmachen. Das ist das kollektive menschliche Bewusstsein.

Wenn Sie also Ihr eigenes Bewusstsein untersuchen, betrachten Sie das Bewusstsein der Menschheit, und deshalb handelt es sich dabei nicht um eine persönliche, individualistische Untersuchung. Im Gegenteil, Sie gewinnen Einblick in das Bewusstsein der Welt – denn Sie sind die Welt. Wenn Sie sich das sehr gründlich anschauen, werden Sie sehen, dass es eine Tatsache ist. Einen freien Geist zu haben, stellt eine große Anforderung an einen Menschen, nämlich die, dass man sich als menschliches Wesen total der Transformation des Bewusstseinsinhaltes widmet, denn der Inhalt macht das Bewusstsein aus. Und uns geht es um die Transformation, um die totale Revolution in diesem Bewusstsein. Um das zu erforschen braucht man eine Menge Energie, und die erhält man, wenn keinerlei Energieverschwendung stattfindet. Man verschwendet Energie beispielsweise durch den Versuch, das, »was ist«, zu überwinden, zu leugnen oder davor zu fliehen, oder indem man versucht, das, »was ist«, zu analysieren, denn der Analysierende ist das Analysierte, er ist nicht getrennt von dem, was er analysiert. Das ist eine grundlegende Wahrheit, wie wir bereits seit vielen Jahren in diesen Gesprächen gesagt haben.

Wir fragen uns, was der Sinn und die Bedeutung des Lebens sind, ob das Leben überhaupt einen Sinn hat. Wenn Sie sagen, es hätte einen Sinn, dann haben Sie sich bereits auf eine Meinung festgelegt und können nicht mehr forschen; Sie beginnen dann bereits mit einer Verzerrung der Wirklichkeit. Auch wenn Sie sagen, das Leben habe keinen Sinn, ist das eine Verzerrung. Man muss also von beiden Standpunkten, vom positiven wie vom negativen, innerlich völlig frei sein. Das ist dann wirklich der Anfang der Meditation. Die indischen Gurus, die jetzt überall auf der Welt wie Pilze aus dem Boden schießen, haben diesem Wort viele verschiedene Bedeutungen gegeben. Da gibt es die Transzendentale Meditation – ich wünschte, sie hätten dieses schöne Wort nicht dafür benutzt –, die aus nichts anderem als der Wiederholung bestimmter Wörter besteht und zu einem bestimmten Preis verkauft wird! Man soll sie dreimal täglich zwanzig Minuten lang praktizieren. Die ständige Wiederholung bestimmter Wörter wird mit Sicherheit eine gewisse innere Ruhe hervorrufen, weil man das Gehirn auf eine mechanische Stille reduziert hat. Aber das ist nicht transzendentaler als irgendetwas anderes, und wir glauben, wir könnten mit Hilfe solcher Techniken Erfahrungen jenseits des materiellen Denkprozesses machen.

Der Mensch ist auf der Suche nach Erfahrungen, die über seine gewöhnlichen Alltagserfahrungen hinausgehen. Wir sind gelangweilt oder haben genug von all den Erfahrungen, die wir im Leben gemacht haben, und wir hoffen, irgendeine Erfahrung machen zu können, die nicht dem Denken entspringt. Das Wort »Erfahrung« bedeutet »hindurchgehen«, durch irgendetwas hindurchgehen und damit abschließen, nicht, sich daran zu erinnern und es mit sich herumzutragen. Aber das tun wir nicht. Um eine Erfahrung als solche zu erkennen, muss man sie bereits kennen, sie kann nichts Neues sein. Ein Geist, der nach Erfahrungen verlangt, die über das rein Physische und Psychische hinausgehen, verlangt nach etwas viel Größerem und wird nur seine eigene Projektion erfahren, deshalb bleibt seine Erfahrung mechanistisch, materialistisch, ein Produkt des Denkens. Wenn man nach gar keiner Erfahrung mehr verlangt, wenn man das Verlangen in seiner ganzen Bedeutung verstanden hat, das nichts anderes ist als ein durch Gedanken und Empfindungen hervorgerufenes Wunschbild – dann findet keine Verzerrung mehr statt, wird keine Illusion mehr erschaffen. Nur dann kann der Geist, das gesamte Bewusstsein, frei sein, nur dann ist es in der Lage, sich selbst ohne jegliche verzerrende Aktivität, ohne Anstrengung anzuschauen. Die Wirklichkeit wird verzerrt, wenn man sich anstrengt, nicht wahr? Anstrengung setzt ein »Ich« voraus und etwas, das ich erreichen will, es ist also eine Trennung zwischen mir und jener Sache. Trennung löst jedoch unweigerlich einen Konflikt aus, und Meditation ist nur möglich, wenn alle Konflikte verschwunden sind. Deshalb sind alle Meditationsformen, die mit Anstrengung, Praxis, Kontrolle einhergehen, bedeutungslos. Bitte akzeptieren Sie nicht einfach, was der Redner sagt. Wir untersuchen diese Dinge gemeinsam, und deshalb ist es wichtig, dass Sie das Gesagte nicht einfach übernehmen, sondern selbst genau untersuchen.

Wir müssen uns nun mit dem Problem der Kontrolle beschäftigen. Von Kindesbeinen an wird uns beigebracht, die Dinge zu kontrollieren, beispielsweise unsere Gefühle zu kontrollieren. Dabei gibt es den Kontrollierenden und das, was kontrolliert wird. Der Kontrollierende glaubt, er sei von dem, was er zu kontrollieren wünscht, getrennt. So ist er bereits gespalten und lebt in einem ständigen Konflikt. Das heißt, ein Fragment des Verstandes sagt zu sich selbst: »Ich muss die anderen Teile des Verstandes kontrollieren«, aber der Teil, der dies sagt, ist selbst Teil des Verstandes. Der Kontrollierende ist das Kontrollierte, der Erfahrende ist die Erfahrung, es sind nicht zwei verschiedene Einheiten oder Strömungen. Der Denkende ist der Gedanke, denn wenn es keinen Gedanken gibt, gibt es auch keinen Denkenden. Das ist sehr wichtig, denn wenn man das vollständig erkannt hat, nicht bloß verbal, nicht theoretisch, sondern wirklich im tiefsten Innern verstanden hat, dann endet jeglicher Konflikt. Wenn man das auf einer tiefen Ebene als Wahrheit, als ein Gesetz erkennt, dann hören alle Anstrengung, alles Bemühen auf, und Meditation ist nur möglich, wenn keinerlei Anstrengung im Spiel ist.

Man muss meditieren, um herauszufinden, ob das Leben einen Sinn hat. Außerdem legt die Meditation die Grundlage für richtiges Verhalten, richtig im Sinne von korrekt, nicht einem Ideal oder vorgegebenen Muster gemäß, sondern ein Verhalten, das der umfassenden Beobachtung der Vorgänge im eigenen Innern entspringt. Meditation hilft uns, gesunde zwischenmenschliche Beziehungen aufzubauen, das heißt, konfliktfreie Beziehungen. Konflikte existieren, wenn eine Trennung zwischen den beiden Bildern besteht, zwischen dem Bild, das Sie von dem anderen haben, und dem, das der andere von Ihnen hat. In der Meditation darf keinerlei Angst mehr da sein – was ein Ende des psychischen Leidens bedeutet –, und es müssen die beiden Dinge vorhanden sein, über die wir bereits gesprochen haben: Mitgefühl und Liebe. Das ist die Basis, die Grundlage der Meditation. Ohne diese Grundlage können Sie für den Rest Ihres Lebens mit gekreuzten Beinen unter einem Baum sitzen und richtig atmen – Sie kennen die ganzen Tricks –, aber es wird Ihnen nichts helfen.

Wenn Sie also wirklich ein Fundament für Ihr Leben gelegt haben – was nicht das Ende, sondern erst der Anfang ist –, dann können wir weitergehen, um herauszufinden, ob der Geist, der das Ganze ist, das Gehirn, das ganze Bewusstsein, ohne jegliche Verzerrung still ist. Nur wenn der Geist ruhig, still ist, können Sie richtig hören. Es gibt verschiedene Arten von Stille: die Stille zwischen zwei Geräuschen, die Stille zwischen zwei Gedanken, die Stille nach einem langen inneren Kampf, die Stille zwischen zwei Kriegen, die Sie Frieden nennen. All diese Formen der Stille sind das Produkt des Lärms. Das ist keine Stille. Aber es gibt auch eine andere Art von Stille, die nicht produziert oder kultiviert werden kann, bei der es kein »Ich« gibt, welches diese Stille beobachtet. Da ist nur Stille, Ruhe.

Wir begannen mit der Frage: Hat das Leben überhaupt einen Sinn? In der Stille, von der ich gerade sprach, stellen Sie diese Frage nicht; der Geist ist dann in einem Zustand, in dem er in der Lage ist, das herauszufinden. Und wir müssen eine Antwort finden. Wo finden wir die Antwort, wer wird unsere Frage beantworten? Werde ich, ein menschliches Wesen, die Frage beantworten? Oder liegt die Antwort in jener Stille? Das heißt, wenn keine Verzerrung der Wirklichkeit stattfindet – weder durch irgendein Motiv, eine Anstrengung, ein Verlangen nach Erfahrungen noch durch die Trennung zwischen dem Beobachter und dem Beobachteten, dem Denkenden und dem Gedanken –, dann wird keine Energie verschwendet. In dieser Stille ist also diese stärkere Energie vorhanden, und sie muss da sein, diese Vitalität, diese Kraft muss da sein, damit man über die Worte hinaussehen kann. Denn das Wort ist nicht die Sache, die Beschreibung ist nicht das Beschriebene. Um zum Mond fliegen zu können, um ein Instrument aus einer Million verschiedener Teile zusammensetzen zu können, sind ungeheure Energie und die Kooperation von dreihunderttausend Leuten erforderlich. Aber diese Energie unterscheidet sich völlig von jener, über die wir hier sprechen.

Sie sehen, der Redner nimmt das alles sehr ernst. Er spricht seit fünfzig Jahren über dieses Thema, und da die meisten Menschen sich geistig in vorgegebenen Spuren bewegen – tiefen oder flachen –, beobachtet man ständig, ob das Gehirn eine Spur formt und sich darin sicher fühlt und darin verbleibt, denn wenn man in einer festgelegten Spur bleibt, wie schön, angenehm oder tröstlich sie auch sein mag, dann wird der Geist zu etwas Mechanischem und verliert seine Tiefe und Schönheit. Wir fragen also: Ist die Stille mechanisch, ist sie ein Produkt des Denkens, das sagt: »Es muss noch etwas jenseits von mir geben, und um das herauszufinden, muss ich still sein, muss ich mich kontrollieren, muss alles andere unterdrücken.« Das ist immer noch die Aktivität des Denkens, nicht wahr? Wir müssen also den Unterschied zwischen Konzentration, bewusster Wahrnehmung und Aufmerksamkeit verstehen.

Konzentration bedeutet, dass man seine Energie in eine bestimmte Richtung lenkt, wobei man alle anderen Richtungen ausschließt, gegen alles andere Mauern errichtet. Bewusstes Wahrnehmen ist ziemlich einfach – wenn Sie es nicht kompliziert machen. Es bedeutet, sich all dessen bewusst zu sein, was um einen herum vorgeht. Man beobachtet einfach. Dann gibt es noch die Aufmerksamkeit. Aufmerksamkeit bedeutet, dass kein Zentrum da ist, von dem aus man etwas wahrnimmt. Das Zentrum ist das »Ich«, und wenn Sie von diesem Zentrum aus wahrnehmen, ist Ihre Aufmerksamkeit eingeschränkt. Das Zentrum existiert, wenn es Wahlmöglichkeiten gibt, dann ist da immer dieses »Ich«, meine Erfahrung, mein Wissen – ich existiere getrennt von Ihnen.

Wir sprechen also über Aufmerksamkeit, bei der kein Zentrum vorhanden ist. Wenn Sie jetzt, während Sie hier sitzen, auf diese Weise wahrnehmen, werden Sie feststellen, dass Ihre Aufmerksamkeit grenzenlos ist, dass Ihr Geist als Ganzes vollkommen aufmerksam ist – ohne zu wählen und deshalb ohne Zentrum, ohne ein »Ich«, das sagt: »Ich bin aufmerksam.« In dieser Aufmerksamkeit liegt Stille, eine Stille, die die ganze Energie enthält, die nicht mehr zerstreut ist. Nur ein solcher Geist kann die Antwort finden, kann etwas entdecken – wenn ich es beschreibe, wird es leider unwirklich –, das über all diese Mühen und Qualen, über all dieses Elend hinausführt. Wenn Sie dieser Sache Ihre ganze Energie und Zeit und all Ihre Fähigkeiten widmen, werden Sie kein oberflächliches, bedeutungsloses Leben mehr führen. Das ist Meditation, vom Anfang bis zum Ende.

Aus: Bulletin Nr. 35, 1978

Ein stiller Geist

Saanen, Schweiz, 22. Juli 1979

Haben Sie je bemerkt, dass Ihr Geist fast nie wirklich still ist? Unser Geist ist nur selten frei, ohne Probleme, und wenn man Probleme hat, schiebt man sie nur selten für eine Weile beiseite. Kennen Sie überhaupt einen unbelasteten geistigen Zustand, in dem Ihr Geist nach nichts verlangt, nichts sucht, sondern einfach nur ganz still ist und beobachtet – nicht nur das, was in der Außenwelt vor sich geht, sondern auch das, was sich in der eigenen inneren, von Meinungen und Sorgen bestimmten Welt abspielt? Oder sind Sie ständig am Suchen, Fragen, Analysieren, Fordern, Streben? Versuchen Sie ständig, irgendjemandem zu folgen, irgendein Ideal zu erreichen oder die Beziehung zu einem anderen Menschen zu verbessern? Weshalb leben wir in diesem ständigen Kampf, warum suchen wir immer nach etwas? Sie fliegen nach Indien und suchen dort etwas Außergewöhnliches, Sie stellen sich vor, dass es dort geschehen wird, Sie folgen jemandem, der Ihnen sagt, Sie sollen tanzen, singen oder tun, was Ihnen in den Sinn kommt. Es gibt dort bestimmte Leute, die versuchen, Sie zu zwingen, auf eine bestimmte Weise zu meditieren, eine Autorität anzuerkennen, bestimmte Rituale durchzuführen, zu schreien, wenn Ihnen danach ist, und so weiter. Warum tun Sie das alles?

Woher kommt Ihr unstillbarer Durst? Was suchen Sie? Kann man sich, wenn man still zu Hause bleibt oder einen einsamen Spaziergang macht, fragen, woher dieser unstillbare Durst kommt? Wir haben über Angst gesprochen, über Schmerz und Lust, aber auch über Intelligenz, Liebe und Mitgefühl. Wir haben darauf hingewiesen, dass es ohne Intelligenz keine Liebe und kein Mitgefühl geben kann. Sie gehören zusammen. Ich meine nicht die Intelligenz des Bücherwissens und nicht die erfinderische Raffinesse des Verstandes, sondern jene Intelligenz, die das Unechte, das Gefährliche unmittelbar durchschaut und sofort loslässt. Eine solche geistige Qualität ist Intelligenz.

Vielleicht können wir gemeinsam herausfinden, was Meditation eigentlich ist und ob es im Leben irgendetwas gibt, das über die materiellen Aktivitäten und Besitztümer, über Geld, Sex und Gefühle hinausgeht, das wirklich heilig ist, nicht von unserem Denken konstruiert. Vielleicht können wir wirklich für uns selbst durch Meditation, frei von allen Illusionen und Täuschungen, herausfinden, ob es etwas Heiliges gibt.

Die meisten Menschen haben die unterschiedlichsten Erfahrungen gemacht – sinnliche Erfahrungen, Erfahrungen, die verschiedene Emotionen, Empfindungen und romantische Gefühle auslösten. Diese Erfahrungen sind ziemlich trivial, und vielleicht sind alle Erfahrungen eher trivial. Wenn man einmal anfängt, sich genauer anzuschauen, wonach wir eigentlich alle suchen, wonach wir uns sehnen, muss man sich fragen, ob es nicht oberflächliche, rein sinnliche Erfahrungen sind, Dinge, auf die unser sinnliches Verlangen gerichtet ist und die zwangsläufig ziemlich oberflächlich sein müssen. Können wir uns, indem wir dies gemeinsam überdenken, von der Oberflächlichkeit zu einer tieferen, umfassenderen Suche hinbewegen? Das heißt: Können wir herausfinden, ob all unser Sehnen auf eher oberflächliche Sinneserfahrungen gerichtet ist oder ob unsere Sehnsucht, unsere Suche, etwas gilt, das weit über all das hinausgeht?

Wie kann man das herausfinden? Durch Analyse? Analyse ist

immer noch die Aktivität desselben Verstandes, der zurückschaut. Bei der Analyse untersucht das Denken sich selbst und seine eigenen Erfahrungen; seine Untersuchung ist begrenzt, weil es selbst begrenzt ist. Das ist klar. Aber es ist das einzige Instrument, das wir haben, und wir fahren fort, dieses Instrument zu benutzen, wohl wissend, wie unzulänglich es ist, wohl wissend, dass es das Problem nicht lösen kann und nicht fähig ist, sehr tief zu forschen. Ich glaube, wir machen uns eigentlich niemals klar, dass dieses Instrument, so scharf oder geschliffen es auch sein mag, das Problem nicht lösen kann. Wir scheinen einfach nicht in der Lage zu sein, es beiseite zu schieben.

Das Denken hat die Welt der Technik erschaffen. Es hat auch alle Trennungen bewirkt, die auf dieser Welt existieren, und zwar nicht nur die Trennung zwischen Nationen, sondern auch die Trennung zwischen Religionen, die biologischen Trennungen, einfach jede Art von Trennung zwischen zwei Menschen, so sehr die beiden einander auch zu lieben glauben. Dieses Denken muss mit seiner begrenzten Aktivität unweigerlich Trennung und somit Begrenzung verursachen, weil es selbst begrenzt ist, weil es das Produkt der Vergangenheit ist. Das Denken kann nie das Ganze sehen. Ist diese Aktivität also oberflächlich? Oder kann das Denken trotz seiner Begrenzung tiefer gehen?

Ist Beobachtung ein Instrument des Denkens? Ist sie eine Aktivität des Denkens? Sie beobachten vielleicht etwas, haben eine Eingebung und erschaffen etwas durch dieses Beobachten. Doch alles, was Sie aufgrund dieser Beobachtung erschaffen, entspringt der Aktivität des Denkens. Man sieht eine Farbe, man betrachtet sie einfach, und dann folgt die Reaktion der Anziehung oder Abstoßung, des Vorurteils und so weiter, und die Gedanken kommen ins Spiel. Kann man beobachten, ohne dass Gedanken ins Spiel kommen? Erfordert das eine bestimmte Disziplin? Die ursprüngliche Bedeutung des Wortes Disziplin ist »Lernen«; lernen ist etwas anderes als zustimmen, nachahmen, den Geist durch Routine abstumpfen. Kann man lernen zu beobachten, ohne dass das Denken aus dem Beobachteten Bilder formt, die dann zur Grundlage des Handelns werden? Kann man einfach nur beobachten? Das heißt, beobachten und lernen oder sich bewusst sein, auf welche Weise Gedanken das reine Beobachten stören? Etwas darüber zu lernen ist echte Disziplin.

Können wir, wenn wir beispielsweise unsere Sehnsucht oder unser Verlangen nach etwas Bestimmtem beobachten, können wir es dann ohne Motiv beobachten, ohne die Vergangenheit ins Spiel zu bringen, die ja Verlangen ist – ohne Schlussfolgerungen, die die reine Beobachtung stören? Im Allgemeinen besteht der Zweck des Lernens darin, Wissen anzusammeln und auf der Basis dieses Wissens zu handeln, kompetent oder inkompetent – je nachdem. Alternativ kann man auch handeln und daraus lernen, das heißt, man erlangt Wissen durch Handeln. Unsere Handlungen basieren also immer auf der Vergangenheit oder auf der aus der Vergangenheit projizierten Zukunft.

Wir weisen nun auf etwas hin, das sich von der Ansammlung von Wissen und dem daraus resultierenden Handeln völlig unterscheidet, auf etwas, das sich von unseren auf der Vergangenheit oder auf Zukunftsprojektionen beruhenden Handlungen ganz und gar unterscheidet. Normalerweise beruht unser Handeln darauf, dass das Gestern auf die Gegenwart, das Heute trifft, sich verändert und fortsetzt, so dass unsere Handlungen zwangsläufig stets unvollständig bleiben. Solches Handeln ist mit Reue verbunden, einem Gefühl der Frustration, denn es ist nie vollständig.

Wir sprechen nun von etwas völlig anderem: vom Beobachten, bei dem die Vergangenheit und die Zukunft nicht existieren. Einfach beobachten – so, wie ein guter Wissenschaftler durch ein Mikroskop schaut –, einfach beobachten, was wirklich vor sich geht. Wenn man beobachtet, was wirklich geschieht, verändert sich das, was man beobachtet. Kann man das eigene Verlangen, die Sehnsucht, den inneren Drang beobachten? Hat man diese Intensität, die erforderlich ist, um etwas beobachten zu können, ohne dass die Vergangenheit ins Spiel kommt?

Beobachten Sie, was Sie vom Leben wollen, was Sie suchen, wonach Sie sich sehnen? Die meisten von Ihnen suchen nach etwas, sonst wären sie nicht hier. Man liest Bücher über Philosophie, Psychologie oder die so genannten Religionen. Religiöse Bücher weisen den Leser immer darauf hin, dass es etwas Tieferes, etwas Jenseitiges gibt. Wenn man solche Bücher gelesen hat, sagt man sich vielleicht: »Möglicherweise gibt es so etwas wirklich, ich werde danach suchen.« Und dann gerät man in die Fänge der Priester, der Gurus, erliegt der Illusion der neuesten spirituellen Bewegung und so weiter. Vielleicht glaubt man sogar, man hätte etwas Befriedigendes gefunden und sagt sich: »Ich bin vollkommen glücklich, ich muss nicht mehr weiter suchen.« Aber das könnte eine Illusion sein – die meisten Menschen leben gerne in Illusionen. Unsere ganze Suche und unser innerer Hunger haben nicht zu einer besseren Gesellschaft geführt – zu einer gewaltlosen Gesellschaft, deren Grundlage der Frieden ist.

Der Zweck unserer Beschäftigung mit all diesen Dingen ist es, eine gute, friedliche Gesellschaft zu schaffen, in der die Menschen glücklich, ohne Angst, ohne Konflikte, ohne die üblichen Kämpfe und Brutalitäten leben können. Das Fundament jeder Gesellschaft sind die Beziehungen der Menschen untereinander, und wenn unsere Beziehungen nicht gesund und echt sind, erschaffen wir eine kranke Gesellschaft; das ist es, was überall auf der Welt geschieht.

Warum sind die Menschen voneinander getrennt? Sie suchen etwas, jemand anders sucht irgendetwas ganz anderes, stets ist dieses egozentrische Streben da. Die Gesellschaft, die wir geschaffen haben, basiert auf egozentrischen Bestrebungen, Selbsterfüllung und der ichbezogenen Disziplin, die sagt: »Ich muss« und die zu Gewalttätigkeit führt. Wir erforschen auch unser Bewusstsein. Wenn wir das Wort »Bewusstsein« benutzen, ist es nicht Ihr Bewusstsein oder mein Bewusstsein, sondern Bewusstsein an sich. Ihr Geist gleicht dem von Tausenden und Millionen anderer Menschen – er kämpft, fordert, folgt irgendjemandem oder irgendetwas, akzeptiert, gehorcht, idealisiert, gehört einer Religion an, leidet, hat Angst. Ihr Geist ist so, und der Geist eines jeden anderen Menschen ist genauso. Vielleicht sehen Sie das nicht, weil Ihre Eitelkeit, Ihr Gefühl für Ihre individuelle Bedeutung, diese Beobachtung verhindert, die nichtsdestoweniger den Tatsachen entspricht. Menschen gleichen sich auf der psychischen Ebene, sie sind überall auf der Welt unglücklich. Manche beten vielleicht, aber die Gebete lösen ihre Probleme nicht, sie sind immer noch unglücklich, immer noch verzweifelt, immer noch in Kämpfe verstrickt. Das ist das kollektive Bewusstsein. Wenn wir also forschen, erforschen wir die Menschheit, nicht nur Sie und mich – wir sind Menschen.

Kann man die Welt mit ihren Trennungen, ihrem Elend, ihren Gefahren und politischen Verbrechen beobachten, ohne eine Schlussfolgerung zu ziehen? Wenn wir beobachten, was in der Außenwelt und in unserem Innern geschieht, dann sind unsere Handlungen nicht Ihre und meine, weil wir gemeinsam das Gleiche beobachtet haben.

Fragen Sie sich, wonach Sie wirklich suchen: Ist es Geld, ist es Sicherheit, ist es die Freiheit von Angst, so dass Sie unaufhörlich Ihren Vergnügungen nachgehen können, wünschen Sie sich, frei von der Last des Leids und des Schmerzes zu sein – nicht nur Ihrer eigenen, sondern der Last der ganzen Welt –, oder suchen Sie etwas Zeitloses, etwas, das nie vom Denken berührt wurde, etwas Ursprüngliches, etwas absolut Unkorrumpierbares? Finden Sie als Mensch wie all die anderen Menschen dieser Welt selbst heraus, was Sie wirklich suchen, wonach Sie lechzen! Suchen Sie nach irgendeiner neuen Erfahrung, weil Sie schon die unterschiedlichsten Erfahrungen gemacht haben und sich sagten: »Es ist genug, ich habe all diese Erfahrungen gemacht, aber jetzt will ich etwas anderes erfahren. Etwas, das über alles Bisherige hinausgeht, eine Erfahrung, die mir große Freude, tiefes Verstehen, Erleuchtung, Transformation bringt.«? Wie werden Sie es herausfinden? Dazu müssen Sie zunächst einmal völlig frei von Illusionen sein. Und das bedeutet, völlig ehrlich zu sein, so dass Sie keiner Selbsttäuschung erliegen. Um keiner Selbsttäuschung zu erliegen, müssen Sie genau verstehen, was Verlangen eigentlich bedeutet. Denn es ist das Verlangen, welches die Illusionen erschafft – das Verlangen strebt nach Erfüllung, man hofft auf etwas Größeres. Solange man das Wesen und den Mechanismus des Verlangens nicht ganz und gar verstanden hat, wird der Geist unweigerlich Illusionen erschaffen. Kann Ihr Geist, nachdem er die Struktur des Verlangens durchschaut hat, seinen relativen Wert kennen und deshalb frei sein, um zu beobachten? Das heißt, ohne jegliche Illusionen zu beobachten. Sind Sie sich Ihrer Illusionen bewusst? Wenn der Geist frei von Illusionen ist, dann ist er auch absolut frei von jeglicher Heuchelei, ist klar und ehrlich. Dann können Sie anfangen, tiefer zu gehen, können nachforschen, ob es eine zeitlose Existenz, eine zeitlose Wahrheit gibt. An diesem Punkt beginnt Meditation.

Vielleicht haben Sie bereits mit Meditation herumgespielt – haben Transzendentale Meditation, tibetische Meditation, Hindu-Meditation, buddhistische Meditation, Zen-Meditation ausprobiert, haben sich entweder ernsthaft oder oberflächlich damit beschäftigt. Soweit man das verstehen kann, beruhen all diese Meditationen auf der Vorstellung, dass das Denken kontrolliert werden muss, dass man sich disziplinieren muss, dass man die eigenen Gefühle durch Kontrolle, durch ständige Wachsamkeit unterdrücken muss, um etwas anderes zu erreichen als das, »was ist«. Wenn Sie wirklich herausfinden wollen, was Meditation ist, wenn Sie nicht einfach akzeptieren, was Ihnen irgendjemand sagt, dann müssen einige Voraussetzungen erfüllt sein. Es darf keine Autorität da sein, denn dann sind Sie abhängig, dann kämpfen Sie, ahmen jemanden nach, streben nach Konformität. Außerdem müssen Sie verstehen, was Kontrolle bedeutet und wer der Kontrollierende ist. Von Kindesbeinen an wird uns beigebracht, Kontrolle auszuüben, Dinge zu unterdrücken oder ins andere Extrem zu gehen – was heute oft geschieht –, nämlich zu tun, wonach einem der Sinn steht. Ist es möglich, ohne jegliche Kontrolle zu leben? Was allerdings nicht bedeutet, ständig zu tun, wonach einem der Sinn steht; es bedeutet nicht, völlig schrankenlos zu sein. Kann es eine Lebensweise geben, auf die auch nicht der geringste Schatten der Kontrolle fällt? Um das herauszufinden, müssen Sie sich fragen: Wer ist der Kontrollierende?

Wer ist der Kontrollierende, der sagt: »Ich muss meine Gefühle kontrollieren« oder »Ich muss meinen Gefühlen freien Lauf lassen«? Da ist der Kontrollierende und das, was kontrolliert werden soll, also besteht eine Trennung. Wer ist dieser Kontrollierende? Ist es nicht immer noch das Denken? Der denkende Verstand hat gesagt: »Ich habe dies oder jenes erfahren, ich beabsichtige, dies oder jenes zu tun.« Das ist die Vergangenheit, also ist die Vergangenheit der Kontrollierende. Was jetzt geschieht, muss vom Kontrollierenden, der die Vergangenheit repräsentiert, kontrolliert werden.

Ich rede nicht zu meinem eigenen Vergnügen. Obwohl ich seit zweiundfünfzig Jahren Vorträge halte, bin ich nicht am Reden interessiert. Aber ich bin daran interessiert herauszufinden, ob Sie das Gleiche entdecken können, damit sich Ihr Leben völlig ändern kann, so transformiert werden kann, dass Sie keine Probleme, keine Verstrickungen, keine Kämpfe oder Sehnsüchte mehr haben müssen. Das ist der einzige Grund, weshalb der Redner zu Ihnen spricht, nicht zu seinem eigenen Vorteil oder Vergnügen, nicht, um Erfüllung darin zu finden.

Der Kontrollierende ist also das Produkt des Verstandes, des Denkens, das auf Wissen basiert, welches der Vergangenheit angehört. Das Denken sagt: »Ich muss kontrollieren, was jetzt geschieht« – das aktuelle Geschehen. Das können beispielsweise Neid oder Eifersucht sein, Gefühle, die jeder von Ihnen kennt. Das Denken sagt: »Ich muss diese Gefühle kontrollieren, ich muss sie analysieren, muss sie unterdrücken oder ausleben.« So ruft das Denken eine Trennung hervor. Doch in dieser Vorstellung, dass der Kontrollierende von dem, was kontrolliert werden soll, getrennt ist, liegt die Täuschung. Beide wurden vom Denken erschaffen. Der Kontrollierende ist also das, was er kontrolliert. Wenn Sie das wirklich verstehen, wirklich für sich selbst ganz ernsthaft untersuchen, werden Sie sehen, dass der Kontrollierende vollkommen überflüssig ist, nur Beobachtung ist notwendig. Wenn Sie beobachten, ist weder der Kontrollierende noch das zu Kontrollierende da, dann existiert nur das reine Beobachten. Beobachten Sie Ihren Neid, beobachten Sie ihn, ohne ihn zu benennen, ohne ihn abzulehnen oder zu akzeptieren, sehen Sie einfach die Reaktion, die aufsteigende Empfindung, die wir Neid nennen, und schauen Sie sie ohne diese Bezeichnung an. Denn die Bezeichnung repräsentiert die Vergangenheit. Wenn Sie das Wort »Neid« benutzen, wird die Vergangenheit gestärkt.

Es ist möglich, ohne jegliche Kontrolle zu leben. Ich sage das nicht theoretisch, es ist eine Realität. Der Redner redet nur über das, was er selbst getan hat, er erfindet nichts. Es ist möglich, ohne jegliche Kontrolle und daher ohne Konflikte, ohne Trennung oder Spaltung zu leben. Allein durch reines Beobachten ist es möglich. Tun Sie es, und Sie werden es selbst sehen. Probieren Sie es aus. Was geschieht im Bewusstsein, wenn keinerlei Konflikt besteht? Ein Konflikt bedeutet Bewegung, Bewegung ist Zeit, und Zeit ist die Spanne zwischen zwei Punkten, sowohl auf der physischen als auch auf der psychischen Ebene, die Bewegung von einem Zentrum zu einem anderen oder die Bewegung von einer Peripherie zu einer anderen. Unser Leben ist von dieser ständigen Bewegung bestimmt. Was geschieht nun in Ihrem Bewusstsein, wenn Sie diese Bewegung sehr genau beobachten?

Sie haben das Wesen des Denkens verstanden, Sie haben verstanden, dass es begrenztes Wissen ist, das im Gehirn, im Gedächtnis gespeichert ist, dass dieses Gedächtnis die das Handeln bestimmenden Gedanken hervorbringt. Sie haben verstanden, dass Wissen immer ein Teil der Unwissenheit ist. Was geschieht also im Bewusstsein? Der Geist, so wie wir ihn erforscht haben, besitzt nicht nur die Fähigkeit, klar, objektiv und unpersönlich zu denken, sondern er kann auch erkennen, dass er die Fähigkeit hat, auf der Basis reiner Beobachtung zu handeln anstatt auf der Basis des Denkens. Um beobachten zu können, was wirklich vor sich geht, muss man schauen, ohne dass der Vergangenheit entspringende Reaktionen das Geschaute beeinflussen. Dieses reine Beobachten ist die Grundlage des Handelns. Das ist Intelligenz. Und es ist dieses Außergewöhnliche, das wir Liebe und Mitgefühl nennen.

Der Geist besitzt also diese Qualität, diese Intelligenz, und mit ihr gehen Mitgefühl und Liebe ganz natürlich Hand in Hand. Liebe ist etwas anderes als bloße Sinnesempfindung, sie hat nicht das Geringste mit unseren Bedürfnissen und Sehnsüchten nach Erfüllung zu tun. Der Geist besitzt also diese Qualität, diese Stabilität. Er ist wie ein Felsen, unbeweglich inmitten eines Stroms. Und das, was stabil ist, ist still. Seien Sie sich darüber absolut im Klaren. Diese Klarheit ist Stabilität, und aus dieser Klarheit heraus können Sie jedes Problem untersuchen. Ohne diese Klarheit ist der Geist verwirrt, in sich widersprüchlich, gespalten, er ist instabil, neurotisch, sucht, strebt, kämpft. Wir kommen also an einen Punkt, wo der Geist ganz klar und deshalb vollkommen unbeweglich ist. Nicht unbeweglich wie ein Berg, sondern in dem Sinne, dass er vollkommen frei von Problemen und deshalb außerordentlich stabil und doch flexibel ist.

Ein solcher Geist ist still. Und Sie brauchen einen absolut stillen Geist – absolut, nicht relativ. Wenn Sie abends in den Wald gehen, herrscht dort Stille, alle Vögel sind still, der Wind hat aufgehört, in den Blättern zu flüstern, da ist eine große Stille in der Außenwelt. Die Menschen beobachten diese Stille und sagen: »Ich muss diese Stille haben«, und dann müssen sie allein sein, müssen einsam sein, um Stille erleben zu können. Aber das ist keine echte Stille. Ebenso wenig wie die, die vom Denken erzeugt wird, indem man sich sagt: »Ich muss still sein, ich muss ruhig sein, mein Verstand darf nicht plappern.« Aber das ist es nicht, denn diese so genannte Stille ist nur das Produkt des Denkens, das gegen den Lärm ankämpft. Wir sprechen von einer Stille, die von gar nichts abhängt, von dieser Qualität der Stille, dieser absoluten Stille des Geistes, die dem Menschen ermöglicht, das Ewige, das Zeitlose, das Namenlose zu schauen – das ist Meditation.

Aus: Bulletin Nr. 39, 1980

Das Ende des Schmerzes ist Liebe

Bombay, Indien, 10. Februar 1985

Heute Abend werden wir einen großen Themenkreis behandeln. Gestern Abend haben wir über das menschliche Leid und das Ende des Leids gesprochen. Wo das Leid endet, beginnt die Leidenschaft. Nur sehr wenige von uns verstehen wirklich, was Leid bedeutet, nur wenige beschäftigen sich überhaupt intensiver mit dieser Frage. Ist es möglich, alles Leiden zu beenden? Diese Frage hat sich wahrscheinlich jeder Mensch schon einmal gestellt, vielleicht nicht bewusst, aber im tiefsten Innern will jeder herausfinden, ob das menschliche Leiden, der Schmerz und die Trauer des Menschen ein Ende haben können. Denn ohne ein Ende des Leids kann es keine Liebe geben.

Psychischer Schmerz ist ein großer Schock für das Nervensystem, wie ein Schlag, der das ganze physische und psychische Sein in Mitleidenschaft zieht. Gewöhnlich versuchen wir, dem Schmerz durch Drogen, Alkohol und verschiedene Formen des religiösen Eskapismus zu entkommen, oder wir werden zynisch oder nehmen die Dinge einfach als unvermeidlich hin.

Kann man diese Frage sehr gründlich, sehr ernsthaft untersuchen? Ist es möglich, vor dem Schmerz nicht davonzulaufen? Vielleicht stirbt mein Sohn, und ich erlebe einen ungeheuren

Schock, verspüre ungeheuren Schmerz und entdecke, dass ich in Wirklichkeit ein sehr einsamer Mensch bin. Ich kann mich diesem Schmerz nicht stellen, kann ihn nicht aushalten, also fliehe ich ihn. Und es gibt eine Menge Fluchtmöglichkeiten – religiöse, weltliche oder philosophische. Ist es möglich, keinen dieser Fluchtwege zu wählen, nicht vor dem Schmerz, der Einsamkeit, der Trauer, dem Schock zu fliehen, sondern innerlich bei diesem Ereignis zu bleiben, bei dem, was wir Leiden nennen? Können Sie ein Problem halten, wirklich halten, nicht versuchen, es zu lösen, sondern es anschauen, als hielten Sie ein kostbares handgearbeitetes Schmuckstück in der Hand? Die Schönheit des Schmuckstücks ist für uns so faszinierend, macht uns so viel Freude, dass wir nicht aufhören, es anzuschauen. Könnten wir auf die gleiche Weise unseren Schmerz halten und anschauen, ohne darüber nachzudenken oder davor zu fliehen, dann würden wir einfach dadurch, dass wir uns von dem, was ist, nicht wegbewegen, eine totale Befreiung von dem erleben, was uns Schmerz verursacht hat.

Wir wollen auch betrachten, was Schönheit ist – aber weder die Schönheit einer Person noch die Schönheit von Gemälden und Statuen in Museen, noch die ältesten Versuche des Menschen, seine Gefühle in Stein oder mit dem Pinsel oder in Gedichten auszudrücken, sondern wir wollen uns fragen, was Schönheit selbst ist. Schönheit kann Wahrheit sein, Schönheit kann Liebe sein. Aber ohne das Wesen und die Tiefe dieses besonderen Wortes »Schönheit« zu verstehen, werden wir vielleicht niemals wissen, was heilig ist. Also müssen wir uns zuerst mit der Frage beschäftigen, was Schönheit ist.

Was geschieht eigentlich, wenn wir etwas sehr Schönes wie einen schneebedeckten Berg vor einem blauen Himmel sehen? Für einen Augenblick vertreibt der majestätische Anblick dieses Berges, seine Erhabenheit, seine sich gegen den blauen Himmel abhebende Form, jegliche Ich-Bezogenheit. In diesem Augenblick existiert kein »Ich«, welches den Berg betrachtet. Die Herrlichkeit dieses Berges hat einen Moment lang jegliche Selbstbezogenheit vertrieben. Das hat bestimmt jeder von Ihnen schon einmal erlebt. Haben Sie schon einmal ein Kind mit einem Spielzeug beobachtet? Das Kind war den ganzen Tag über ungezogen – das ist in Ordnung –, und dann geben Sie ihm ein Spielzeug. Für die nächste Stunde, bis es das Spielzeug kaputtgemacht hat, ist das Kind nun außergewöhnlich still; das Spielzeug hat seine Ungezogenheit absorbiert, hat das Kind ganz in seinen Bann geschlagen. So ähnlich ergeht es uns, wenn wir etwas außergewöhnlich Schönes sehen: Die Schönheit hat uns in ihren Bann gezogen. Das heißt, Schönheit ist dort, wo keine Beschäftigung mit dem Selbst stattfindet, wo kein Eigeninteresse herrscht. Verstehen Sie das? Ist es möglich, ohne von etwas außerordentlich Schönem wie einem Berg oder einem in tiefem Schatten liegenden Tal gefesselt oder berührt zu sein, ohne dass der Berg einen in seinen Bann zieht – ist es dennoch möglich, Schönheit zu verstehen, sie ohne das Selbst zu verstehen? Denn wo das Selbst ist, kann keine Schönheit sein, wo Eigeninteresse ist, kann keine Liebe sein, und Liebe und Schönheit gehen Hand in Hand, sie sind nicht voneinander getrennt.

Wir sollten auch miteinander über den Tod sprechen, denn mit ihm wird jeder von uns mit Sicherheit irgendwann konfrontiert. Ob wir reich oder arm sind, dumm oder gebildet, jung oder alt, der Tod ist jedem Menschen gewiss, jeder von uns wird sterben. Aber wir haben das Wesen des Todes nie wirklich verstanden; wir haben immer Angst vor dem Sterben. Um den Tod zu verstehen, müssen wir uns auch fragen, was Leben bedeutet. Verschwenden wir unser Leben, verschwenden wir unsere Energien auf unterschiedlichste Weisen, in spezialisierten Tätigkeiten? Vielleicht sind Sie reich, vielleicht haben Sie alle möglichen Fähigkeiten, vielleicht sind Sie ein Experte, ein großartiger Wissenschaftler oder Geschäftsmann, vielleicht haben Sie Macht, bekleiden eine hohe Position, aber am Ende des Lebens müssen Sie sich fragen, ob alles umsonst war, ob Sie Ihr Leben vergeudet haben. All diese

Mühe, der Schmerz, die ungeheure Anspannung, die Unsicherheit, die törichten Illusionen, die der Mensch sich machte und weiterhin macht – seine Götter, all seine Heiligen und so weiter –, war das alles verschwendete Energie? Das ist eine sehr ernste Frage, die jeder für sich selbst beantworten muss. Diese Frage kann niemand anderes für Sie beantworten.

Wir haben das Leben vom Sterben getrennt. Der Tod kommt am Ende des Lebens, wir schieben ihn so weit wie möglich von uns fort – für eine lange Zeitspanne, aber auch am Ende einer langen, langen Reise müssen wir sterben. Und was ist das, was wir Leben nennen – Geldverdienen, von neun bis fünf Uhr ins Büro gehen? Die endlosen Konflikte, Ängste, Spannungen, die Einsamkeit, Verzweiflung, Depression? Ist diese Art zu existieren, die wir Leben nennen, diese enorme Anstrengung, der niemals endende Konflikt, die Täuschung, die Korruption – ist das Leben? Wir nennen das Leben, wir kennen es, wir sind sehr vertraut damit, es ist unsere tägliche Existenz. Und der Tod macht alldem ein Ende, er bedeutet das Ende all dessen, was wir gedacht haben, was wir angesammelt haben, was wir genossen haben. Aber wir hängen an diesen Dingen. Wir hängen an unserer Familie, unserem Geld, unserem Wissen, den Überzeugungen, mit denen wir gelebt haben, unseren Idealen, wir hängen an all dem. Und der Tod sagt: »Damit ist jetzt Schluss, alter Junge.«

Wir haben Angst vor dem Sterben, denn es bedeutet, alles Bekannte loszulassen, alles, was wir erfahren, angesammelt haben, unsere schönen Möbel und unsere schöne Gemäldesammlung. Der Tod kommt und sagt: »Das kannst du jetzt nicht mehr haben.« Und wir klammern uns an das Bekannte, denn wir fürchten uns vor dem Unbekannten. Wir können die Reinkarnation erfinden, aber wir haben bisher nicht erforscht, was da im nächsten Leben wiedergeboren wird.

Nun stellt sich die Frage: Warum hat das Denken das Leben und den Tod voneinander getrennt? Warum fand diese Trennung statt? Existiert diese Trennung nur, wenn Bindungen da sind?

Kann man in dieser modernen Welt mit dem Tod leben? Ich spreche nicht von Selbstmord, sondern davon, ob man alle Bindungen noch im Leben loslassen kann, was ja gleichbedeutend mit Sterben ist. Ich hänge an dem Haus, in dem ich lebe, ich habe es gekauft, eine Menge Geld dafür bezahlt, und ich hänge auch an all den Möbeln, den Bildern, an meiner Familie, allen damit verbundenen Erinnerungen. Und dann kommt der Tod und löscht alles aus. Können Sie also Tag für Tag mit dem Tod leben, können Sie täglich innerlich alles beenden, alle Bindungen loslassen? Denn das bedeutet sterben. Wir haben das Leben vom Sterben getrennt, und deshalb nimmt unsere Angst ständig zu. Doch wenn Sie das Leben und den Tod wieder zusammenbringen – das Leben und das Sterben –, dann werden Sie feststellen, dass es einen geistigen Zustand gibt, in dem alles Wissen in Form von Erinnerungen verschwindet.

Natürlich ist Wissen erforderlich, um einen Brief zu schreiben, um hierher zu kommen, um Englisch sprechen zu können, Ihre Buchführung machen zu können, um Ihren Weg nach Hause finden zu können und so weiter. Kann das Gehirn Wissen nutzen, wo es nötig ist, und doch frei von allem Wissen sein? Unser Gehirn zeichnet ständig alles auf, Sie zeichnen auf, was hier gesagt wird. Diese Aufzeichnungen bilden das Gedächtnis; sie sind auf einer bestimmten Ebene, der Ebene der physischen Aktivitäten, erforderlich. Kann also das Gehirn Wissen nutzen, wenn es nötig ist, aber ansonsten frei von altem Wissen sein? Kann das Gehirn frei sein, so dass es auf völlig andere Weise funktionieren kann? Löschen Sie jeden Abend, wenn Sie zu Bett gehen, alles aus, was Sie angesammelt haben; sterben Sie am Ende des Tages.

Sie hören also diese Aussage: Leben ist Sterben, diese beiden Dinge sind überhaupt nicht voneinander getrennt. Sie hören diese Aussage nicht nur mit Ihren Ohren; wenn Sie sehr genau hinhören, begreifen Sie die Wahrheit dieser Aussage, und für einen Moment sehen Sie sie ganz klar. Kann also jeder von uns am Ende des Tages sterben, sich von allem Unnötigen lösen, von jeder erinnerten Verletzung, von seinen Überzeugungen, Ängsten, Spannungen, Sorgen – kann man das jeden Tag beenden? Dann stellen Sie fest, dass Sie die ganze Zeit über mit dem Tod leben, denn der Tod ist das Beenden.

Man hängt an so vielen Dingen: seinem Guru, seinem angesammelten Wissen, seinem Geld, seinen Glaubenssätzen, Idealen, den Erinnerungen an die eigenen Kinder und so weiter. Dieses Gedächtnis sind Sie, Ihr ganzes Gehirn ist mit Erinnerungen angefüllt, und Sie hängen an diesen ganzen Bewusstseinsinhalten. Das ist eine Tatsache. Dann kommt der Tod und sagt: »Dies ist das Ende deiner Bindungen.« Und dann haben wir Angst, wir fürchten uns davor, völlig frei von all diesen Dingen zu sein, fürchten uns vor dem Tod, davor, uns von allem, was wir haben, zu trennen. Sie können sich natürlich etwas ausdenken und sagen: »Ich werde im nächsten Leben weitermachen«, aber wer oder was macht weiter? Verstehen Sie meine Frage? Was bedeutet dieser Wunsch, weiterzumachen? Gibt es überhaupt irgendeine Kontinuität, außer der jener Dinge, die wir durch unsere Gedanken erschaffen haben?

Unser Denken ist begrenzt, und deshalb schafft es Konflikte, darüber haben wir bereits gesprochen. Und das Selbst, das Ego, die Persona, ist nichts als ein Haufen komplexer uralter und neuer Erinnerungen. Wir leben von unseren Erinnerungen. Wir leben von unserem ererbten oder erworbenen Wissen, und dieses Wissen macht uns aus. Das Selbst repräsentiert das Wissen um vergangene Erfahrungen, Gedanken und so weiter. Das ist das Selbst. Das Selbst kann sich sagen, dass in uns etwas Göttliches ist, aber auch das sind immer noch Gedanken. Und das Denken ist immer begrenzt. Sie können das selbst herausfinden, dazu müssen Sie keine Bücher studieren, Sie können selbst ganz klar sehen, dass Sie aus einem Haufen Erinnerungen bestehen. Und der Tod löscht all diese Erinnerungen aus. Deshalb haben wir Angst vor ihm. Daher stellt sich die Frage: Kann man in der modernen Welt mit dem Tod leben?

Wir sollten uns auch gemeinsam mit der Frage beschäftigen, was Liebe ist. Ist Liebe eine Sinnesempfindung? Ist Liebe Verlangen? Hat sie etwas mit Vergnügen zu tun? Ist sie etwas, das dem Denken entspringt? Lieben Sie Ihre Frau oder Ihren Mann oder Ihre Kinder? Ist Liebe Eifersucht? Sagen Sie nicht nein. Ist Liebe Angst, Anspannung, Schmerz und all das? Was ist Liebe? Ohne diese Qualität, diesen Duft, diese Flamme können Sie so reich sein, wie Sie wollen, Sie können Macht haben, eine hohe Position, eine bedeutende Stellung – ohne Liebe sind Sie nur eine leere Hülle. Deshalb sollten wir tiefer in diese Frage, was Liebe ist, eindringen. Wenn Sie Ihre Kinder liebten, gäbe es dann Kriege? Wenn Sie Ihre Kinder liebten, würden Sie ihnen dann erlauben, andere zu töten? Kann Liebe existieren, wo Ehrgeiz herrscht? Bitte schauen Sie sich das alles an.

Liebe hat nicht das Geringste mit Vergnügen, mit Sinnlichkeit zu tun. Liebe kann auch nicht durch Gedanken hervorgerufen werden, deshalb existiert sie jenseits des Denkens, jenseits der Struktur des Gehirns, denn das Gehirn ist von seinem Wesen, von seiner Struktur her ein Instrument der Sinne, der nervlichen Reaktionen und so weiter. Liebe kann nicht existieren, wo nur Sinnlichkeit ist. Liebe hat nichts mit dem Gedächtnis zu tun.

Ferner sollten wir gemeinsam die Frage beleuchten, was ein religiöses Leben ist und was Religion ist. Diese Frage ist ebenfalls sehr vielschichtig. Die Menschen haben von jeher nach etwas gesucht, das über das Materielle hinausgeht, über diese alltägliche Existenz mit ihren Schmerzen, Leiden und Vergnügungen. Sie suchten etwas Jenseitiges, zuerst in den Wolken – der Donner war für sie die Stimme Gottes. Dann begannen sie, Bäume und Steine zu verehren. In den kleinen Dörfern, weitab von diesen hässlichen, erbarmungslosen Städten, gibt es auch heute noch Menschen, die Steine, Bäume und dergleichen anbeten. Die Menschen wollen wissen, ob es etwas Heiliges gibt. Und dann kommt der Priester und sagt: »Ich werde es euch zeigen«, und der Guru macht es nicht anders. Im Westen haben die Priester ihre

Rituale, ihre besonderen Gewänder, wiederholen bestimmte Litaneien und beten ein bestimmtes Bild an. Und Sie haben Ihre eigenen Bilder. Vielleicht glauben Sie nicht an diese Dinge, sagen, Sie seien Atheist. Aber Sie und der Redner wollen herausfinden, ob es etwas jenseits der Zeit, jenseits jeglichen Denkens gibt. Also forschen wir gemeinsam, benutzen unser Gehirn, unseren Verstand, unsere Logik, um herauszufinden, was Religion ist, was ein religiöses Leben ist, und ob es überhaupt möglich ist, in dieser modernen Welt ein religiöses Leben zu führen.

Wir müssen also für uns selbst herausfinden, wie ein wahrhaft religiöses Leben aussieht. Aber das können wir nur, wenn wir verstehen, was Religionen eigentlich sind, und all das beiseite tun – und nicht irgendeiner Religion, irgendeiner Organisation, irgendeinem Guru, irgendeiner sogenannten spirituellen Autorität angehören. Es gibt keine spirituelle Autorität – das ist eines der Verbrechen der Menschheit: Wir haben einen Vermittler erfunden, der zwischen uns und der Wahrheit steht.

Wenn Sie anfangen zu untersuchen, was Religion ist, führen Sie ein religiöses Leben, nicht am Schluss. Bereits durch dieses Schauen, Beobachten, Diskutieren, Zweifeln, Infragestellen, ohne an bestimmte Dinge zu glauben, führen Sie ein religiöses Leben. Sie tun das auch jetzt gerade.

Wenn es um Religion geht, scheinen Ihnen jegliche Vernunft und Logik, jeglicher gesunde Menschenverstand abhanden zu kommen. Also müssen wir logisch und rational vorgehen, müssen alles, was der Mensch in dieser Hinsicht konstruiert hat, anzweifeln, in Frage stellen – die Götter, die Erlöser, die Gurus und deren Autorität. Das hat nichts mit Religion zu tun, sondern damit, dass einige wenige sich Autorität anmaßen. *Sie* verleihen ihnen diese Autorität. Schieben Sie also all das vollständig beiseite.

Haben Sie je bemerkt, dass überall dort, wo in der Gesellschaft, in der Politik oder in zwischenmenschlichen Beziehungen Unordnung herrscht, ein Diktator, ein Herrscher auf der Bildfläche erscheint? Überall, wo in Ihrem eigenen Leben Unordnung herrscht, werden Sie sich eine Autorität erschaffen; Sie sind verantwortlich für diese Autorität, und es gibt immer Leute, die nur allzu bereit sind, in die Rolle der Autoritätsperson zu schlüpfen. Wenn der Mensch Angst hat, sucht er unweigerlich nach irgendeiner Instanz, die ihn schützen wird, die ihm ein Gefühl der Sicherheit gibt. Aufgrund dieser Angst erfinden wir unsere Götter. Aufgrund unserer Angst erfinden wir all diese Rituale, den ganzen Zirkus, der im Namen der Religion veranstaltet wird. Alle Tempel in diesem Land, alle Kirchen und Moscheen sind Produkte der menschlichen Erfindungsgabe. Vielleicht wenden Sie ein, dass es direkte göttliche Offenbarungen gibt. Zweifeln Sie diese Offenbarungen an. Sie akzeptieren sie, aber wenn Sie Ihre Logik, Ihren gesunden Menschenverstand einsetzen, werden Sie erkennen, wie viel Aberglaube überall herrscht, das alles hat nichts mit Religion zu tun. Das ist offensichtlich. Können Sie das beiseite schieben, um herauszufinden, was das wahre Wesen der Religion ist, wie ein Bewusstsein, ein Gehirn beschaffen sein muss, dem die Qualität der Religiosität innewohnt? Können Sie als Mensch, der Angst hat, darauf verzichten, Dinge zu erfinden, Illusionen zu erschaffen, und sich statt dessen Ihrer Angst stellen? Angst kann sich in der Psyche völlig auflösen, wenn Sie dabei bleiben, wenn Sie nicht vor ihr fliehen, sondern ihr Ihre ganze Aufmerksamkeit schenken. Es ist, als würden Sie die Angst mit einem Licht erhellen, mit einer großen Lampe beleuchten, und dann verschwindet sie vollständig. Und wenn keine Angst mehr da ist, ist auch kein Gott mehr da, kein Ritual, denn all das wird unnötig, unsinnig. Die Dinge, die der menschliche Verstand erfunden hat, werden profan, weil das Denken ein auf Erfahrung, Wissen und Erinnerung basierender, rein materieller Prozess ist. Das menschliche Denken erfindet diesen ganzen Zirkus, die ganzen Strukturen der organisierten Religionen, die ihre Bedeutung völlig verloren haben. Können Sie all das freiwillig beiseite schieben, ohne darauf zu hoffen, dass am Ende eine Belohnung auf Sie wartet? Werden Sie es tun? Wenn ja, dann ist da niemand mehr, der fragt, was Religion ist.

Gibt es etwas jenseits aller Zeit, allen Denkens? Vielleicht stellen Sie diese Frage, aber wenn das Denken irgendetwas Jenseitiges erfindet, so ist das dennoch ein rein materieller Prozess. Das Denken ist ein materieller Prozess, weil es Wissen in den Gehirnzellen speichert. Der Redner ist kein Wissenschaftler, aber Sie können das bei sich selbst beobachten, Sie können die Aktivität in Ihrem Gehirn beobachten, die nichts anderes als die Aktivität des Denkens ist. Wenn Sie also all das freiwillig, mühelos, ohne inneren Widerstand beiseite schieben können, werden Sie sich unweigerlich fragen: Gibt es irgendetwas jenseits von Zeit und Raum? Gibt es etwas, das noch kein Mensch gesehen hat? Gibt es etwas Heiliges? Gibt es etwas, das noch niemals vom Denken berührt wurde? Wir werden das also herausfinden – das heißt, wenn Sie den ersten Schritt getan und diesen ganzen Müll, genannt Religion, beiseite gefegt haben. Weil Sie Ihren Verstand gebraucht haben, weil Sie gezweifelt und Dinge in Frage gestellt haben.

Was ist dann Meditation, die ja Teil der Religion ist? Was ist Meditation? Dient sie dazu, dem Lärm der Welt zu entkommen, innerlich still zu werden, inneren Frieden zu finden? Dafür praktizieren Sie eine Technik, eine Methode, um bewusst zu werden, um Ihre Gedanken unter Kontrolle zu bringen. Sie sitzen im Lotussitz und wiederholen irgendein Mantra. Sie wiederholen, wiederholen, wiederholen, bleiben genauso eigennützig und egoistisch wie zuvor, und das Mantra hat seine Bedeutung verloren. Was ist also Meditation? Eine bewusste Anstrengung? Sie meditieren bewusst, praktizieren, um etwas zu erreichen – um innerlich still zu werden, um das Gehirn auf eine bestimmte Weise zu stimulieren. Was ist der Unterschied zwischen einem solchen Meditierenden und einem Mann, der sagt: »Ich will Geld, also werde ich dafür arbeiten«? Was ist der Unterschied zwischen den beiden? Beide wollen etwas erreichen, wollen Erfolg haben. Das eine nennt man spirituelle Errungenschaft, das andere weltlichen Erfolg. Doch beide streben nach Erfolg. Für den Redner hat das überhaupt nichts mit Meditation zu tun. Alles bewusste, aktive

Streben, bei dem der Wille eingesetzt wird, hat nichts mit Meditation zu tun.

Also muss man sich fragen, ob es eine Form von Meditation gibt, die nicht vom Denken gesteuert wird. Gibt es eine Form von Meditation, derer Sie sich nicht bewusst sind? Verstehen Sie das? Jeglicher willensgesteuerte Prozess der Meditation ist nicht Meditation. Das ist ganz offensichtlich. Sie können für den Rest Ihres Lebens im Lotussitz sitzen, atmen und all diese Dinge tun und werden dem Jenseitigen doch niemals näher kommen, weil Ihre Meditation eine willensgesteuerte, zielgerichtete Aktivität ist – Ursache und Wirkung. Aber die Wirkung wird zur Ursache, und deshalb sind Sie in einem Teufelskreis gefangen. Gibt es eine Form von Meditation, die nicht vom Verlangen, vom Willen, vom Bemühen gesteuert wird? Der Redner sagt, dass es sie gibt. Sie brauchen das nicht zu glauben, im Gegenteil, Sie müssen es anzweifeln, Sie müssen es in Frage stellen, so wie der Redner es in Frage gestellt hat, es angezweifelt hat, auseinander genommen hat. Gibt es eine Form der Meditation, die nicht konstruiert, nicht organisiert ist? Um tiefer in diese Frage eindringen zu können, muss man verstehen, was es mit dem menschlichen Gehirn auf sich hat, mit dem konditionierten, begrenzten Gehirn, das versucht, das Grenzenlose, das Unermessliche, das Zeitlose zu erfassen, falls es so etwas gibt. Und deshalb muss man die Bedeutung von Klang verstehen. Klang und Stille gehen Hand in Hand.

Wir haben den Klang von der Stille getrennt. Klang ist die Welt, Klang ist unser schlagendes Herz, das Universum ist von Klängen erfüllt, der ganze Himmel, die Millionen Sterne sind voller Klänge. Und wir haben diesen Klang zu etwas nicht Tolerierbarem gemacht. Doch wenn Sie dem Klang lauschen, dann ist dieses Lauschen Stille; Stille und Klang sind nicht getrennt. Meditation ist also nichts Organisiertes, nichts Konstruiertes. Meditation *ist.* Sie beginnt mit dem ersten Schritt, der darin besteht, von allen psychischen Verletzungen, allen aufgestauten Ängsten, Spannungen, von Einsamkeit, Verzweiflung und Leid frei zu sein.

Das ist die Grundlage, das ist der erste Schritt, *und der erste Schritt ist der letzte Schritt.* Wenn Sie diesen ersten Schritt tun, ist es schon passiert. Aber wir sind nicht bereit, diesen ersten Schritt zu tun, weil wir nicht frei sein wollen. Wir wollen abhängig sein – von Macht, von anderen Menschen, von unserer Umgebung, unseren Erfahrungen und unserem Wissen. Wir sind nie frei von aller Abhängigkeit, aller Angst.

Das Ende des Leids ist Liebe, und wo Liebe ist, ist Mitgefühl. Diesem Mitgefühl wohnt eine ganz eigene Intelligenz inne, und wenn diese Intelligenz handelt, ist das Handeln immer richtig. Wo diese Intelligenz am Werk ist, kann kein Konflikt entstehen. Sie haben das alles bereits gehört: Sie haben vom Ende der Angst, vom Ende des Leids gehört, Sie haben von Schönheit und Liebe gehört. Aber Hören ist das eine, Handeln das andere. Sie hören all diese Dinge, die wahr, logisch und vernünftig sind, aber Sie handeln nicht danach. Sie gehen nach Hause und fangen wieder von vorne an – mit Ihren Sorgen, Ihren Konflikten, Ihrem Elend. Also fragt man sich: Was hat das alles für einen Sinn? Was für einen Sinn hat es, diesem Redner zuzuhören und das Gehörte nicht zu leben? Das Zuhören und Nicht-Handeln ist eine Vergeudung Ihres Lebens; wenn Sie etwas hören, was wahr ist, und nicht handeln, vergeuden Sie Ihr Leben. Und das Leben ist viel zu kostbar – es ist das einzige, das wir haben. Wir haben auch den Kontakt zur Natur verloren, das heißt, wir haben den Kontakt zu uns selbst verloren, denn wir sind Teil der Natur. Wir lieben die Bäume, die Vögel, die Flüsse und die Berge nicht. Wir zerstören die Erde, und wir zerstören einander. Das alles ist eine solche Vergeudung von Leben.

Wenn einem das wirklich klar wird, wenn man es nicht nur intellektuell oder verbal versteht, dann beginnt man, ein religiöses Leben zu führen. Sich ein Leinentuch umzuhängen, als Bettelmönch herumzulaufen oder in ein Kloster zu gehen hat nichts mit einem religiösen Leben zu tun. Ein religiöses Leben beginnt dort, wo kein Konflikt existiert, wo Liebe da ist, die nicht nur auf eine

Person beschränkt und daher begrenzt ist. Es gibt also etwas jenseits aller Zeit, wenn Sie alles dafür geben, es herauszufinden. Und darin finden Sie den Segen – nicht in den Tempeln, Kirchen oder Moscheen. Dieser Segen ist dort, wo Sie sind.

Aus: Bulletin Nr. 54, 1989

Schönheit, Leid und Liebe

Ojai, Kalifornien, 18. Mai 1985

Was ist es, was die Menschen überall auf der Welt jenseits ihres täglichen problembeladenen, langweiligen und einsamen Lebens gesucht haben? Was ist dort, jenseits – nicht nur für das Individuum, sondern für die ganze Menschheit? Was ist das, was nicht vom Denken berührt wird, keinen Namen hat, vielleicht ewig ist, alles überdauert? Wir werden über diese Dinge sowie über Meditation und Yoga sprechen. Jedermann scheint an Yoga interessiert zu sein, denn alle wollen jung und schön bleiben.

Heutzutage ist aus Yoga etwas geworden, was vermarktet wird wie alles andere. Überall auf der Welt gibt es Yoga-Lehrer. Und sie machen Geld, wie üblich. Doch früher – so wurde mir von Leuten gesagt, die sehr viel über diese Dinge wissen – wurden nur sehr wenige auserwählte Menschen in Yoga unterrichtet. Yoga bedeutet nicht nur, den Körper gesund, normal, beweglich und intelligent zu erhalten. Im Sanskrit bedeutet das Wort »Yoga« »etwas zusammenfügen«, das Höhere und das Niedere zusammenfügen, das ist die Tradition. Es gibt verschiedene Formen von Yoga, und die höchste von ihnen wird Raja Yoga genannt, der König der Yogas. Bei dieser Lebensweise kümmerte man sich nicht nur um das physische Wohlergehen, sondern beschäftigte sich noch viel intensiver mit der Psyche. Es gab keine Disziplin, kein System, nichts, was man jeden Tag wiederholen konnte. Es ging darum, seinen Geist in Ordnung zu halten, der die ganze Zeit über aktiv war, aber nicht vor sich hin plapperte, sondern wirklich aktiv war. Man legte keine Gelübde ab, sondern sorgte dafür, dass man ein moralisches, ethisches und diszipliniertes Leben führte, das auf einer höheren Ordnung beruhte. Obwohl diese Lebensführung auch eine gute körperliche Gesundheit mit sich brachte, war das nicht das eigentliche Ziel. Wichtig war vor allem der Zustand seelischen Wohlbefindens, ein klarer, aktiver Geist, nicht aktiv im Sinne physischer Bewegung, sondern ein vitaler, lebendiger Geist. Heutzutage ist Yoga sehr oberflächlich und mittelmäßig geworden und zu einer Einnahmequelle verkommen.

Die höchste Form des Yoga sollte nicht den oberflächlich Interessierten gelehrt werden; sie ist etwas, das man – vielleicht täglich – tut, um sich seines Körpers vollkommen bewusst zu sein. Man beobachtet den eigenen Körper, so dass er keine Bewegung, keine Geste ausführt, die unbewusst ist. Der Körper führt keine unnötigen Bewegungen aus, aber man kontrolliert ihn auch nicht. Vielleicht betrachten Sie Yoga als etwas, das man täglich praktiziert, um die Muskeln zu trainieren, um einen muskulösen Körper zu bekommen. Damit hat es überhaupt nichts zu tun. Es ist etwas, das Sie den ganzen Tag über leben, ein hellwaches Beobachten geistiger Klarheit.

Vor einigen Tagen haben wir über unsere Beziehung zur Natur gesprochen, über die Schönheit der Welt, der Berge, der Täler und Hügel, der Seen und Flüsse. Wir sprachen auch über die vom Denken erschaffenen Bilder, die sich zwischen uns und den Berg, die Felder und die Blumen schieben, so wie man sich ein inneres Bild von seinem Mann oder seiner Frau macht, ein Bild, das eine direkte, echte Beziehung verhindert.

Auch zwischen dem Redner und Ihnen besteht jetzt eine Beziehung. Und es ist sehr wichtig, diese Beziehung zu verstehen. Der Redner will Sie nicht überreden, irgendeinen Standpunkt einzunehmen, noch übt er irgendeinen Druck aus, um Sie dazu zu bringen, zuzuhören, das Gesagte zu akzeptieren oder zu verwerfen. Er besitzt keine Autorität. Er ist kein Guru. Er verabscheut die Idee der Führerschaft, sowohl der psychologischen als auch der spirituellen. Es ist eine Horrorvorstellung für ihn, und er meint das wirklich so, wie er es sagt. Man sollte das nicht leicht nehmen.

Unsere Gespräche sind ein Austausch auf gleicher Ebene. Sie sind nicht einseitig. Die Welt ist voll von rücksichtslosen Machtmenschen, den religiösen Machtmenschen, den Zeitungen, den Politikern, den Gurus und Priestern, den Machtmenschen in der Familie. Diese Leute impfen uns Schuldgefühle ein; sie greifen zuerst an, und dann muss man sich verteidigen. Das ist das Spiel, das in unseren Beziehungen abläuft und Schuldgefühle in uns auslöst.

Wir haben über Angst gesprochen und darüber, warum die Menschheit, die sich seit Jahrtausenden weiterentwickelt hat, mit dieser furchtbaren Belastung, genannt Angst, leben muss. Angst ist eine Empfindung. Empfindungen nehmen viele Formen an: Man spürt die Wirkung von Drogen, von Alkohol, es gibt sexuelle Empfindungen, das Gefühl, etwas zu erreichen, auf der Leiter nach oben zu steigen, entweder auf einer weltlichen oder der so genannten spirituellen Leiter. Wir haben viele, viele Ängste, die nicht nur unsere menschlichen Fähigkeiten zerstören, sondern auch das Gehirn in Mitleidenschaft ziehen, die uns sowohl auf der biologischen als auch der psychischen Ebene einschränken und verkrüppeln. Wir haben uns bereits damit auseinander gesetzt. Und wir sagten, dass die Wurzel der Angst Zeit und Denken ist.

Sie können oberflächlich oder ernsthaft zuhören, so wie Sie zuhören, wenn Sie sich miteinander unterhalten, aber die Worte sind nicht die Sache. Angst ist nicht das Wort, aber das Wort kann Angst auslösen. Das Wort ist das Bild, die Vorstellung. Aber die Angst an sich, die Angst selbst ist etwas ganz anderes. Man muss sich also darüber im Klaren sein, ob das Wort Angst auslöst oder aufrechterhält. Die Überwindung dieser Angst bedeutet dann, dass man das Wort überwindet, aber nicht die Tatsache der Angst.

Wir haben auch darüber gesprochen, dass es außerordentlich wichtig ist, wie man der Tatsache begegnet, wie man sich ihr nähert. Nähert man sich der Angst mit Schlussfolgerungen, mit Vorstellungen, wie sie zu überwinden, zu unterdrücken oder zu transzendieren ist, oder sucht man jemanden auf, der einem bei ihrer Überwindung helfen soll, dann wird die Angst in der einen oder anderen Form weiter bestehen. Und der Mensch hat aus Angst furchtbare Dinge getan. Aus Angst, nicht sicher zu sein, haben wir Millionen Menschen getötet. Der letzte Krieg und der vorhergehende haben das gezeigt. Wo Angst ist, da ist auch Gott, und der Trost, den wir aus Illusionen beziehen. Aber wenn psychische Sicherheit und damit biologische Sicherheit da sind, sind wir frei von Angst. Es ist aber nicht so, dass zuerst die äußere Sicherheit kommt, und dann die innere. Die Sozialisten und Diktatoren haben versucht, eine äußere Ordnung herzustellen, aber es gelang ihnen nicht. Sie greifen nur auf Unterdrückung zurück. Doch wenn man anfängt, die gesamte psychische Struktur seiner selbst und jedes menschlichen Wesens zu verstehen, dann beginnt man auch das Wesen der Angst zu verstehen und kann sie auflösen.

Da es ein so schöner Morgen ist, sollten wir einmal gemeinsam untersuchen, was Schönheit ist. Was ist Schönheit? Wie reagieren Sie, wenn ich fragen darf, auf die Frage, was Schönheit ist? Liegt die Schönheit in den Bergen und den schattigen Tälern, in den Lichtflecken unter diesen Bäumen hier? Ist sie eine stille Wasserfläche im Mondlicht oder der Sternenhimmel an einem klaren Abend? Oder ein schönes, ebenmäßiges Gesicht, das diese innere Schönheit ausstrahlt? Oder findet man sie in den Bildern und Statuen unserer Museen? Im Louvre steht eine wunderschöne Statue, *Der Sieg von Samothrake*. Ist das Schönheit? Oder eine schöne Frau, die sich sorgfältig geschminkt hat – ist das Schönheit?

Man sollte sich diese Frage stellen, weil wir ständig auf der Suche nach Schönheit sind. Deshalb sind die Museen so wichtig geworden. Ist das so, weil wir in unserem Innern so hässlich, so gespalten sind, dass wir nie irgendetwas in seiner Ganzheit sehen können? Wir leben nie ganzheitlich, und deshalb glauben wir, Schönheit existiere außerhalb von uns, in einem Bild, einem lieblichen Gedicht von Keats oder in anspruchsvoller Literatur.

Was also ist Schönheit? Ist Schönheit Genuss, Vergnügen? Ist Schönheit etwas, das Ihnen ein gutes Gefühl gibt? Was geschieht, wenn Sie diese Hügel dort hinten, den blauen Himmel und die Konturen dieser Berge vor dem Himmel, die Schatten, das von der Sonne verbrannte Gras und die schattigen Bäume sehen, oder wenn Sie hohe Gipfel mit ewigem Schnee unter einem reinen, unverschmutzten Himmel sehen – was geschieht, wenn Sie diese Dinge sehen, wenn Sie sie anschauen, ohne sie sofort zu benennen? Vertreibt nicht die Majestät dieses Berges, seine enorme Massivität in dem Augenblick, in dem Sie sie sehen, all Ihre Kleinlichkeit, Ihre Sorgen und Probleme, alle Mühsal Ihres Lebens? In dieser Sekunde werden Sie still.

Es ist wie bei einem Kind, das den ganzen Tag kreischend herumgerannt ist und ein bisschen ungezogen war. Was geschieht mit dieser Ungezogenheit, wenn Sie dem Kind ein wunderschönes Spielzeug in die Hand geben? Seine gesamte Energie konzentriert sich auf dieses Spielzeug, und es ist nicht länger ungezogen. Die Aufmerksamkeit des Kindes wird von dem Spielzeug völlig beansprucht, das Spielzeug wird zum Wichtigsten in seinem Leben. Das Kind liebt das Spielzeug und hält es fest – Sie haben sicher schon abgenutzte Teddybären gesehen. Der Berg absorbiert Sie für einen Augenblick, und Sie vergessen sich selbst. Wenn Sie eine wunderbare Statue sehen – ich meine nicht nur die griechischen Statuen, sondern die uralten ägyptischen mit ihrer außergewöhnlich erdverbundenen, würdevollen Ausstrahlung –, dann vertreibt diese Wahrnehmung von Würde und Erhabenheit für einen Augenblick Ihre kleinlichen Sorgen. Auch wir Erwachsenen gehen in unseren Spielsachen auf, vielleicht in unseren Geschäften oder unseren politischen Machtspielen. Diese Dinge fesseln uns, und wenn man sie uns wegnähme, wären wir deprimiert. Und das wollen wir verhindern, indem wir vor dem, was wir wirklich sind, davonlaufen.

Ist Schönheit also etwas, das sich zeigt, wenn »Sie« nicht existieren; »Sie« mit all Ihren Problemen, Ihren Unsicherheiten und Ängsten in Bezug auf die Frage, ob Sie geliebt werden oder nicht? Wenn »Sie« mit all diesen psychischen Komplexen nicht da sind, dann ist dieser Zustand Schönheit. Wenn »Sie« nicht sind, ist Schönheit da, die nichts mit Genuss oder Vergnügen und auch nichts mit Sinnlichkeit zu tun hat.

Vergnügen ist außerordentlich wichtig für uns: das Vergnügen, einen Sonnenuntergang zu beobachten, das Vergnügen, zu sehen, wie jemand, den wir mögen, sich freut. Wir sollten also gemeinsam über all die mit Vergnügen verbundenen Vorstellungen sprechen, denn Vergnügen ist das, was wir wollen, wenn wir ehrlich sind. Und das ist unser Problem, denn wir sind nie wirklich ehrlich mit uns selbst. Wir glauben, ehrlich mit sich selbst zu sein könnte Probleme mit sich bringen – nicht nur für uns selbst, sondern auch für andere.

Was ist Vergnügen? Ein schönes Auto zu besitzen oder wunderbare alte Möbel, die man polieren, anschauen, würdigen kann? Dann identifiziert man sich mit diesen Möbeln, man wird zu diesen Möbeln, denn man wird zu dem, womit man sich identifiziert. Das kann ein Bild sein, ein wertvoller Einrichtungsgegenstand, aber auch eine bestimmte Idee, eine Schlussfolgerung, eine Ideologie. Diese Identifikation ist angenehm für uns, sie befriedigt uns, sie macht uns nicht allzu viel Unannehmlichkeiten und bereitet uns eine Menge Vergnügen. Doch Vergnügen geht mit Angst einher. Ich weiß nicht, ob Sie das schon beobachtet haben.

Das ist die Kehrseite der Medaille, aber man will die andere Seite nicht sehen, man sagt sich einfach, dass das Vergnügen das Wichtigste ist, selbst wenn man versucht, es durch Drogen zu erreichen, die weltweit immer mehr auf dem Vormarsch sind. Es bereitet einem auch Vergnügen, eine Frau oder einen Mann zu besitzen, Macht über jemanden zu haben, über die Ehefrau oder den Ehemann. Wir bewundern Macht, wir preisen sie, vergöttern sie, ob es sich nun um die spirituelle Macht der religiösen Hierarchie, die Macht des Politikers oder die Macht des Geldes handelt. Der Redner betrachtet Macht als ein Übel. Es gibt Menschen, die durch Wissen, durch Erleuchtung Macht erlangen wollen. (Es gibt Erleuchtung, aber sie hat nichts mit dem Unsinn zu tun, über den viele Leute reden und aus dem sie ihre Macht beziehen.)

Unsere Erziehung und Schulbildung, das Fernsehen und unsere Umwelt lassen uns mittelmäßig werden. Wir lesen zu viel darüber, was andere Leute sagen. Und Erfolg – Erfolg ist absolute Mittelmäßigkeit.

Weil es uns selbst an Macht, Status und Prestige mangelt, übertragen wir diese Dinge auf jemand anderen und verehren und bewundern ihn dann. Seit Jahrtausenden leben wir auf diese Weise, streben nach Macht, Sicherheit und Geld und glauben, dass diese Dinge uns Freiheit schenken können – aber das ist überhaupt keine Freiheit. Diese Freiheit erlaubt Ihnen zu wählen, was Sie wollen oder was Ihnen gefällt. Aber ist das Freiheit? Haben Sie sich schon einmal mit der Frage beschäftigt, was Freiheit wirklich bedeutet? Nicht im Himmel? Sie erinnern sich vielleicht an diesen Witz – darf ich ihn wiederholen? Zwei Männer schweben mit Flügeln und Heiligenscheinen im Himmel herum. Sagt der eine zum anderen: »Warum fühle ich mich nur so schrecklich, wo ich doch tot bin?« Alle Arten des Vergnügens sind also Teil unseres Lebens, und sie werden immer sinnlicher, billiger und mittelmäßiger. Also fahren wir fort mit unseren Vergnügungen, in deren Kielwasser die Angst schwimmt.

Das Wort »Sinnesempfindung« bedeutet »Aktivität der Sinne«. Die Aktivität der Sinne ist immer partiell, immer begrenzt, solange nicht alle Sinne voll erwacht sind. Sie wollen mehr und mehr, weil die vergangene Sinnesempfindung Ihnen nicht genügt hat. Gibt es eine ganzheitliche Aktivität aller Sinne? Unsere Sinnesempfindungen sind begrenzt, und Sie nehmen Drogen, um Zugang zu stärkeren Sinnesempfindungen zu haben. Aber auch diese sind noch begrenzt, und Sie verlangen nach mehr. Das ist so, weil Ihre Sinnesempfindungen partiell sind. Also stelle ich die

Frage: Gibt es eine ganzheitliche Wahrnehmung aller Sinne – so dass der Wunsch nach mehr gar nicht mehr auftaucht? Wenn diese vollständige Wahrnehmung aller Sinne da ist – ohne ein Selbst, das wahrnimmt, sondern eine Wahrnehmung der Sinne an sich –, dann gibt es kein Zentrum, von dem aus diese Ganzheit wahrgenommen wird. Können Sie diese Berge so betrachten, dass Sie sie nicht nur mit Ihren Augen sehen, sondern mit allen Sinnen, mit Ihrer ganzen Energie, Ihrer totalen Aufmerksamkeit? Dann existiert überhaupt kein »Ich«. Und wenn kein »Ich« existiert, ist auch niemand da, der nach mehr verlangt oder versucht, etwas Höheres zu erreichen. All diese Dinge, über die wir gesprochen haben, sind miteinander verbunden. Die Schuld, die psychischen Wunden, die die meisten Menschen haben, und die Folgen dieser psychischen Wunden. Die Eitelkeit der eigenen, durch Bücherwissen erworbenen Intelligenz und das Bild, das man sich von sich selbst gemacht hat – nur das wird verletzt, nichts anderes. Beziehung, Angst und Lust sind alle miteinander verwoben, man kann sie sich nicht Stück für Stück vornehmen, indem man sagt: »Dies ist mein Problem« oder »Wenn ich das lösen kann, brauche ich mich um den Rest nicht mehr zu kümmern«. Aber der Rest bleibt da. Kann man das also als Ganzes sehen, nicht nur jeweils einen Teil davon?

Leid ist ein unerschöpfliches Thema. Der menschliche Geist ist seit Urzeiten von Leid belastet – Leid, das niemals endet. Wenn Sie reisen, insbesondere in Asien oder Afrika, sehen Sie ungeheure Armut – ungeheuerliche Armut! Und Sie weinen darüber oder spenden Nahrung oder Kleidungsstücke, vielleicht versuchen Sie auch, soziale Reformen auf den Weg zu bringen, aber das Leid bleibt. Es gibt auch noch anderes Leid, beispielsweise, wenn Sie um jemanden trauern, den Sie verloren haben. Sie stellen das Bild dieses Menschen auf den Kaminsims oder hängen es an die Wand, Sie betrachten es, es weckt viele Erinnerungen der gemeinsamen Jahre, und Sie vergießen Tränen. Man hält diese Gefühle lebendig, nährt sie durch dieses Bild, hält die Treue lebendig. Weder das Bild noch die Erinnerungen sind dieser Mensch, aber wir klammern uns an die Erinnerungen und leiden immer mehr. Dann gibt es das Leid jener Menschen, die sehr wenig haben – kein Geld und nur ein paar armselige Möbelstücke. Sie leben in Unwissenheit, nicht in Unwissenheit in Bezug auf etwas Großartiges, sondern in Bezug auf ihr tägliches Leben, ihre innere Leere – nicht, dass die reichen Leute innere Fülle hätten; sie haben sie auf ihrem Bankkonto, aber nicht in ihrem Innern. Außerdem gibt es das ungeheure Leid, das Kriege über die Menschheit bringen; Millionen von Menschen wurden getötet, in Europa können Sie Tausende von Kreuzen in langen, geraden Reihen sehen. Wie viele Frauen, Männer und Kinder haben in jedem Dorf, jeder Stadt, jedem Land, jedem Staat geweint. Im Laufe der menschlichen Geschichte gab es Jahr für Jahr kriegerische Auseinandersetzungen, Stammesfehden, Kriege zwischen verschiedenen Ländern, ideologische Kriege, Religionskriege. Im Mittelalter wurden Menschen gefoltert, die man als Ketzer betrachtete. Seit es Menschen gibt, setzt sich das Leid in verschiedenen Formen fort. Das Leid der Armut, die es unmöglich macht, die eigenen Wünsche und Bedürfnisse zu erfüllen; die Armut der nach Erfolg Strebenden, denn es gibt immer noch mehr zu erreichen; all das hat ungeheures Leid mit sich gebracht – nicht nur für den Einzelnen, sondern für die ganze Menschheit. Wir lesen in der Zeitung, was in den Diktaturen vor sich geht, aber wir vergießen keine Tränen darüber. Es ist uns gleichgültig, denn wir sind so mit unserem eigenen Leid, unserer eigenen Einsamkeit, unserem eigenen Mangel beschäftigt. Also fragen wir uns: Kann das Leid enden? Kann unser persönliches Leid ein Ende haben, mit all den Konsequenzen, die dieses Ende mit sich bringt? Können wir, wenn wir uns wirklich ernsthaft mit dieser Frage beschäftigen, herausfinden, ob das Leid enden kann? Und was ist, wenn wir das Leid wirklich beenden können? Denn wir wollen immer eine Belohnung: Wenn wir dies beenden, müssen wir jenes dafür bekommen. Wir beenden nie irgendetwas einfach so.

Welche Beziehung besteht zwischen Leid und Liebe? Wir wissen, was Leid ist: großer Schmerz, Trauer, Einsamkeit, ein Gefühl der Isolation. Man hat das Gefühl, das eigene Leid unterscheide sich völlig von dem anderer Menschen, und dieses Gefühl isoliert uns. Wir wissen, nicht nur verbal, sondern in der Tiefe, im tiefsten Innern unseres Wesens, was Leid bedeutet. Und welche Beziehung besteht zwischen Leid und Liebe? Was ist Liebe? Haben Sie sich jemals diese Frage gestellt? Ist Liebe sexuelles Empfinden, ein schönes Gedicht zu lesen, diese wunderbaren alten Bäume anzuschauen? Ist Liebe Lust, Vergnügen? Bitte, wir müssen sehr ehrlich mit uns selbst sein, sonst macht das alles keinen Spaß. (Humor ist unbedingt notwendig: Man muss lachen können, muss gemeinsam über einen guten Witz lachen können, nicht, wenn man allein ist, sondern gemeinsam.) Wir fragen uns also, was Liebe ist. Ist Liebe Verlangen? Ist Liebe Denken? Ist Liebe etwas, das man festhält und besitzt? Ist Liebe das, was man empfindet, wenn man eine Statue, ein Bild, ein Symbol anbetet? Ist das Liebe? Das Symbol, die Statue oder das Bild sind ein Produkt der Gedanken. Auch Ihre Gebete sind ein Produkt der Gedanken. Ist das Liebe? Es ist natürlich Angst, nicht Liebe. Haben Sie sich je gefragt, was Hass ist? Wenn Sie hassen, vertreiben Sie die Angst. Wenn Sie jemanden wirklich hassen, empfinden Sie keine Angst. Indem man in sich selbst alles verneint, was nicht Liebe ist, indem man alles, was nicht Liebe ist, vollkommen beiseite schiebt, stößt man auf diesen Duft. Dieser Duft der Liebe kann nie mehr verschwinden, wenn man einmal alles, was nicht Liebe ist, vollständig verworfen hat. Dann besitzt die Liebe, die mit Mitgefühl einhergeht, ihre eigene Intelligenz, die nichts mit der Intelligenz des wissenschaftlichen Denkens zu tun hat. Wenn man diese Liebe, dieses Mitgefühl kennt, verschwinden alle Trauer, aller Schmerz, alles Leid. Diese Liebe ist da, wenn Sie alles verneinen, was nicht Liebe ist. Wenn Liebe da ist, werden Sie niemals ein anderes Wesen töten – niemals! Sie werden niemals ein Tier töten, um es zu essen. (Natürlich können Sie weiterhin Fleisch essen; ich schreibe Ihnen nicht vor, das nicht zu tun.) Es ist etwas Ungeheuerliches, dieser Liebe zu begegnen. Niemand kann sie Ihnen geben.

Aber wenn Sie in Ihrem Innern alles über Bord werfen, was nicht Liebe ist, alles vom Denken Erschaffene, dann werden Sie wirklich innerlich erneuert, und all Ihre Probleme lösen sich auf – dann ist das andere da. Es ist das Positivste, was es gibt, und das Praktischste. Es ist doch viel unpraktischer, Waffen herzustellen und Menschen zu töten, nicht wahr? Dafür werden Ihre ganzen Steuergelder ausgegeben. Ich bin kein Politiker, hören Sie also nicht auf mich. Aber ich sehe, was wir tun, und durch unser Handeln ist diese Gesellschaft entstanden. Die Gesellschaft ist nicht von uns getrennt, wir haben sie geschaffen. Liebe hat nichts mit irgendeiner Organisation oder irgendeiner Person zu tun. Sie ist wie eine kühle Brise, die vom Meer herüberweht, und Sie können sie aussperren oder mit ihr leben. Wenn Sie mit ihr leben, dann ist das etwas völlig anderes. Es gibt keinen Weg, der zu ihr hinführt, es gibt keinen Weg zur Wahrheit – überhaupt keinen Weg. Man muss mit ihr leben. Und man kann ihr nur begegnen, wenn man die eigene Psyche, das eigene innere Wesen völlig verstanden hat.

Morgen sollten wir über den Tod sprechen. Das ist kein morbides Thema. Nichts, was man vermeiden sollte. Wenn Sie das, worüber wir sprachen, gelebt haben, werden Sie sich diesen Dingen behutsam, sanft und ruhig nähern, und nicht aus Neugier. Sie werden sich dem Tod zögernd nähern, mit großem Respekt und einem Gefühl der Würde. Er ist etwas Unerhörtes – wie die Geburt. Auch der Tod bedeutet Schöpfung – nicht Erfindung. Wissenschaftler erfinden etwas, ihre Erfindungen entspringen ihrem Wissen. Schöpfung ist etwas Ewiges, das keinen Anfang und kein Ende hat und nicht dem Wissen entspringt. Der Tod weist uns vielleicht auf die Bedeutung der Schöpfung hin – nicht auf ein nächstes Leben, in dem wir bessere Chancen, ein besseres Haus, einen besseren Kühlschrank haben werden. Vielleicht zeigt er uns die unermessliche, unaufhörliche Schöpfung, die keinen Anfang und kein Ende hat.

Aus: Bulletin Nr. 51, 1986

Wie können wir unsere Angst vor anderen Menschen oder gesellschaftlichen Gruppierungen überwinden? Wie uns von Abhängigkeiten und Vorurteilen lösen, die uns im Umgang mit anderen einschränken? Wie schließlich unsere Kinder vor falschen Bindungen und Ängsten bewahren? Phyllis Krystal gibt in ihrem Buch Antwort auf all diese Fragen. Bereits in ihrem ersten Buch »Die inneren Fesseln sprengen« zeigte sie einen einfachen und effektiven Weg, durch Schulung der Imagination individuelle Schranken zu überwinden. Nun überträgt und erweitert sie ihre bewährte Methode auf kollektive Bindungen. Entfalten Sie Ihr Inneres mit Hilfe der inneren Visualisierung! Halten Sie sich an Ihr Selbst, an Ihr »Höheres Bewußtsein«. Dann werden Sie und Ihre Kinder zu einem selbstbestimmten Leben finden – frei von falschen kollektiven Bindungen.

Phyllis Krystal

Frei von Angst und Ablehnung

Lösen aus kollektiven Bindungen

Lotos

Econ | Ullstein | List